面向杠杆效应的群组评价机制设计

陈 骥 苏为华 陈思超 著

国家社会科学基金项目(21&ZD154、23&ZD037)
浙江省登峰学科(浙江工商大学统计学)
浙江省哲学社会科学实验室(浙江工商大学经济运行态势预警与模拟推演实验室)
浙江省2011协同创新中心(浙江工商大学统计数据工程技术与应用协同创新中心)

联合资助

科学出版社
北 京

内 容 简 介

本书围绕群组评价中杠杆效应的识别及其处理问题，基于杠杆效应产生机理分析，从整体测算和个体识别两个方面构建杠杆效应的识别机制和方法。结合综合评价的要素构成及杠杆效应表现的要素或环节，从权重分配优化调整的视角，提出基于变权调整的处理机制与方法；从评价组织动态调整的视角，提出基于信念网络的处理机制与方法；从评价数据可比性的视角，提出基于数据修正的处理机制与方法。通过应用案例的对比分析和结果验证，本书所提出的杠杆效应识别和处理方法具有较好的应用效果，能够有效处理群组评价中的杠杆效应问题。

本书可作为统计学类、管理科学与工程类专业硕士、博士研究生的课程教材，也可作为评价与监测相关应用领域从业人员的参考资料。

图书在版编目(CIP)数据

面向杠杆效应的群组评价机制设计/陈骥，苏为华，陈思超著. — 北京：科学出版社，2025.6. -- ISBN 978-7-03-082104-1

Ⅰ.C813

中国国家版本馆CIP数据核字第2025V0F793号

责任编辑：魏如萍/责任校对：王　瑞
责任印制：张　伟/封面设计：有道设计

科 学 出 版 社 出版
北京东黄城根北街 16 号
邮政编码：100717
http://www.sciencep.com

北京厚诚则铭印刷科技有限公司印刷
科学出版社发行　各地新华书店经销

*

2025 年 6 月第　一　版　　开本：720×1000　1/16
2025 年 6 月第一次印刷　　印张：14 3/4
字数：300 000
定价：168.00 元
(如有印装质量问题，我社负责调换)

前　言

作为一种定量化统计测度与分析的基本方法，综合评价普遍应用于社会经济发展的各个领域，特别是需要借助专业知识和专家判断的各类评估与决策问题。由此产生了综合评价的一个分支研究领域——群组评价理论与方法。由于评价对象的复杂性、评价信息的不完全性、评价个体能力的差异性及评价过程组织的多样性等因素的影响，个体之间在评价意见上存在较大的差异，甚至有可能出现意见冲突的情形。因此，如何取得群组的意见共识是理论研究中需要关注的重点内容之一。

群组评价往往隐含一个事先假设，即所有评价个体都是公正的，其评价能力也是稳定的。但事实上，它并非时时成立。一旦存在个体舞弊、对部分评价单元的倾向性偏离、评价能力不稳定等诸多因素，就会导致非预期的情形出现——歪曲的少数评价个体的评价意见"撬动了"绝大多数评价个体正常的评价意见，评价结论偏离多数评价个体的期望和评价对象的实际情况。这便是本书所要讨论的杠杆效应的具体表现。围绕群组评价的杠杆效应这一主题，本书讨论了杠杆效应的测算和识别方法，并从权重调整、信息交互和组织设计这三个视角，研究如何设计有助于弱化杠杆效应的评价机制。案例应用和数值计算的结果显示，借助这些评价机制的设计，群组评价结果的一致性得到了提高，较好地弱化或解决了杠杆效应问题。

本书是浙江工商大学"统计评价与统计指数研究团队"的系列成果之一。基于团队承担的国家社会科学基金项目的结题报告、部分已发表的成果等，经过修改完善，形成了本书的主体内容。具体的撰写任务分工如下：第二、三、五、六章由陈骥教授负责，第一、七章由苏为华教授和陈骥教授共同负责，第四章由陈骥教授和陈思超博士共同负责。研究团队的部分博士生、硕士生参与了书稿讨论等辅助性工作。

本书的出版得益于国家社会科学基金(项目号 21&ZD154、23&ZD037)的资助，以及浙江省登峰学科(浙江工商大学统计学)、浙江省哲学社会科学实验室(浙江工商大学经济运行态势预警与模拟推演实验室)、浙江省 2011 协同创新中心(浙江工商大学统计数据工程技术与应用协同创新中心)等平台的支持，也得到了科学出版社的帮助和支持。同时，感谢卞起鹏、焦春明、郑玲芳、童菁宇、陈思超、罗瑾萱等学生的细致工作。如果没有团队的支持和付出，本书的出版可能还需更多的时间。

综合评价是极具应用价值的研究领域，其方法体系具有多源开放性，应用场景具有广泛性，理论创新具有加速迭代性。作者在本书中引入了杠杆效应的概念，并试图构建解决这一问题的处理机制，但与快速发展的综合评价理论相比，此问题的研究仍处于不断深化的过程中，故而本书只是研究团队的阶段性成果之一。诸多后续研究及拓展问题有待逐步完善。

陈　骥

2024 年 9 月于浙江工商大学

目 录

第一章 绪论 ………………………………………………………… 1
- 第一节 群组评价中的杠杆效应 ………………………………… 1
- 第二节 国内外相关研究现状述评 ……………………………… 3
- 第三节 研究内容与研究方法 …………………………………… 9
- 第四节 研究思路、章节安排与创新点 ………………………… 11

第二章 群组评价中的杠杆效应概述 …………………………… 14
- 第一节 杠杆效应及其产生原因 ………………………………… 14
- 第二节 杠杆效应识别与处理的基本思路 ……………………… 18
- 第三节 杠杆效应的识别方法 …………………………………… 22
- 第四节 应用案例 ………………………………………………… 30
- 本章小结 …………………………………………………………… 33

第三章 基于静态变权调整的杠杆效应处理机制 ……………… 34
- 第一节 基本问题 ………………………………………………… 34
- 第二节 基于静态变权的效用函数评价法 ……………………… 41
- 第三节 基于静态自适应变权的群组评价方法 ………………… 47
- 本章小结 …………………………………………………………… 64

第四章 基于动态变权调整的杠杆效应处理机制 ……………… 66
- 第一节 基本问题 ………………………………………………… 66
- 第二节 基于满意偏好的多阶段动态变权群组评价方法 ……… 71
- 第三节 基于多轮次动态变权的群组评价方法 ………………… 77
- 第四节 基于动态信任网络的群组评价方法 …………………… 85
- 本章小结 …………………………………………………………… 100

第五章 基于静态信念网络的杠杆效应处理机制 ……………… 101
- 第一节 群组评价中的个体信念与网络 ………………………… 101
- 第二节 基于确定型信念网络的杠杆效应处理方法 …………… 108
- 第三节 基于不确定型信念网络的杠杆效应处理方法 ………… 117
- 本章小结 …………………………………………………………… 126

第六章　基于动态信念网络的杠杆效应处理机制 ·············· 128
　　第一节　动态信念网络的基本问题 ····················· 128
　　第二节　基于一般型动态信念网络的评价机制 ············· 131
　　第三节　基于适度权威型动态信念交互的评价机制 ··········· 146
　　本章小结 ······································ 153
第七章　基于数据修正的杠杆效应处理机制 ·················· 154
　　第一节　群组评价中的数据可比性问题 ················· 154
　　第二节　基于子群组织视角的评价机制 ················· 156
　　第三节　基于两阶段链式组织的数据修正机制 ············· 176
　　本章小结 ······································ 184
参考文献 ··· 185
附录1　经归一化后的供应商评分值 ······················· 202
附录2　供应商选择问题指标权重 ························· 203
附录3　PageRank 的计算代码 ···························· 204
附录4　基于动态信任网络的群组评价方法的计算结果 ············· 206
附录5　确定型信念网络的群组评价方法的计算代码 ············· 211
附录6　不确定型信念网络的群组评价方法的计算代码 ············ 213
附录7　一般型动态信念网络的群组评价方法的计算代码 ··········· 224

第一章 绪 论

第一节 群组评价中的杠杆效应

一、群组评价的研究动态

20世纪80年代,中国经济统计学界关于经济效益的评价问题的讨论直接催化了多指标综合评价理论研究的兴起与发展(苏为华,2012),一些具有标志性意义的评价方法逐渐提出,庞皓和谢胜智(1982)率先提出了功效系数评价法的应用;刘亮和卢春恒(1983)则提出了综合指数法在工业经济效益评价中的应用。随着评价新思想、新方法的不断涌现,各类多元统计评价方法、模糊综合评价方法相继被引入,邱东(1991)对20世纪80年代综合评价技术进行了全面、系统和高度理论化的总结。20世纪90年代,综合评价技术的广阔应用前景吸引了一大批运筹学、决策学、系统科学等研究领域的专家,大量的新方法得以出现,如层次分析法(analytic hierarchy process,AHP)、数据包络分析(data envelopment analysis,DEA)法、灰色系统(gray system,GS)理论等。进入21世纪,众多学者对综合评价进行了系统性研究,出版了大批专著,例如,苏为华(2001)总结了2000年以前学界的研究成果,并较为系统地讨论了综合评价中的有关理论与方法;郭亚军和于兆吉(2002)融合多属性决策、多目标决策等相关领域的方法,提出了综合评价的方法体系。胡永宏(2002)、秦寿康(2002)也开展了相应的研究。

基于学科背景的差异,不同的研究团队开展综合评价方法研究的角度也有所差异,郭亚军等(2007,2009,2011)研究了动态评价方法(包括纵向拉开档次法、横向拉开档次法)、大规模群体评价方法等;苏为华等(2006,2011,2013)对群组评价、组合评价、区间数评价、函数型数据评价等开展了专题系列研究;金菊良等(2006,2008)开展了智能化综合评价的研究,包括赋权的智能化、模式识别的智能化、决策分析的智能化等;陈国宏等(2003)开展了对组合评价方法及其计算机系统实现问题的系列研究。

近年来,随着大数据的加速发展,基于各类复杂数据、多模态数据的评价方法不断呈现。目前,在综合评价理论与方法中[①],评价规模大型化趋势越发突出。

[①] 从目前的文献来看,综合评价理论与方法沿着以下趋势进行扩展研究:一是评价规模大型化,即评价主体从单一向大规模的扩展;二是评价方法组合化,即评价方法从单一向复杂、交叉组合的扩展;三是评价数据复杂化,即数据类型从单一表现类型向多样化、混合化的扩展;四是评价过程智能化,即评价的控制环节从人工控制向智能模拟控制的扩展;五是评价维度的动态化,即评价视角从静态向动态的扩展。

特别是在面向复杂情形下的评价问题时，往往需要构建一个由多人组成的群组开展贯穿全程的综合评价，或者借助群组针对若干评价要素、在综合评价的某些环节上开展相关问题的研究，这称为群组评价方法（苏为华和陈骥，2006）。对于群组评价的核心概念——群组，根据群组的成员构成、评价组织形式等特征，陈骥和苏为华（2008）将其划分为多个类型[①]，并讨论了群组评价的组织问题。

受到评价对象的复杂性、定性变量的模糊性、评价信息的不完全性等因素的影响，群组中的个体之间在评价意见上存在较大的差异，甚至有可能出现意见冲突的情形。因此，如何取得群组的意见共识是群组评价理论研究中需要关注的重点内容之一。在此思路下，部分学者围绕群组共识程度的测算、识别等问题开展了大量的研究（陈骥和苏为华，2014；周金明等，2018），希望以共识程度的提升来促进群组评价活动的科学化。

现有文献忽视了一个前提条件，即所有评价个体都是公正的，其评价能力也是稳定的[②]。但该前提并非时时成立。一旦存在个体舞弊、对部分评价单元的倾向性偏离、评价能力不稳定等诸多因素，就会导致非预期的情形出现——歪曲的少数评价个体的评价意见"撬动了"绝大多数评价个体正常的评价意见，评价结论偏离多数评价个体的期望和评价对象的实际情况。这种现象称为群组评价的杠杆效应。其弊端很明显：一是信息倍增效应无法形成；二是群组希望以增加观测次数来消除评价量化的随机误差的初衷无法实现；三是评价结果的科学性、公正性受到质疑。因此，如何弱化或避免出现杠杆效应是群组评价方法和实践中需要讨论的主题之一。

二、杠杆效应研究的理论价值与意义

在群组评价中讨论杠杆效应问题并识别其是否存在、如何进行有效的处理，是具有理论和现实意义的。

首先，有利于完善与丰富群组评价的理论和方法。研究目前被综合评价学界所忽视的群组评价杠杆效应问题，系统地阐述群组评价中杠杆效应的成因、特点及影响等方面，并设计杠杆效应的识别测算体系及处理机制，有助于进一步完善多指标统计综合评价理论与方法的研究内容，在现有基础上丰富与扩展传统的群组评价方法体系。

其次，有利于促进群组评价活动的合理化和科学化。群组评价的初衷是通过构造知识结构、工作经验等方面具有多元化和互补性的群组，实现信息的融合汇聚、

[①] 按成员的特征，可分为一般型群组和权威型群组；按成员之间的交互方式，可分为交互型群组和独立型群组；按群组参与评价活动的范围，可分为全程型群组和阶段型群组；按群组存在的时间长度，可分为常规型群组和临时型群组。

[②] 但这一前提假设在研究中往往被简单地认为是具备的，并没有得到验证或者有效考虑。

观点交流，达成或取得较高水平的评价共识，进而开展评价。但杠杆效应的存在容易使群组受到个别评价个体的影响，出现"多数服从少数"的情形；更有甚者，当群组中的评价个体为利益相关者时，可能出现具有倾向性、有失公允的评价结论。因此，研究杠杆效应处理机制，有助于为群组评价活动提供有效的规范和指南。

最后，为面向复杂情形下的统计应用、相关决策科学等领域提供方法借鉴和研究参考。本书围绕群组评价开展讨论，对数据一致性的处理、大规模数据的转换统一等问题也具有较高的借鉴价值。特别地，杠杆效应的识别问题可归结为统计数据质量识别的一个特例。本书的重点内容——杠杆效应下的评价机制设计问题，则与社会网络、舆论传播、系统决策等问题相关联。

第二节 国内外相关研究现状述评

目前，学术界对群组评价方法的研究较为丰富，但系统性开展群组评价中的杠杆效应问题的研究并不多见。相关涉及杠杆效应问题的研究较为碎片化，在个体权重分配、评价数据处理及群组意见分歧测度等方面有一些研究。本书的主要目的是建立杠杆效应的识别体系，并根据具体情况，从评价机制的角度讨论如何弱化或消除杠杆效应，主要针对与研究主题相关的内容（如个体权重分配、评价机制等）开展梳理。

一、个体权重分配的研究

如何科学地分配评价个体的权重，是将评价个体信息集结为群组评价结论的关键，其结果直接关系到结论是否合理。因此，通过合理分配个体权重，以达到弱化杠杆效应的目的，这是大部分研究者采用的思路之一。从现有文献来看，评价个体权重分配方法主要分为两大类：一类是根据评价指标之间的数量特征进行赋权，称为数量特征构权法；另一类是根据评价目标进行构权，称为目标构权法。

（一）数量特征构权法

具体而言，数量特征构权法又可以分为主观赋权法和客观赋权法。主观赋权法主要包括 AHP、模糊综合评价法、序关系分析法等。宫诚举等(2020)分析了在群体评价中应用序关系分析法存在的问题，提出了一种群体评价中的序关系分析法，提高了序关系分析法在群体评价中应用的科学性。Liu 等(2020)提出了一种改进的群组 AHP，解决了传统的群组 AHP 没有考虑同一类评价个体意见差异性的问题。然而，上述主观赋权法所确定的权重只是从主观上判断该评价个体或评价指标的重要性，没有考虑个体、指标之间的相关关系，也无法判断其重要性是否随时间的变化而变化。

客观赋权法主要有主成分分析法、逼近理想解排序法（technique for order preference by similarity to an ideal solution, TOPSIS）、灰色关联分析法、熵权法、纵横向拉开档次法等。李艳玲等（2017）提出基于欧几里得距离（Euclidean distance，又称欧氏距离）与灰色关联度的个体权重确定方法，以及基于相对距离的个体权重确定方法。Mohammad和Hosseini（2018）基于熵权法来确定多属性群组决策中评价个体的权重。林原等（2021b）提出了一种基于犹豫度和相似度的评价个体权重确定方法，解决了评价值为语言变量且评价个体权重未知的供应商选择问题。上述客观赋权法的优点在于充分考虑了评价个体或指标的信息；缺点是仅利用评价信息作为赋权的依据，忽略了个体在经验、知识、偏好等方面的主观信息，使得最终的结果与实际的情况存在较大差异。

（二）目标构权法

目标构权法往往根据评价的目标或导向（如评价个体的权威度、偏好等）来确定评价个体的权重。毛强等（2013）通过计算评价个体的权威度来计算评价个体的权重。李磊和王玉倩（2017）针对评价值为区间数的多属性群组决策问题，基于各评价个体的决策偏好意愿，利用离差和最小化原则来对个体权重进行分配。李凤伟（2019）通过评价个体的风险偏好情况来确定评价个体的权重。

从构权原理来看，目标构权法与评价的数据特征并没有较大的关系，构权目标往往独立于评价数据之外。除了应用传统的各种个体权重分配方法，部分学者还根据不同评价情形下的研究目标，提出了新的构权思路。张雷等（2012）、孙义等（2014）通过设置多轮次的调整控制条件，以个体评价结果与群组评价结果的无差异为目标，设计了相应的个体权重分配方法。王斌等（2018a）从指标层入手，确定指标的组合权重，从而对群组决策中的赋权方法进行研究。陈骥等（2019）提出了基于自适应变权的群组评价方法来分配评价个体的权重。

二、交互式评价方法的研究

交互式评价方法即通过增加评价过程中的信息交互来实现群组评价效率的提升，具体地，又可分为主客方协作式群组评价、多阶段交互式群组评价和大规模交互式群组评价等方法。

通过构建群组评价的交互机制，以信息充分交流来实现意见一致，减少杠杆效应出现的可能。同时，在交互的框架下，结合数据类型的扩展和交互信息集成方式的优选，解决群组评价方法设计问题。杜元伟等（2013）基于前景理论，构建了能够集结多种模糊信息并且能从中识别有效前景的优选模型及判别定理，提出了具有收敛性的交互式决策方法。杜娟和霍佳震（2016）提出了一种交互式迭代算法，确定了多属性群组决策中各属性的权重。张崇辉等（2018）通过多阶段评价技术和分子群技术，对评价结论进行交互式评价和标准化修正，兼顾了评价结论的科学性与活动组织的效率。

主客方协作式群组评价的一个重要特色是主客双方都参与并共同完成评价，但主方的重要性高于客方。其优点是考虑了以往被忽略的评价对象本身的意愿，在评价过程中以主方的评价信息为主，兼顾客方的意愿。张发明等(2018a)注意到传统的群组评价方法大多没有考虑评价对象的参与，且评价信息分布单一，对此提出了一种具有正态分布特征的主客方协作式群组评价方法。苏为华和张崇辉(2016)提出了一种两阶段子群评价方法。对主体和客体进行分子群的交互式评价，不仅减弱了大规模群组情况对评价过程的影响，而且避免了不同子群间的评价标准不一致带来的影响。

多阶段交互式群组评价的主要思路如下：在评价过程中，评价个体之间不断进行信息的交互反馈，从而对评价信息进行修正，将交互反馈后的信息进行集结，得到最终的评价结果。在多阶段交互式群组评价的框架下，结合数据类型的变化，如序关系、区间数、直觉模糊集、多粒度语言信息等，部分学者进行了方法设计。张发明等(2011，2014)提出了序关系分析下的多阶段交互式群组评价方法、基于区间数的多阶段交互式群组评价方法。谭睿璞和张文德(2017)提出了一种基于直觉模糊熵和直觉模糊交互影响算子的决策方法。袁宇翔和孙静春(2019)探讨了一种基于多粒度语言信息的交互式多属性群组决策方法。

此外，部分学者将关系网络引入交互式群组评价，试图通过网络关系描述个体间意见共识的形成机制并推动预期共识的取得。张发明等(2018b)提出了基于关系网络结构的大规模交互式群组评价方法，以实现群组意见的有效集结。孙永河等(2020)基于社交网络中的信任关系理论和凝聚层次聚类理论，结合不完备群组决策试行与评价实验室(decision making trial and evaluation laboratory, DEMATEL)初始直接影响矩阵及其在专家交互情境下的修正方法，将个体意见综合为群组意见。

三、考虑数据类型的群组评价方法

部分学者认为基于评价信息的不确定性，在描述现象的数量方面时，除实数形式的点值数据外，还可以采用区间值变量、模糊变量、直觉模糊变量、语义变量等形式，其优点是可以将评价个体意见冲突以更为柔性的方式进行表述，从而实现评价杠杆效应的降低和弱化。

以区间值变量为形式表述评价数据时，主要借助模糊数学和证据理论的方法。刘悦等(2020)通过分析区间数之间的模糊优势关系，提出了一种新的决策方法。Krishankumar 等(2020)以区间值概率犹豫模糊集来描述评价数据，采用基于证据理论的贝叶斯近似方法确定个体权重，并使用新扩展的广义麦克劳林(Maclaurin)对称平均算子进行信息综合。王治朋等(2021)采用区间梯形隶属度函数，同时考虑区间数排序函数及可信度,对区间数排序进行修正,并以此确定评价等级。

徐泽水团队则利用模糊数来描述评价信息,提出了各种有序加权扩展算子并进行了广泛应用[①]。另外,大批学者从不同的角度讨论了群组评价环境下模糊数据的评价问题,提出了诸多扩展方法。Liang(2020)基于模糊数直觉模糊数(fuzzy number intuitionistic fuzzy number,FNIFN)将阿米均值(Hamy mean,HM)算子和加权阿米均值(weighted Hamy mean,WHM)算子展开,提出了模糊数直觉模糊阿米均值(fuzzy number intuitionistic fuzzy Hamy mean,FNIFHM)算子和模糊数直觉模糊加权阿米均值(fuzzy number intuitionistic fuzzy weighted Hamy mean,FNIFWHM)算子。Haque 等(2020)提出了一种广义球面加权指数平均算子,并将其应用于广义球面模糊环境下的多准则群组决策方法。杜文胜和徐涛(2021)把混合平均算子推广到广义正交模糊隶属空间中,并验证了该算子在多属性决策应用中的可行性与合理性。

对语义变量在群组评价中的应用则主要集中于二元语义算子方面。Liu 和 Chen(2018)基于二元广义聚合算子开发了一种具有直观二元语义信息的一般运算法则,并将其用于多属性群组决策问题的研究。Qi 等(2018)基于决策者采取的不同语言术语集的语言变量来表达评价信息,提出了一种具有区间二元语义信息的应急响应能力评估(emergency response capability evaluation,ERCE)的多标准综合评估(multi-criteria comprehensive evaluation,MCCE)方法。Wang 等(2019)在犹豫二元语义信息下,建立了犹豫二元语义邦费朗尼(Bonferroni)均值算子和优先加权犹豫二元语义 Bonferroni 均值算子,并开发了一种基于可能度的交互式多准则决策方法(tomada de decisão interativa e multicritério,TODIM)群组决策模型。牛翠萍和张娜(2020)将语言型评价信息化作双极二元语义并求解准则权重,构建了基于可靠性自判的双极二元语义群组决策模型。

此外,也有不少学者研究了基于二元语义信息及其拓展形式的多属性群组决策方法。Wan 等(2017)考虑标准之间的相互作用,提出了一种二元语义偏好关系的二元语义-解析网络过程(2-tuple linguistic-analytic network process,TL-ANP)方法来确定标准和子标准的权重,并开发了一种新的混合方法集成 TL-ANP 和区间二型模糊消去与选择转化(interval type-2 elimination et choix traduisant la réalité,IT-ELECTRE)算法。Sohaib 等(2019)针对云计算服务模式的评价问题,提出了基于 TOPSIS 和技术-组织-环境(technology-organization-environment,TOE)框架的二元语义多属性群组决策方法。Özkan 等(2020)提出了基于犹豫模糊语言术语集的多属性群组决策方法。

---

① 徐泽水于 2002 年构建了模糊有序加权几何(fuzzy ordered weighted geometric,FOWG)算子,应用于模糊 AHP 中,此后还构建了直觉模糊混合算术平均(intuitionistic fuzzy hybrid arithmetic averaging,IFHAA)算子等,应用于各种决策问题中。

四、基于数据分布特征的群组评价方法

此类方法考虑指标值的概率或属性的分布特征，依此来开展权重的修正（含指标权重、个体权重）、群组意见信息的集结。陈骥等（2013）基于群组评价中各指标的分布信息提出了大规模的群组评价方法；马本江等（2013）通过定义最优决策的先验分布，提出了群组决策贝叶斯（Bayes）概率修正法；赵莉等（2015）提出了基于概率区间分布的大样本群专家意见集结方法；樊相宇等（2019）提出了基于优势概率的新决策方法并规避矩阵归一化。陈惠琴和黄韩亮（2020）提出了概率区间犹豫模糊集的加权平均算子和加权几何算子，得出集成算子法和均值法两种集成算法，有助于完善模糊决策理论。张学琴等（2020）提出了一种基于概率的直觉模糊数的排序方法，并将其拓展到群组决策应用中。

部分学者则考虑了数据在其集合中的次序统计量，提出了基于数据有序性的加权评价方法，以改变传统加权合成的方式。其中，最早的是罗纳德·R. 杨格（Ronald R. Yager）教授所提出的有序加权平均（ordered weighted averaging，OWA）算子。Xu 和 Da（2003）等对其加权方法进行了归纳和扩展，提出了许多改进的信息集结算子，如诱导有序加权平均（induced ordered weighted averaging，IOWA）算子、有序加权几何平均（ordered weighted geometric averaging，OWGA）算子、有序加权调和平均（ordered weighted harmonic averaging，OWHA）算子、广义有序加权平均（generalized ordered weighted averaging，GOWA）算子、广义有序加权对数平均（generalized ordered weighted logarithmic averaging，GOWLA）算子、广义有序加权比例平均（generalized ordered weighted proportional averaging，GOWPA）算子等。

此外，张发明（2013）基于区间数、群组判断等方面的问题，提出了区间标度群组序关系评价法。肖文星和杜纲（2018）提出了动态区间标度下的群组序关系评价法，解决原先的群组序关系评价法在应对静态群组评价问题时对属性权重不确定情形的不适应问题。

五、群组意见一致性的研究

对群组意见一致性的研究主要通过测算群组中各个体的意见分歧、冲突程度或共识来反映。从本质上来看，本书所研究的杠杆效应属于群组意见不一致问题，但其影响程度已经超出了不一致意见的可接受范围。

大部分学者基于判断矩阵的思想来对群组一致性进行分析研究。判断矩阵中的元素可取精确数、区间数、三角模糊数等。当判断矩阵中的元素为精确的实数时，称为数值判断矩阵，其又可以分为两类：互反式判断矩阵和互补式判断矩阵。陈侠等（2007）提出了基于互反式判断矩阵的专家群体一致性判断方法和调整方法。孙晓东和冯学钢（2014）针对大规模群组决策问题，提出了基于专家意见相似

度的群体判断信息集结方法。李彩凤(2020)针对不满足序传递的正互反式判断矩阵,挖掘矩阵两两比较中元素相对于准则的得分及失分信息,求出了合理的排序权值。徐迎军等(2020)基于互反式判断矩阵与一致性互反式判断矩阵集之间的距离,提出了新的互反式判断矩阵一致性指标,并给出了对应的度量方法。

部分学者则从数据特征的角度,考虑群组中各专家的意见分歧程度的测算。元继学和王未今(2007)从群组决策中各成员间意见分歧的产生原因进行分析,设计了相似性指标和集中性指标,用于测算个体意见和群组意见的一致性程度。苏为华(2004)、苏为华和吴鑑洪(2010)结合评价专家的主观数据的均值和方差,构造了均值比指数、p 阶对称均值比等指标。Farhadinia 和 Ban(2013)提出了犹豫模糊集的熵、相似性测度、距离测度的计算公式,并且深入地研究了它们之间的关系。吕金辉等(2020)提出了一种基于相似性测度和群一致性测度的群组决策方法。任嵘嵘等(2020)提出一种新的概率语言术语集(probabilistic linguistic term set,PLTS)的集结方法,并且在可能度计算公式的基础上,构建了相似度测度方法,提出基于 PLTS 一致性度量的多属性群组决策方法。

此外,许多学者也从其他角度对群组评价的一致性进行了研究。徐迎军和李东(2010)在不修改评价个体意见的情况下,通过迭代算法自动完成一致化,有效缩短了修正决策信息的时间,提高了决策效率。Zhang 等(2018)基于社交网络分析(social network analysis,SNA)新颖的共识框架来处理非合作行为,将获得的专家权重集成到基于共识的多属性群组决策框架中。Morente-Molinera 等(2019)利用聚类方法,提出了一种处理包含大量方案集的决策环境的新方法。杨艺等(2019)针对评价个体权重未知的勾股模糊偏好关系(pythagorean fuzzy preference relations,PFPR)群组决策问题,提出了基于积性一致性勾股模糊偏好关系的群组决策方法。

六、简要评述

通过国内外研究现状的简要综述,可发现以下问题。

第一,国内外对群组评价意见一致性的研究较多,但缺乏对杠杆效应问题的重视。群组意见的一致性与杠杆效应是两个完全不同的概念。杠杆效应高,并不表明一致性高,也无法说明一致性低。两者作用的机制是有区别的,因此需要开展系统的研究。

第二,虽然针对评价个体权重的分配问题,现有文献已经提出进行修正的办法,但修正的结果仍然是不同评价个体在所有评价单元的权重保持不变这种状态,并没有根据评价个体对不同评价单元的评价数据之间的波动性进行考虑。因此,有必要考虑同一评价个体针对不同评价单元时评价权重有所变动的分配方案。

第三,虽然部分文献已经在群组评价中引入评价机制,并开展相关问题的探讨,但并未涉及杠杆效应及其机制识别问题。因此，还需要根据具体情况，系统地、更有针对性地讨论评价理论机制的设计问题。

第三节 研究内容与研究方法

一、研究内容

本书的研究对象是群组评价中的杠杆效应及其处理机制。围绕杠杆效应，本书系统地分析其产生的原因、表现形式及危害，通过研究杠杆效应的识别方法以判断其是否存在，通过设计杠杆效应的数量分解方法以判断其是否合理，通过研究群组评价机制的重构以解决其如何防范和处理的问题，通过应用案例、仿真试验以验证相关方法的可操作性、相关技术处理的优点与可应用性。

归纳起来，本书的主要内容可分为三部分，分别为杠杆效应及其产生机理、杠杆效应的识别与测算问题、杠杆效应的处理机制。主体框架如图 1.1 所示。

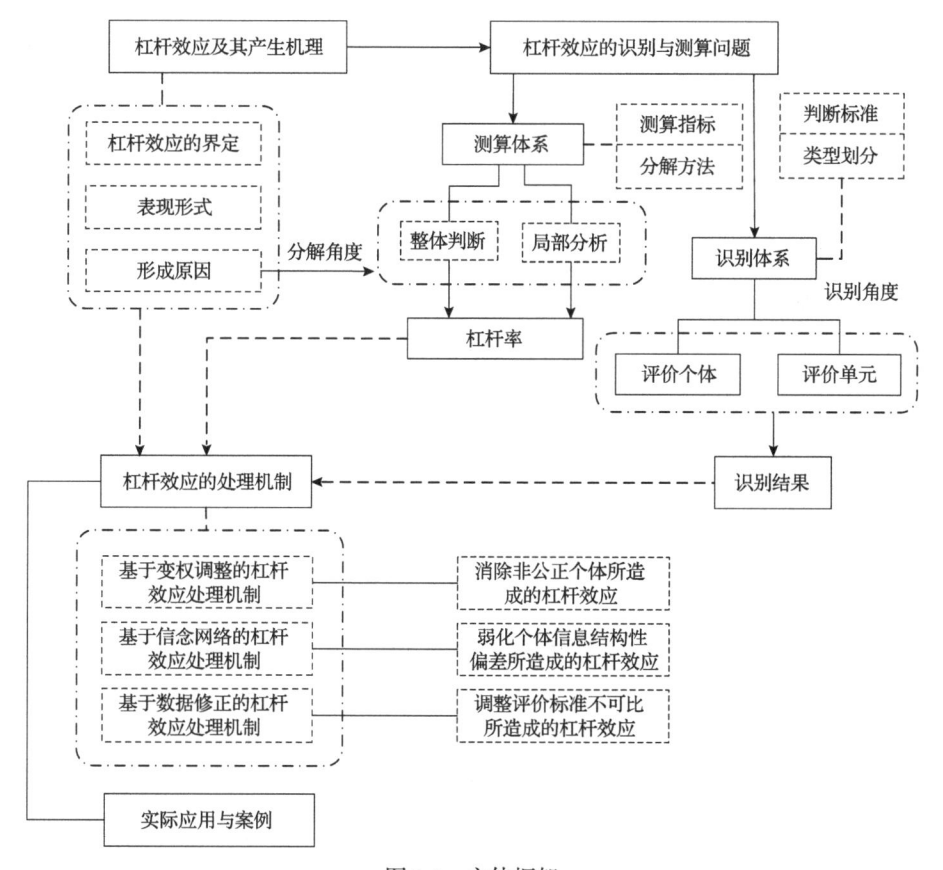

图 1.1 主体框架

(一)杠杆效应及其产生机理

借鉴群体思维、心理测量等相关理论，结合多指标综合评价理论与方法，从群组评价的基本要素、评价环节、评价组织、评价过程等内容，分别探讨杠杆效应的基本表现、形成原因及其影响，从而对杠杆效应进行系统界定，以便进行量化测算和控制。这是本书研究内容的基础。

(二)杠杆效应的识别与测算问题

通过设计相应的测算指标、测算方法，定量给出杠杆效应的强弱程度，并建立是否存在杠杆效应识别体系；在明确杠杆效应产生机理的前提下，对其进行分解，以明确在群组评价中的评价环节、评价要素上的杠杆率，从而形成"整体"与"局部"相结合的杠杆效应识别体系；结合杠杆率的测算结果，从两个角度识别哪些评价个体、评价单元存在杠杆效应，并确认其类型，以便后续采用合理的处理机制进行有针对性的处理。

(三)杠杆效应的处理机制

针对存在杠杆效应的情形，在开展系统测算与详细分解的基础上，分别采用变权调整评价个体的分配机制，以各评价个体的评价过程表现为依据，弱化那些会造成杠杆效应的评价个体的权重；采用动态的信息反馈机制，为离群的评价个体提供参考，从而对自身评价量化进行修正，减少评价个体离群数据造成的杠杆效应；借鉴统计分组思想，基于链式子群的评价组织设计，对群组意见的集成方式、评价标准、评价数据处理等内容进行探讨。

二、研究方法

本书采用的主要方法如下。

(1)统计指标设计与因素分解。基于统计指标理论，通过设计杠杆效应的测算体系，开展杠杆效应的分解；通过构建因素分析模型，详细分析杠杆效应的构成及其水平。

(2)类型判别与统计检验。根据具体情形，采用假设检验(参数和非参数检验)方法开展杠杆效应的实施者、承载体等相关问题的识别；通过相关评价数据的处理，在设计处理机制时，需要判断评价个体或评价单元的类型。

(3)案例应用与数值计算。结合数值模拟、统计实验、问卷调查等手段取得原始数据，验证有关处理机制的合理性与可行性。同时，对杠杆效应的控制阈值、基于动态交互的信息反馈机制中的反馈控制条件进行应用计算。

第四节 研究思路、章节安排与创新点

一、研究思路

本书的研究思路是以杠杆效应为主线，围绕测算识别体系及相应处理机制开展讨论。各部分内容的主要研究思路可归纳如下。

(一)杠杆效应的理论分析思路

首先，对群组评价活动中的杠杆效应问题的定义、特点和影响等基本问题进行阐述；其次，对造成杠杆效应的原因进行系统而深入的研究；最后，讨论杠杆效应的识别和测算思路，并针对测算出的杠杆效应问题进行处理，阐述其主要方法和设计思路。

(二)杠杆效应识别与测算问题的研究思路

针对群组评价中杠杆效应的识别问题，本书采用"先整体，后局部"的思路，系统地构建群组评价杠杆效应的识别测算理论机制。对于整体的识别，不仅提出基于个体判断的识别方法和基于评价结论的识别方法，而且构建一个杠杆率指标，通过直接测算杠杆效应水平，判断群组评价中是否存在杠杆效应。对于个体的识别，本书基于差异度和异常度的思想，分别从杠杆效应的实施者和承载体两个方面设计对应的识别方法来进行测算。通过具体案例验证所构建的识别机制是否有效，旨在形成一套完整的杠杆效应识别测算方法体系，为以后群组评价活动中杠杆效应问题的识别测算提供参考。

(三)杠杆效应处理机制的设计思路

为减弱或消除杠杆效应给群组评价带来的负面影响，本书分别基于数据可比性、个体权重分配和信息交互三个视角讨论评价机制。

基于数据不可比视角的处理机制，主要从评价数据的不可比现象出发，目标是通过数据的调整来实现数据意义的统一。为了确保数据修正的可行性，通过评价组织的有效设计，在评价主体与评价客体之间形成合理的匹配关系，进而形成评价的链式组织，实现评价数据的合理统一。

基于个体权重分配视角的处理机制，主要围绕群组评价中的个体权重分配，采用变权的方式，根据评价个体在评价中的表现，形成"同一评价个体在不同的评价对象或者不同时期具有不同的评价权重"。分别在静态、动态两类环境下，围绕相关个体变权问题进行讨论，以避免因个体权重的"固化"而导致的杠

效应。

讨论通过信息交互消除杠杆效应的基本方式。在评价个体信念的基础上，引入动态多次交互和静态一次性交互，提出基于多阶段交互反馈的权重调整方法，希望能够通过评价个体对自身评价信息的多次调整，以及通过评价个体信念的交互，在评价单元与评价指标之间形成双向的调整，逐步消除群组评价中的杠杆效应。

二、章节安排

根据以上研究内容，本书共分为七章，各章结构安排具体如下。

第一章，绪论。介绍群组评价的研究动态和杠杆效应的研究价值与意义、国内外相关研究述评，以及本书研究内容与研究方法、研究思路及各章的内容安排。

第二章，群组评价中的杠杆效应概述。首先，对杠杆效应进行界定，从评价个体特征和评价组织方式两个角度，讨论杠杆效应问题产生的原因；其次，总结杠杆效应的影响；最后，分别阐述杠杆效应的识别方法和处理机制设计的研究思路，并利用案例演示分析过程。

第三章，基于静态变权调整的杠杆效应处理机制。基于评价个体权重分配的研究思路，从变权的角度，讨论静态群组评价中的杠杆效应问题。首先，介绍变权的概念、分类，以及变权向量构造方法，并总结现有变权方法存在的问题与改进思路；其次，将变权处理方式引入静态群组评价，提出基于静态变权的效用函数评价法；最后，从自适应的角度，将静态群组评价中的自适应处理机制和变权处理机制结合，提出基于静态自适应变权的群组评价方法，以解决因个体权重分配不当所导致的杠杆效应。

第四章，基于动态变权调整的杠杆效应处理机制。为了弥补静态变权处理的不足，在动态群组评价的框架下，通过将评价问题多阶段化、评价行为多轮次化进行分解，借助变权综合的思路，分别提出基于满意偏好的多阶段动态变权群组评价方法、基于多轮次动态变权的群组评价方法、基于动态信任网络的群组评价方法，并结合相关案例开展应用。

第五章，基于静态信念网络的杠杆效应处理机制。考虑群组评价中的个体信念，结合自信和依赖两个角度，构建个体之间的网络关系；在静态群组评价的情形下，分别从信念表达的形式（确定型信念和不确定型信念）出发，讨论弱化杠杆效应的评价方法，并结合应用案例开展对比分析。

第六章，基于动态信念网络的杠杆效应处理机制。结合群组评价的动态化，将静态交互扩展至动态交互，利用多阶段、多轮次的组织设计。根据评价个体的特征，分别针对一般型群组网络，提出动态信念交互的评价方法，并对比存在偏执个体、无主见个体两种情形。针对权威型群组网络，以适度权威为引导目标，改进有界自信模型，构建基于意见一致性的动态信念交互评价方法。

第七章，基于数据修正的杠杆效应处理机制。针对群组评价中的数据不可比性现象，通过分析数据不可比现象的产生原因，提出链式子群组织的设计，通过构建链式关系，解决不同分组或不同子群之间评价意见量化结果的不可比问题。在进行阶段性分解的基础上，提出子群内部、子群之间形成意见一致的评价思路，并归纳总结为两阶段链式子群评价法。

三、创新之处

概括起来，本书的创新之处主要表现在如下方面。

(1) 构建较为系统的杠杆效应识别测算体系。本书针对群组评价中杠杆效应的识别问题，从个体判断的波动情况、评价结论的波动情况等方面出发，构建系统的识别群组评价中的杠杆效应的理论机制，提高对这一问题的识别效率和便利性。同时，本书不仅从整体的层面对杠杆效应进行测算，而且从个体的层面进行识别分析，基本上构建一个较为系统的杠杆效应识别方法体系。

(2) 形成完整的群组评价杠杆效应理论机制。本书对群组评价中的杠杆效应概念进行系统的界定，分析群组评价中是否存在杠杆效应并对其进行处理，消除杠杆效应问题所带来的负面影响，对评价结果进行调整和优化，使其更加准确且合理，同时在实际中进行运用，形成一个完整的群组评价杠杆效应问题的研究系统。

(3) 丰富和完善群组评价理论系统。目前，国内外对群组评价中的杠杆效应问题没有进行系统的、有针对性的研究，对杠杆效应的概念界定也十分模糊，仅在部分群体评价的研究中有所谈及，但也只是关注于如何避免杠杆效应问题。本书对杠杆效应进行系统的研究，形成针对杠杆效应的测算、分解、识别及处理的方法体系，弥补现有研究对群组评价时的杠杆效应的忽视，为群组评价理论系统提供一个新的研究方向和分支领域，丰富和完善群组评价理论系统。

第二章 群组评价中的杠杆效应概述

杠杆效应直接影响群组意见集成的有效性，将会给群组评价结果的可靠性和科学性带来较大的调整。虽然杠杆效应的表现单一，即少数意见决定了群组的结论，但产生此效应的原因较多，如评价个体因素、评价单元本身的差异、评价组织因素。在群组评价的框架下，是否整体上存在杠杆效应、杠杆效应具体是由什么因素造成的、如何对杠杆效应进行处理等这些问题是需要重点研究的。本章将通过剖析杠杆效应产生的原因，提出杠杆效应识别的方法、处理的基本思路。

第一节 杠杆效应及其产生原因

寻求杠杆效应的解决机制，必然需要了解杠杆效应的产生原因及其表现等基本问题。本节在给出杠杆效应定义的基础上，将从评价个体特征及评价组织方式等方面讨论其产生的原因。

一、杠杆效应的定义

群组评价隐含的前提假设是所有评价个体都是公正的，其评价能力也是稳定的。但该前提并非时时成立。一旦存在个体舞弊、对部分评价单元的倾向性偏离、评价能力不稳定等诸多因素，就会导致非预期的情形出现——歪曲的少数评价个体的评价意见"撬动了"绝大多数评价个体正常的评价意见，评价结论偏离多数评价个体的期望和评价对象的实际情况。这便是群组评价的杠杆效应。

目前，学术界对杠杆效应的系统讨论较少，对与之相关的另一个概念——"意见一致性"研究较多。但是，两者存在较大的差异，并不完全相同。

"一致性"概念最早源自社会学的新功能主义（neofunctionalism），用于解释个体的社会化过程，即个体接受共同的社会文化与社会目标，内化社会的价值规范和行为标准。在群组评价中，一致性则用来描述群组对某一现象或事物的评价结果达成一致的程度，是测算群组一致性的重要指标。

一致性问题是群组评价区别于原有的传统个体评价的重要内容之一。为了取得更为科学的研究结论，综合评价活动存在内在的驱动——评价主体由个体向群组扩展。但在群组规模不断增长的情形下，由于评价个体的评价角度、评价标准和评价能力等方面存在差异，个体之间的意见差异成为普遍现象①。个体意见的差异在群组评价中必然存在，但是意见不一致并不是杠杆效应的充要条件。

事实上，判断杠杆效应是否存在以两个方面为依据：①个体意见存在差异；②少数个体的评价意见具有离群特点，且实质性影响了评价结论。杠杆效应高，并不意味着一致性高，也无法证明一致性较低。当群组评价中出现舞弊、对部分评价单元的倾向性偏离、评价能力不稳定等诸多因素时，杠杆效应可能出现歪曲的少数评价个体的评价意见"撬动了"绝大多数评价个体正常的评价意见，从而使评价结论偏离多数人的期望和评价对象的实际情况。两者的作用机制是有区别的，因此需开展系统的研究。

二、杠杆效应的产生原因

在定义杠杆效应的基础上，结合群组评价的要素构成和过程，其产生的原因可以从评价个体特征和评价组织方式这两个视角得到相应的解释。

(一)评价个体特征

在群组评价中，评价个体由于在生活经验、工作领域、知识结构、个人偏好等方面存在差异，他们在对某一具体的现象或事物进行评价时，往往会从不同的角度出发，认识与分析这一现象或事物，最终得到的评价结论也存在一定的差异。这种差异在群组评价活动中具体表现为不同评价个体对同一个评价对象所给出的评价数据不同，这种情况就有可能导致杠杆效应。从评价个体的特征差异来看，杠杆效应主要受以下三个方面的影响。

1. 评价个体的不公正性

群组评价中，评价个体往往属于不同领域、不同知识背景和身份的成员。群体成员的身份和代表的利益不同，就会导致不公正现象的发生。评价个体的不公正性主要有以下两种表现。

(1)由于评价个体之间地位不平等，群组评价中可能有地位较高的专家参与，这些专家具有较高的权威性，使得部分地位较低的评价个体盲目跟从此类专家的评价意见，而没有根据自身的知识经验来评价。这种现象是不正常、不科学的，弱化了其他有不同声音的评价个体的信息，使得群组评价结果被迫一致，缺乏创新性，从而导致杠杆效应。

(2)若群组评价活动中没有权威专家进行适当引导，评价个体可能在对某一特定的现象或事物进行评价时，会基于自身利益或更加关心自身的目标，从而对部

---

① 建立群组的目的就是增加评价的信息量，但在这一目的达成的过程中，产生了不一致性。因此，群组内部的意见分歧成为群组评价活动的伴生现象。

分评价单元给出明显错误、偏颇的评价，导致杠杆效应，最终影响评价结果的准确性。此外，如果群组评价中的评价个体都不具有权威性，那么他们所作的评价判断的可信度就不高，很难会被接受。

2. 评价能力的不齐备性

群组评价中，评价个体是一群生活经验、工作领域、知识结构等方面都不同的成员。但在对某一特定的现象或事物进行评价时，并不能保证每位评价个体对这一现象或事物有十分的把握和了解，可能存在某些评价个体的评价能力针对这一现象或事物有所欠缺和不足的现象，这就是评价能力的不齐备性。

评价能力的不齐备性具体表现为评价个体属性的不齐备性。此处的属性主要指评价个体的年龄、性别、学历、知识结构、研究领域、个人偏好及其对问题的理解情况等基本属性特征。不同年龄阶段的评价个体由于学历、知识水平不同，对同一现象或事物的看法往往存在很大的差异；不同研究领域的评价个体对同一评价对象的看法往往也是不同的，甚至可能产生相反的看法；不同评价个体对评价标准的把握程度不同，会采用不同的量化尺度，从而导致评价个体间的差异性。评价个体这些基本属性的不齐备可能导致群组评价中的杠杆效应。

3. 评价表现的非稳定性

评价表现的非稳定性是指同一评价个体在不同的评价对象上采用可变的评价尺度进行评价，从而形成异常的波动。其产生的原因大致可归纳为以下两个方面。

一方面，不同的评价个体对评价对象信息的把握程度不同，甚至有所缺失，从而造成了随机性波动。群组在对某一具体的现象或事物进行评价时，首先需要对这一现象或事物即评价单元进行初步的了解。但信息不完整，评价个体对不同评价单元的了解程度并不完全相同，甚至缺失，使得评价个体在进行评价时产生随机性波动，导致杠杆效应。

另一方面，若评价个体受到利益游说、权威影响等外部因素的影响，就有可能导致倾向性波动。评价个体在进行评价时，出于自身利益，或经过他人的游说，对评价单元作出不公正的、失之偏颇的评价，就会导致倾向性波动。此外，若评价个体中存在权威专家，部分评价个体为了和权威专家保持一致，会盲目跟从权威专家的评价结果，也会导致倾向性误差。

(二)评价组织方式

群组评价中，不仅评价个体有可能导致杠杆效应，评价组织方式也有可能导致杠杆效应。下面将从评价组织方式的基本要素(个体权重分配、评价集成方法、评价信息交流方式等)方面开展讨论。

1. 个体权重分配

由于不同评价个体在经验知识、个人偏好、工作领域等方面存在差异，评价个体在群组评价过程的重要程度是不同的。权重作为在一定程度上反映评价个体重要程度的指标，只有对其进行合理的分配，才能够有效地避免群组评价中杠杆效应问题的产生。

在群组评价中，常以常权作为评价个体的权重进行分配。群组评价过程中可能出现舞弊、对部分评价单元的倾向性偏离、评价能力不稳定等情况，造成错误的评价结论。当在实际的评价过程中出现不合理的现象（例如，某些评价个体所作的评价是错误的，评价个体之间的评价信息的差异较大）时，传统的权重分配就有可能导致杠杆效应。例如，错误地提高了不合理的评价个体的权重，使得最终评价结果失之偏颇。

2. 评价集成方法

面对一个复杂的评价问题，不同的评价个体在生活经历、教育背景等方面存在差异，同时评价个体知识的不全面导致其无法准确获取某一客观事物或现象的全部信息，这使得评价个体之间所反馈的信息存在较大的不同。通常情况下，需要对各评价个体所反馈的评价信息及其能力、偏好、经验等进行分析，采取合理的集成方法进行集结。因此，评价信息的集结是群组评价过程中较为重要的步骤，信息集结方法的选择和构造直接关系到是否正确地刻画和描述评价单元的特征。因此，信息集结方法不合理极有可能导致杠杆效应。

3. 评价信息交流方式

在传统的群组评价活动中，仅让多位评价个体共同参与评价某一问题，评价个体之间往往是静态且无交互作用的。在这种情况下，评价个体的异质性和多样性使得不同评价个体对同一问题的评价信息存在差异。如果这些差异过于异常，并且影响了最终的评价结果，就需要考虑是否引致杠杆效应。因此，评价组织者可以考虑在评价过程中让评价个体进行充分的沟通交流，通过信息的交互反馈，不断修正评价个体的意见，从而避免杠杆效应。

三、杠杆效应的影响

群组评价是指根据参与评价的每位评价个体对评价单元的优劣、重要性等所作出的个体评价，通过合理的集成方法合并所有评价个体的评价意见，作为群组评价的最终意见。相对于个体评价，群组评价综合了不同评价个体的意见，避免了评价个体受自身因素（如知识结构、个人偏好、自身经验等方面）的制约，使得评价信息更加全面，评价结果更加客观、公正。如果存在杠杆效应问题，那么群组评价结果的有效性将会受到影响。具体表现如下。

(1)信息倍增效应无法形成。在面对一个复杂的评价问题时，仅由个人作出评价，结果是不全面的，也无法保证它的客观和公正，甚至导致错误的结果。群组评价活动中，由于各评价个体经验、知识、偏好等方面存在不同，对同一现象或事物有着不同的看法和观点，将该评价过程中各评价个体的评价信息进行集成，能够更加准确地把握评价对象的信息，达到信息倍增的效果。但若群组评价中出现了杠杆效应，导致评价信息的集成不合理，群组评价的信息倍增效应就无法形成。

(2)借助群组，希望以增加观测次数来消除评价量化随机误差的初衷无法实现。在统计学的研究中，扩大样本容量是减少随机误差，也是使结果更加准确的有效途径。多位评价个体对同一现象或事物进行考察，或评价个体对同一现象或事物进行多次重复测量，都可视为扩大样本容量的方法。在各类评价活动中，采用群组的组织方式也利用这种思想，即增加观测次数，扩大样本容量，消除评价量化的随机误差。杠杆效应导致这一初衷无法实现。

(3)评价结果的科学性、公正性受到质疑。随着社会的不断发展，由于评价活动越来越复杂，以及评价个体之间的经验、知识结构、个人偏好等的不同，需要由多位评价个体组成群组来进行评价。由于综合了不同评价个体的评价信息，评价结果更为客观，具有多样性、科学性和公正性。而杠杆效应显然无法实现评价信息的准确汇集，评价结果的产生过程容易被质疑。

第二节 杠杆效应识别与处理的基本思路

杠杆效应的识别和处理构成了本节的核心内容。由于评价个体和评价对象是群组评价最基本的两个要素，杠杆效应的识别也应围绕这两个要素开展，相应的评价机制设计则需要在厘清其产生原因的基础上开展讨论。

一、杠杆效应的识别测算思路

对于杠杆效应的识别问题，本节主要采用"先整体，后局部"的思路。首先，从整体层面，判断群组评价中是否存在杠杆效应；其次，从个体层面，对杠杆效应的实施者和承载体分别进行测算。

(一)整体识别的测算思路

对于整体的识别，本节希望能从整体上直接测算杠杆率指标 δ_r，通过判断其是否超出控制范围这一方式，识别是否存在杠杆效应。若 $\delta_r \geq \delta_k$（δ_k 为控制阈值时，可设置为正常的杠杆率水平），则需要对 δ_r 的构成分项 δ_i 进行测算，即对其进行分解。

这里存在两大问题：一是 δ_k 如何进行设定；二是分项 δ_i 如何分解。前者可通过数据模拟、数理推导相结合的方式进行设定；后者则需要根据具体的构成（如评价要素构成、影响因素构成、评价过程构成），借鉴方差分析的思想，开展分解。根据分解的测算结果，对那些较高的杠杆率水平进行必要的控制和重点研究。整体来看，杠杆效应测算机制的设计可从评价个体判断的波动情况与评价结论的波动情况等角度进行。

(二) 个体识别的测算思路

对于具有杠杆效应的个体的识别问题，需要开展全面的测算，包括两方面的内容：一是杠杆效应的实施者（即哪些评价个体造成了杠杆效应）；二是承载体（即哪些评价单元上的杠杆效应较大）。假定由 n 位评价个体组成的群组，对 $V_g=(V_1,V_2,\cdots,V_n)$ 个评价单元进行评价。x_{ij} 表示第 $i(i=1,2,\cdots,n)$ 位评价个体对第 $j(j=1,2,\cdots,m)$ 个评价单元的评价数据信息，由此可形成评价信息矩阵 X。

1. 杠杆效应的实施者的识别思路

对于杠杆效应实施者的识别问题，可采用逐一识别的思路，考察每位个体的杠杆率。具体可利用矩阵 X 的第 j 列数据开展处理，步骤如下。

(1) 按列计算差异度 ε_j。可得到全部 m 列数据的差异度，记作 $\varepsilon_g=(\varepsilon_1,\varepsilon_2,\cdots,\varepsilon_m)$，表示群组在各评价单元上的差异度。

(2) 剔除第 $i(i=1,2,\cdots,n)$ 位评价个体后，按步骤(1)计算，可得 $\varepsilon_g^i=(\varepsilon_1^i,\varepsilon_2^i,\cdots,\varepsilon_m^i)$，表示剔除第 i 位评价个体后的群组在各评价单元上的杠杆率。依次取不同的 i 值，可得 $\varepsilon_g^1,\varepsilon_g^2,\cdots,\varepsilon_g^n$。

(3) 将 $\varepsilon_g^i(i=1,2,\cdots,n)$ 分别与 ε_g 进行两两对比，以判断是否存在差异。若存在差异，则认为被剔除的第 i 位评价个体是杠杆效应的实施者。

值得注意的是，利用 ε_g^i 和 ε_g 开展两两对比的方法有很多，可通过采用杠杆变化率、逆序率及非参数检验等方法，以进行系统判断。

2. 杠杆效应的承载体的识别思路

对于杠杆效应承载体的识别问题，与杠杆效应的实施者识别思路类似，考察杠杆效应发生的主要单元。可利用矩阵 X 的第 i 行数据开展处理，步骤如下。

(1) 按行计算异常度 V_i。可得到全部 n 行数据的异常度，记作 $V_g^j=(V_1^j,V_2^j,\cdots,V_n^j)$，表示评价个体各自对于所有评价单元的异常度。

(2) 剔除第 $j(j=1,2,\cdots,m)$ 个评价单元后，按步骤(1)计算，可得 $V_g^j=(V_1^j,$

$V_2^j,\cdots,V_n^j$），表示剔除第 j 个评价单元后的异常度。依次取不同的 j 值，可得 V_g^1，$V_g^2,\cdots,V_g^m$。

(3) 将 $V_g^j(j=1,2,\cdots,m)$ 分别与 V_g 进行两两对比，以判断是否存在差异。若存在差异，则认为被剔除的第 j 个评价单元是杠杆效应的承载体。

值得注意的是，异常度 V_i 可以通过定义异常数据来计算其所占比例，也可以采用类似反映离散趋势的指标来定义。对比的方法则与杠杆效应的实施者识别思路类似。

二、杠杆效应处理机制的设计思路

由杠杆效应的识别思路可知，杠杆效应的实施者、杠杆效应的承载体是两个主要的路径。对于实施者，通过调整评价个体的权重分配、开展信息交互等方式，促使群组间开展信息交流，减少杠杆效应产生的可能性。对于承载体，由于评价对象本身就有可能存在数量差异，通过影响评价个体的判断，从而产生杠杆效应。因此，本节从变权调整、交互反馈和配对可比这三个角度，设计相应的评价机制，以期达到弱化和消除杠杆效应的目的。值得注意的是，这些机制更加关注评价思想层面而非具体操作层面的内容。

(一)变权调整的评价机制

采用调整评价个体的权重分配机制，通过弱化那些会造成杠杆效应的评价个体的权重，达到消除群组评价中的杠杆效应问题的目的。主要的研究思路可归纳如下。

(1)结合个体评价表现稳定性的设计思路。通过对已有的权重确定方法的分析发现，以往对权重系数的设定多基于对个体知识、经验、能力、水平、期望及偏好等的综合数量表示，如 AHP、德尔菲(Delphi)法、主成分分析法、熵权法等。评价个体在评价过程中的表现是否具有稳定性体现了该评价个体所给出的评价信息的质量。与个体权重设定的直接依据(如评价个体的经验、知识等方面)相比，这种稳定性的表现也应被纳入。因此，结合个体评价表现稳定性修正权重分配方法是减弱非偏向型评价行为造成的杠杆效应问题的重要思路。

(2)基于个体差异度变权的设计思路。在传统的群组评价中，评价个体的权重一经确定，都是固定不变的，也称常权分配。但是，这种固定不变的个体权重在实际的群组评价活动中，可能导致一些不合理的现象发生。例如，评价中所确定的权重没有真实反映评价个体的评价质量，且不能对其进行调整。这种情况很容易导致不合理的甚至错误的评价结论。因此，本书希望不同的评价个体在不同的评价单元上能够拥有不同的权重，形成一种可变形式。显然，在可变形式的权重分配中，个体权重的分配能够在提高群组评价的公正性的目标下，考察个体的评价行为是否合理并进行调整，从而消除因偏向型评价行为造成的杠杆效应。设定该权重矩阵并实现权重的可变则是该变权方法的关键。

(二) 基于交互的信息反馈机制

这种评价机制的基本逻辑如下：通过在群组内部构建一种信息交互机制，促进各评价个体在对评价对象的了解、评价标准的认识、评价判断的见解和评价过程中尺度的把控等方面形成共识，从而确保个体意见能够形成合理的集中趋势。

从交互的过程来看，有静态交互和动态交互之分。在静态交互中，主要采用一次性的方式，即将相关信息反馈给各评价个体，要求其再次给出评价意见，由此对第二轮的结果进行集成。这种静态的反馈是一种基础形式。动态交互过程则可简单地表述为多次的意见修正。这里的"多次"指可以多次地向评价个体进行意见征询，也指可以多次地修正个体的评价意见[①]。动态交互又可分为单阶段交互、多阶段交互两大类。

从现有研究来看，群组评价大多基于单阶段或单轮次的评价信息来进行分析，而且在个体单独对评价单元进行评价的过程中，缺乏信息、偏好等的交流与沟通。因此，若在评价中出现杠杆效应问题，则可能使得群组意见的集结效果较差，这将导致最终评价结果的不合理。

基于此，本书考虑一种多阶段交互反馈的评价方法，其基本思想如下：在设定阶段评价目标的基础上（例如，群组意见的一致性控制在某范围之内），通过修正权重分配（包括个体权重和阶段权重）的方式，调整评价数据的群组集成方式。需要说明的是，在讨论信息交互机制这一问题时，还可以结合个体关联特征（如网络关系、信念网络等）进行研究。

(三) 基于配对可比的评价机制

该机制的设计目的是解决多位评价个体在评价标准方面的差异性。其基本设想是将具有不同评价标准的评价个体或评价单元进行分组，通过提高不同组之间意见的可比性来达成评价标准的统一，并借助这种组间可比性的对比，开展相应数据的修正。

实现有效的分组配对是首先需要解决的问题。其解决思路可归纳如下：通过评价组织方式的设计，将评价个体、评价单元进行有效配对，以形成相应的评价信息在组内的有效集中。基本的组织方式大致有三类（图 2.1）。其中，若只存在杠杆效应实施者，则可将评价个体进行分组，由 $G_i(i=1,2,\cdots,k)$ 分别对评价单元进行评价；若只存在杠杆效应承载体，则对不同水平的评价单元进行分组，由评

[①] 这种多次修正的过程一般是由评价的组织者在已获得个体评价意见的基础上进行事后的修正。

价个体分别对不同组的评价单元 $A_j(j=1,2,\cdots,q)$ 开展评价；若同时存在两种情形，则需要进行双向分组。

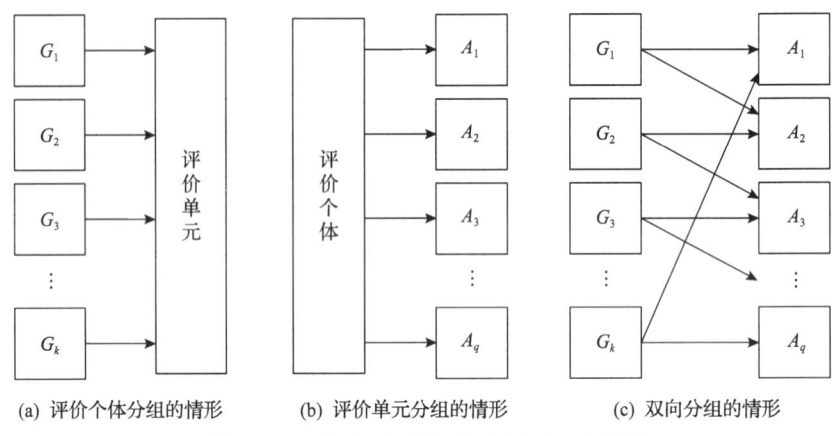

(a) 评价个体分组的情形　　(b) 评价单元分组的情形　　(c) 双向分组的情形

图 2.1　配对可比性的评价分组组织示意图

由于具有杠杆效应的数据通常在离散度、价值水平等方面表现出显著的差异，利用不同分组间的均值和方差的特征来判断分组评价数据的可比性是可行思路。在此基础上，利用不同分组间的均值和方差的特征对数据进行修正，则是实现这种可比性的基本路径。具体的修正方法将在本书的后续章节讨论。

第三节　杠杆效应的识别方法

针对杠杆效应的基本概念，需要构建相应的识别与测算方法。本节将采用"先整体，后局部"的思路，在整体层面，基于个体意见判断和评价结论的变异特征构建杠杆率测算指标，并提出相应的判断条件；在个体层面，根据评价要素构成，借鉴方差分析的思想，开展杠杆效应的实施者和承载体的局部识别方法研究。

一、整体效应的识别

(一) 基于个体判断的识别方法

评价个体判断的波动特征可用评价个体之间的差异性来衡量。因此，群组评价中是否存在杠杆效应这一问题，可转化为检验群组中的不同评价个体对同一个评价单元的评价信息是否存在显著差异。若存在显著差异，则认为群组评价中可能存在杠杆效应；若不存在显著差异，则认为群组评价中无杠杆效应。基于此，可采用非参数检验中的弗里德曼（Friedman）双向评秩方差分析，通过检验评价个体间评价信息的差异性来判断群组评价中是否存在杠杆效应。

假定在群组评价活动中，由 n 位评价个体组成的群组按照事先给定的统一标准，对 m 个评价单元进行评价。评价个体集表示为 $S=\{S_1,S_2,\cdots,S_n\}$，评价单元集表示为 $O=\{O_1,O_2,\cdots,O_m\}$。$X=(x_{ij})_{n\times m}$ 表示第 $i(i=1,2,\cdots,n)$ 位评价个体对第 $j(j=1,2,\cdots,m)$ 个评价单元的评价信息矩阵，即

$$X=(x_{ij})_{n\times m}=\begin{bmatrix} x_{11} & x_{12} & \cdots & x_{1m} \\ x_{21} & x_{22} & \cdots & x_{2m} \\ \vdots & \vdots & & \vdots \\ x_{n1} & x_{n2} & \cdots & x_{nm} \end{bmatrix}$$

利用评价信息矩阵 X，在每个评价单元下，对来自 n 位评价个体的评价数据进行排序，进而得到排序矩阵 R，即

$$R=(r_{ij})_{n\times m}=\begin{bmatrix} r_{11} & r_{12} & \cdots & r_{1m} \\ r_{21} & r_{22} & \cdots & r_{2m} \\ \vdots & \vdots & & \vdots \\ r_{n1} & r_{n2} & \cdots & r_{nm} \end{bmatrix}$$

式中，r_{ij} 为评价个体 S_i 对评价单元 O_j 给出的评价值的秩次。r_{ij} 越大，则评价个体 S_i 给出的评价值越高；若两位评价个体对于同一个评价单元的评价值相同，则最终的 r_{ij} 取两者秩次的均值。

令 $R_i=\sum_{j=1}^{m}r_{ij}$ 为评价个体 S_i 对 m 个评价单元的评价数据进行排序后得到的秩次和，则 Friedman 统计量为

$$\chi_r^2=\frac{12}{nm(n+1)}\sum_{i=1}^{n}R_i^2-3m(n+1) \tag{2.1}$$

式中，χ_r^2 服从自由度为 $(n-1)$ 的 χ^2 分布。

显然，若不同评价个体的意见没有差异，则他们所给出的秩次和 R_i 应该很接近；R_i 的差异越大，则评价个体所作的评价结果的秩次差别越远，故 χ_r^2 越大。

基于此，可以对评价结论进行假设检验，以验证是否存在杠杆效应。对应的原假设和备择假设分别如下。

H_0：n 位评价个体对 m 个评价单元的评价信息没有显著差异，即不存在杠杆效应。

H_1：n 位评价个体对 m 个评价单元的评价信息存在显著差异，即存在杠杆

效应。

若 $\chi_r^2 \geq \chi_\alpha^2(n-1)$ 成立，则拒绝原假设，可以认为 n 位评价个体对 m 个评价单元的评价信息存在显著差异，该群组中可能存在杠杆效应；若 $\chi_r^2 < \chi_\alpha^2(n-1)$ 成立，则无法拒绝原假设，可以认为 n 位评价个体对 m 个评价单元的评价信息差异不显著，应该不存在杠杆效应。其中，α 为显著性水平。

(二) 基于评价结论的识别方法

上述基于个体判断的识别方法主要通过 Friedman 双向评秩方差分析法，从次序变化的角度，检验多位评价个体之间的差异性，判断是否存在杠杆效应。但是，这种次序的变化可能并不一定能够准确地反映不同个体之间在评价意见数量上的差异。

对于评价结论的波动情况，本书希望通过数量变化分析评价个体的"异常意见"对评价数据集合中的均值、方差的影响，进而判断是否存在杠杆效应。因此，采用方差分析法来开展基于评价结论波动的杠杆效应测算。具体地，可将评价个体和评价单元分别视为两个因素，利用无交互作用的双因素方差分析法对评价结果进行分析和判断。

假定在某项群组评价活动中，由 n 位评价个体组成的群组按照统一的评价标准，对 m 个评价单元进行评价。评价个体集表示为 $S = \{S_1, S_2, \cdots, S_n\}$；评价单元集表示为 $O = \{O_1, O_2, \cdots, O_m\}$；$X = (x_{ij})_{n \times m}$ 表示第 $i(i=1,2,\cdots,n)$ 位评价个体对第 $j(j=1,2,\cdots,m)$ 个评价单元的评价结果，数据结构示意如表 2.1 所示。

表 2.1 群组评价的数据结构

评价个体	评价单元				均值
	O_1	O_2	$\cdots$	O_m	
S_1	x_{11}	x_{12}	$\cdots$	x_{1m}	$\bar{x}_{1.}$
S_2	x_{21}	x_{22}	$\cdots$	x_{2m}	$\bar{x}_{2.}$
$\vdots$	$\vdots$	$\vdots$		$\vdots$	$\vdots$
S_n	x_{n1}	x_{n2}	$\cdots$	x_{nm}	$\bar{x}_{n.}$
均值	$\bar{x}_{.1}$	$\bar{x}_{.2}$		$\bar{x}_{.m}$	$\bar{x}$

由表 2.1 的评价结果数据可得，各评价个体和评价单元的均值分别为

$$\bar{x}_{i.} = \frac{1}{m}\sum_{j=1}^{m} x_{ij}, \quad \bar{x}_{.j} = \frac{1}{n}\sum_{i=1}^{n} x_{ij}$$

结合各评价个体和评价单元的均值，得到总均值为

$$\bar{x} = \frac{1}{nm}\sum_{i=1}^{n}\sum_{j=1}^{m}x_{ij}$$

评价结果数据之间的差异可用偏差平方和来衡量。定义 SS_X 为评价结果的总偏差平方和，SS_S 为评价个体的偏差平方和，SS_O 为评价单元的偏差平方和，SS_e 为误差的偏差平方和，具体计算如下：

$$SS_X = \sum_{i=1}^{n}\sum_{j=1}^{m}(x_{ij}-\bar{x})^2 = \sum_{i=1}^{n}\sum_{j=1}^{m}x_{ij}^2 + nm\bar{x}^2$$

$$SS_S = \sum_{i=1}^{n}\sum_{j=1}^{m}(\bar{x}_{i.}-\bar{x})^2 = m\sum_{i=1}^{n}(\bar{x}_{i.}-\bar{x})^2$$

$$SS_O = \sum_{i=1}^{n}\sum_{j=1}^{m}(\bar{x}_{.j}-\bar{x})^2 = n\sum_{j=1}^{m}(\bar{x}_{.j}-\bar{x})^2$$

$$SS_e = \sum_{i=1}^{n}\sum_{j=1}^{m}(x_{ij}+\bar{x}-\bar{x}_{i.}-\bar{x}_{.j})^2$$

在此基础上，可检验评价个体和评价单元之间是否存在显著差异。结合方差分析法，可将待检验的问题设置为以下两个假设。

假设 2.1：评价个体之间的差异不显著，等价于 H_{01}: $\bar{x}_{1.} = \bar{x}_{2.} = \cdots = \bar{x}_{n.}$。

假设 2.2：评价单元之间的差异不显著，等价于 H_{02}: $\bar{x}_{.1} = \bar{x}_{.2} = \cdots = \bar{x}_{.m}$。

通过上述定义的偏差平方和，分别得到两种假设下对应的 F 统计量。

对于 H_{01}，其检验的 F 统计量为

$$F_S = \frac{SS_S/(n-1)}{SS_e/[(n-1)(m-1)]} \tag{2.2}$$

对于 H_{02}，其检验的 F 统计量为

$$F_O = \frac{SS_O/(m-1)}{SS_e/[(n-1)(m-1)]} \tag{2.3}$$

式中，F_S 服从自由度为 $(n-1)$ 和 $(n-1)(m-1)$ 的 F 分布；F_O 服从自由度为 $(m-1)$ 和 $(n-1)(m-1)$ 的 F 分布。

在给定的显著性水平 α 下，可根据以下四种情形进行判断。

情形 1：若 $F_S > F_\alpha[(n-1),(n-1)(m-1)]$ 且 $F_O > F_\alpha[(m-1),(n-1)(m-1)]$，则 H_{01} 和 H_{02} 都拒绝，说明不同的评价个体和评价单元之间都存在显著差异。

情形 2：若 $F_S > F_\alpha[(n-1),(n-1)(m-1)]$，$F_O < F_\alpha[(m-1),(n-1)(m-1)]$，则拒绝 H_{01}，而不能拒绝 H_{02}，说明评价个体之间存在较为显著的差异，而评价单元之间的差异不是很明显。

情形 3：若 $F_S < F_\alpha[(n-1),(n-1)(m-1)]$，$F_O > F_\alpha[(m-1),(n-1)(m-1)]$，则不能拒绝 H_{01}，但拒绝 H_{02}，说明评价个体之间的差异并不明显，而评价单元之间存在显著差异。

情形 4：若 $F_S < F_\alpha[(n-1),(n-1)(m-1)]$ 且 $F_O < F_\alpha[(m-1),(n-1)(m-1)]$，则 H_{01} 和 H_{02} 都不能拒绝，说明不同的评价个体和评价单元之间的差异都不明显。

显然，若出现前三种情形，则可以认为群组评价信息中可能存在杠杆效应问题，需要开展进一步的研究，判断其可能出现的环节；若出现第四种情形，则可以判断群组评价中不存在杠杆效应。

(三) 基于杠杆率的测算方法

当采用 Friedman 双向评秩方差分析法和无交互作用的双因素方差分析法两个方法对群组评价的杠杆效应进行检验时，都只能判断评价个体提供的评价结果是否存在杠杆效应，无法给出杠杆效应水平的具体数值，即无法回答群组评价的杠杆率 δ_r 究竟是多少这一问题。

为弥补上述方法的不足，一个可采用的思路是根据评价个体对不同评价单元给出的评价信息，测算任意两位评价个体的距离；将所有的距离度量进行集结，得到总的距离度量值，可得群组评价的杠杆系数。在此基础上，设计杠杆率的测算指标，作为群组评价中杠杆效应水平的度量。在事先设定的阈值水平下，可依据这种度量，开展群组评价中是否存在杠杆效应的相对判断。

同样地，假设由 n 位评价个体组成的群组，采用统一的量化和评价标准，对 m 个评价单元进行评价，形成类似表 2.1 的评价数据结构。基于此，下面利用距离度量理论，对不同评价个体所作的评价数据进行分析，计算群组评价的杠杆率 δ_r。具体内容可概述如下。

首先，计算群组评价中任意两位评价个体 S_t 和 S_k 之间的欧氏距离 δ_{tk}：

$$\delta_{tk} = d(S_t, S_k) = \sqrt{\sum_{j=1}^{m}(x_{tj} - x_{kj})^2} \tag{2.4}$$

显然，若 δ_{tk} 越大，则评价个体 S_t 和 S_k 之间的差异程度越高，越有可能存在杠杆效应。因此，n 位评价个体对 m 个评价单元的评价杠杆系数为

$$\delta = \frac{\sum_{t \neq k}\delta_{tk}}{C_n^2} = \frac{2\sum_{t \neq k}\delta_{tk}}{n(n-1)} \tag{2.5}$$

为了简洁地表示，将杠杆系数进一步转换为杠杆率：

$$\delta_r = \frac{\delta}{\delta+1} \tag{2.6}$$

显然，$\delta_r \in (0,1)$，且δ_r越大，越有可能存在杠杆效应。设定杠杆率阈值为δ_k；若$\delta_r > \delta_k$，则认为群组评价过程中可能存在杠杆效应，需要进行后续处理；若$\delta_r \leqslant \delta_k$，则认为群组评价过程中不存在杠杆效应。

关于杠杆率阈值的设定问题，可借鉴现有研究对群组评价中的一致度、共识阈值的设定思路；同时，采用模糊多数原则，将其设为 0.6 以上。此水平值只是一个基本标准，可根据实际问题进行选择。例如，对于较为重要的评价问题，需要采用更加严谨的讨论，因此，其杠杆率阈值的设定应较低；在评价个体数量较多的情形下，其群组评价意见之间的差异相对较大，可设定较高的杠杆率阈值。杠杆率阈值的设定规则如表 2.2 所示。

表 2.2 杠杆率阈值的设定规则

问题的重要程度	评价个体数量	阈值 δ_k
一般性评价问题	$n \leqslant 5$	0.7
	$5 < n \leqslant 10$	0.8
	$n > 10$	0.9
重要性较大的评价问题	$n \leqslant 5$	0.6
	$5 < n \leqslant 10$	0.7
	$n > 10$	0.8

此处的杠杆率是直接利用评价个体在评价单元上的评价信息来进行计算的，没有进行数据类型的转换，这减少了计算偏差和信息损失可能带来的负面影响。

二、个体视角的局部识别

无论是基于个体评价意见和评价结论的识别方法，还是利用距离度量并通过成对循环计算的杠杆率测算指标，均能判断杠杆效应是否存在。但为了后续杠杆效应的有效处理，需要识别具体是由哪些评价个体或哪些评价单元引起的。因此，根据评价要素的构成，借鉴方差分析思想开展局部的识别，具体包括杠杆效应的实施者(即哪些评价个体造成了杠杆效应)、承载体(即哪些评价单元上的杠杆效应较大)这两方面。评价数据结构与表 2.1 相同，以评价信息矩阵 $X = (x_{ij})_{n \times m}$ 来表示。

(一)杠杆效应实施者的识别

杠杆效应实施者即群组评价中的评价个体。评价个体由于受到生活经验、知识结构、个人偏好、利益关系等因素的影响,在进行评价时,其所提供的评价结果往往带有一定的个人色彩,有可能偏离客观实际,从而造成杠杆效应。评价个体是引发杠杆效应的主体,称为杠杆效应的实施者。

对于杠杆效应实施者的识别问题,可采用逐一识别方式开展。基于评价信息矩阵 $X = (x_{ij})_{n \times m}$ 的第 j 列数据,可计算评价单元 O_j 的差异度 ε_j,其计算公式为

$$\varepsilon_j = \sqrt{\frac{1}{n-1} \sum_{i=1}^{n} (x_{ij} - \bar{x}_{\cdot j})^2} \quad (2.7)$$

因此,针对不同的评价单元 O_j,有全部 m 列评价数据的差异度 $\varepsilon_g = (\varepsilon_1, \varepsilon_2, \cdots, \varepsilon_m)$,其可表示评价群组在各评价单元上的差异度。

在剔除评价个体 S_i 的情况下,可重新计算剔除处理后的群组在各评价单元上的差异度,类似可得到 $\varepsilon_g^i = (\varepsilon_1^i, \varepsilon_2^i, \cdots, \varepsilon_m^i)$,其计算公式为

$$\varepsilon_j^i = \sqrt{\frac{1}{n-2} \sum_{k=1, k \neq i}^{n} (x_{ij} - \bar{x}_{\cdot j})^2} \quad (2.8)$$

依次剔除不同的评价个体 S_i,可得 $\varepsilon_g^1, \varepsilon_g^2, \cdots, \varepsilon_g^n$。

在整理 $\varepsilon_g^i (i=1,2,\cdots,n)$ 的基础上,分别与整体的差异度 ε_g 进行两两对比,以此来判断是否存在差异。显然,若存在差异,则认为被剔除的第 i 位评价个体是杠杆效应的实施者。利用 ε_g^i 和 ε_g 开展两两对比的方法有很多,可通过采用杠杆变化率、逆序率及非参数检验等方法,以进行系统判断。本节采用一种同时考虑两者差异方向与大小的非参数检验方法,即威尔科克森(Wilcoxon)符号秩检验。基本步骤如下。

(1)将两种情形下的处理结果视为两个样本,即 $\varepsilon_g^i = (\varepsilon_1^i, \varepsilon_2^i, \cdots, \varepsilon_m^i)$ 和 $\varepsilon_g = (\varepsilon_1, \varepsilon_2, \cdots, \varepsilon_m)$。在进行配对后,计算两个样本值之间的差异值 $j(j=1,2,\cdots,m)$,可表示为

$$d_k = \varepsilon_k^i - \varepsilon_k, \quad k=1,2,\cdots,m$$

若 $d_k = 0$,则对该观察点做删除处理。

(2)对 d_k 取绝对值,并按升序进行评秩,可得到每个观察点(配对点)的秩次 R_k。若多个观察点的数值相等,则应取其秩次的均值。

(3)对秩次的符号进行还原，即若 d_k 为正，则 R_k 为正；若 d_k 为负，则 R_k 为负。

(4)计算正的秩次和与负的秩次和，即

$$T_+ = \sum R_i (R_i > 0), \quad T_- = \left|\sum R_j\right|(R_j < 0)$$

(5)计算 Wilcoxon-T 统计量，有

$$T = \min\{T_+, T_-\}$$

(6)做出结论判断。通过查 Wilcoxon 符号秩检验临界值分布表，在给定的显著性水平下，可得临界值 $T(m, \alpha)$。若 $T < T(m, \alpha)$，则对应的统计量落入拒绝域，可认为第 i 位评价个体是杠杆效应的实施者。否则，无法拒绝原假设，可认为第 i 位评价个体并非杠杆效应的实施者。

(二)杠杆效应承载体的识别

杠杆效应的承载体即群组评价中的评价单元。各评价单元的评价数据所存在的差异和波动是潜在的杠杆效应的表现。事实上，如果群组评价中不存在杠杆效应，那么不同的评价个体在同一个评价单元上的评价意见差异并不大，其变异程度也相对较小。在此情形下，所得到的群组评价结果也是相对合理客观的。但如果存在杠杆效应，那么极有可能导致评价结果偏离正常结论。评价单元是杠杆效应问题产生后受到影响的客体，称为杠杆效应的承载体。

对于杠杆效应承载体的识别，与杠杆效应的实施者识别原理类似，利用评价信息矩阵 $X = (x_{ij})_{n \times m}$ 的第 i 行的评价数据开展，具体步骤如下。

(1)按行计算评价个体 S_i 的异常度 V_i，计算公式为

$$V_i = \frac{s_i}{\bar{x}_{i.}} \tag{2.9}$$

式中，$s_i = \sqrt{\dfrac{1}{m-1}\sum_{j=1}^{m}(x_{ij} - \bar{x}_{i.})^2}$，$\bar{x}_{i.} = \dfrac{1}{m}\sum_{j=1}^{m} x_{ij}$。

根据式(2.9)，可得到全部的 n 行数据的异常度，将其记作 $V_g = (V_1, V_2, \cdots, V_n)$，表示评价个体在各个评价单元的异常度。

(2)同样地，采用剔除处理对比的方式进行观测。在剔除第 $j(j=1,2,\cdots,m)$ 个评价单元后，按照步骤(1)的计算公式，可得 $V_g^i = (V_1^j, V_2^j, \cdots, V_n^j)$，其表示剔除第 j 个评价单元后的异常度。依次剔除不同评价单元 O_j，可得 $V_g^1, V_g^2, \cdots, V_g^m$。

(3)利用 $V_g^i(j=1,2,\cdots,m)$，分别与 V_g 进行两两对比，以此判断是否存在差异。若存在，则认为被剔除的第 j 个评价单元是杠杆效应的承载体。

第四节 应用案例

为了验证前面所提的杠杆效应识别方法的应用效果，本节将开展具体应用分析。由于在识别杠杆效应的实施者和杠杆效应的承载体两方面的处理步骤与方法大致相同，考虑到内容的重复性，此处仅从群组评价中的评价个体角度，即以杠杆效应的实施者识别为例开展分析。

一、问题描述

在建设生态文明城市的进程中，高效地处理城市生活垃圾是较为重要的一项内容。根据国家有关规定，城市生活垃圾有投放、收集、运输和处理四大环节。在这个全过程中，生活垃圾处理商承担收集、运输和处理这三个环节的职责，肩负着美化城市的重任。因此，在处理城市生活垃圾的过程中，如何挑选在垃圾收集、运输、处理、管理等方面的技术较好的生活垃圾处理商来为社区、街道服务，成为一个需要考虑的问题。现有文献对生活垃圾处理商的评价和选择问题的研究主要从绿色供应商选择的视角开展讨论。但都没有考虑评价过程中是否存在杠杆效应的问题。因此，本节通过一个具体的生活垃圾处理商评价问题，采用本章所提出的杠杆效应的识别与测算方法进行讨论，以验证该方法在此类评价选择问题中是否可行。

某社区要招标生活垃圾处理商，经过前期报名和资格审查，共有五家生活垃圾处理商可供选择。社区管理部门邀请了六位具有相关服务领域从业经验的技能型专家 $\{S_1, S_2, S_3, S_4, S_5, S_6\}$ 对这五家企业 $\{O_1, O_2, O_3, O_4, O_5\}$ 进行评价。为了说明杠杆效应的可能影响，不失一般性，假设评价个体 S_1 是受企业 O_1 的请托，被要求给予企业 O_1 较高的评分。个体评分情况如表 2.3 所示。

表 2.3 生活垃圾处理商的评价数据

评价个体	评价单元				
	O_1	O_2	O_3	O_4	O_5
S_1	8	3	4	2	3
S_2	7	6	5	8.5	6
S_3	7	5	6	8	3
S_4	6.5	5.5	6	7	7
S_5	6	4	7	6.5	5
S_6	5	3.5	5	7	6

假设各专家的权重均相等,有 $w = (0.167, 0.167, 0.167, 0.167, 0.167, 0.167)$;利用常权综合评价方法对表 2.3 中的评价信息进行加权集结,可得初始评价结果 L:

$$L = (6.583, 4.500, 5.500, 6.500, 5.000)$$

显然,依据此评价结果,得到生活垃圾处理商的得分排序结果:$O_1 \succ O_4 \succ O_3 \succ O_5 \succ O_2$。然而,由于存在利益相关现象,评价个体 S_1 的评分并不公正,因此可将其删除后重新对评价信息进行集结。由此可得评价结果 $\bar{L}$:

$$\bar{L} = (6.3, 4.8, 5.8, 7.4, 5.4)$$

此时的排序结果为 $O_4 \succ O_1 \succ O_3 \succ O_5 \succ O_2$。

评价个体 S_1 给出了舞弊性质的评分值,这改变了群组评价结果,从而产生了杠杆效应问题。因此,本节在此案例基础上,进一步应用杠杆效应识别测算机制来验证其是否有效。

二、杠杆效应的识别过程

(一) 整体效应的识别

针对上述杠杆效应问题,此处利用本章第三节提出的整体识别方法和杠杆率指标的测算方法开展应用。具体步骤如下。

(1) 根据式 (2.4) 计算得到任意两位评价个体间评价意见的距离 δ_{tk},结果如表 2.4 所示。

表 2.4　评价个体间评价意见的距离

δ_{tk}	距离值	δ_{tk}	距离值
δ_{12}	7.890	δ_{26}	3.536
δ_{13}	6.708	δ_{34}	4.183
δ_{14}	7.314	δ_{35}	3.041
δ_{15}	6.185	δ_{36}	4.153
δ_{16}	6.652	δ_{45}	2.784
δ_{23}	3.354	δ_{46}	2.872
δ_{24}	2.179	δ_{56}	2.550
δ_{25}	3.742		

(2) 根据式 (2.5) 将表 2.4 中的距离值取平均,可得杠杆系数 $\delta = 4.476$,进一

步按式(2.6)转化为杠杆率 $\delta_r = 0.817$。

(3) 开展整体判断。根据表 2.2 中杠杆率阈值的设定规则，选取杠杆率阈值为 $\delta_k = 0.8$；由于 $\delta_r > \delta_k$，在对生活垃圾处理商的评价中可能存在杠杆效应。这一结论与本节第一部分的结论相同，证明了杠杆效应整体识别方法的有效性。

(二) 局部识别

由前面可知，该评价活动中存在杠杆效应，因此需要从个体层面，进一步识别具体由哪些评价个体导致杠杆效应。具体过程如下。

(1) 根据式(2.7)，计算各生活垃圾处理商的差异度，可得差异度向量：

$$\varepsilon_g = (1.021, 1.183, 1.049, 2.324, 1.673)$$

(2) 遍历地剔除一个评价个体 S_i，根据式(2.8)，计算剔除评价个体后的生活垃圾处理商的差异度向量，分别为

$$\varepsilon_g^1 = (0.837, 1.037, 0.837, 0.822, 1.517)$$

$$\varepsilon_g^2 = (1.118, 1.037, 1.140, 2.356, 1.789)$$

$$\varepsilon_g^3 = (1.118, 1.294, 1.140, 2.465, 1.517)$$

$$\varepsilon_g^4 = (1.140, 1.204, 1.140, 2.584, 1.517)$$

$$\varepsilon_g^5 = (1.095, 1.294, 0.837, 2.598, 1.871)$$

$$\varepsilon_g^6 = (0.742, 1.204, 1.140, 2.584, 1.789)$$

(3) 将全部生活垃圾处理商的差异度向量 ε_g 分别与经剔除某位评价个体后的生活垃圾处理商的差异度向量 ε_g^i 进行配对，并开展 Wilcoxon 符号秩检验，可得各评价个体的 Wilcoxon-T 统计量，如表 2.5 所示。

表 2.5 各评价个体的 Wilcoxon-T 统计量

T 统计量	数值
T_1	0
T_2	1
T_3	1
T_4	2
T_5	2
T_6	1

通过查找 Wilcoxon 符号秩检验临界值分布表可以发现，在显著性水平 $\alpha = 0.05$、$m = 5$ 的情况下，有临界值 $T(m,\alpha) = T(5,0.05) = 1$。根据表 2.5 中的统计量 T_i，$T_1 < T(5,0.05) = 1$ 成立。因此，对于评价个体 S_1，应拒绝原假设，即认为评价个体 S_1 导致杠杆效应，可以判定其是杠杆效应的实施者。

三、结果分析

根据上述案例结果，利用相应的测算方法，可计算得到生活垃圾处理商评价问题的杠杆率 $\delta_r = 0.817$。在杠杆率阈值 $\delta_k = 0.8$ 的情况下，由于 $\delta_r > \delta_k$，可以认为在此项评价活动中存在杠杆效应。

此外，通过评价个体的识别结果也可以发现，该方法能够准确识别出评价个体 x_j 是引起杠杆效应问题的因素，即杠杆效应的实施者；也证明了本章基于个体视角讨论并解决此类杠杆效应的识别问题是可行的，其能有效地应用于其他类似的群组评价活动中。

本 章 小 结

本章主要讨论了群组评价中杠杆效应的基本问题，从评价要素的角度总结了杠杆效应产生的原因。在此基础上，从整体的视角，开展了杠杆效应的识别和测算方法的讨论，设计了相关统计检验方法、杠杆率测算指标等；从个体的视角，讨论了杠杆效应的实施者和承载体的识别问题。通过案例应用分析，对相关的识别和测算方法进行了说明和验证。本章的相关内容可以实现对群组评价中杠杆效应问题的初步判断和引发动因定位，有助于后续解决杠杆效应的评价机制和方法设计问题。

第三章　基于静态变权调整的杠杆效应处理机制

权重是综合评价的三大基本要素之一。权重分配是否合理，直接决定综合评价的最终结果。传统综合评价方法中，权重分配往往采取固化的方式，即以一个固定的权重分配方案开展多次评价。然而，在群组评价中，个体特征差异及其他非理性的评价行为可能导致杠杆效应。此时，根据个体特征调整和分配评价个体的权重是缓解杠杆效应的有效途径之一。根据个体在评价过程中所给出的评价意见(包括最终评价结果或阶段性评价的量化结果)是否可变，可以将群组评价分为静态评价和动态评价。相应地，也可将处理机制划分为静态变权和动态变权两类。本章将针对静态变权处理机制展开讨论，介绍变权处理的基本问题，在此基础上，采用一次性集成的方式，提出变权效用函数综合评价方法；同时，考虑静态变权的寻优过程，提出一种自适应的变权方法。

第一节　基 本 问 题

部分学者认为在确定综合评价中的权重问题时，受动态、群组等多个因素的影响，传统综合评价方法中对权重问题的固定式分配方法存在较大的缺陷，因此提出了变权综合的处理方法。本节将介绍变权综合的分类、变权向量构造方法等基础内容。

一、基本定义与分类

(一) 基本定义

汪培庄和李洪兴(1996)认为，当 $(x_1, x_2, \cdots, x_m) \mapsto w_j(x_1, x_2, \cdots, x_m)$ 满足以下三个性质时，可称为变权映射。

(1) 归一性。$\sum_{j=1}^{m} w_j(x_1, x_2, \cdots, x_m) = 1$。

(2) 连续性。$w_j(x_1, x_2, \cdots, x_m)(j=1,2,\cdots,m)$ 关于每个变量连续。

(3) 惩罚性。$w_j(x_1, x_2, \cdots, x_m)(j=1,2,\cdots,m)$ 关于变量 x_j 单调递减。

此时，若设 $\{w_j(x_1, x_2, \cdots, x_m)\}_{(j=1,2,\cdots,m)}$ 是一组变权，利用其对某一数列进行加权计算，则有

$$F(X) = \sum_{j=1}^{m} w_j(x_1, x_2, \cdots, x_m) x_j \tag{3.1}$$

那么，$F(X)$ 称为（m 维）惩罚型变权综合函数。

若将其中的惩罚性条件改为激励性条件，即 $w_j(x_1, x_2, \cdots, x_m)(j=1,2,\cdots,m)$ 关于变量 x_j 单调递增，则 $F(X)$ 称为（m 维）激励型变权综合函数。

通过上述定义的对比，不难发现，虽然变权综合函数和常权综合函数在形式上较为相似，但两者存在较大差异，主要表现如下：传统综合评价中，权重向量 $W=(w_1,w_2,\cdots,w_m)$ 一旦确定后，不会随指标值 $X=(x_1,x_2,\cdots,x_m)$ 的取值而发生变化；但在变权综合评价中，权重向量 $\{w_j(x_1,x_2,\cdots,x_m)\}_{(j=1,2,\cdots,m)}$ 是一个可变而非固定的向量，它可能随着评价阶段、数值特征等评价因素的改变而发生变化。

（二）基本分类

关于变权函数的研究已取得较为丰富的成果，根据处理对象，大致将变权处理方法分为两大类：基于指标的分类和基于评价单元的分类。

1. 基于指标的分类

在评价信息值分布不均衡的情形下，李月秋（2008）提出了三类变权处理方法，分别为惩罚型变权、激励型变权和混合型变权。惩罚型变权是指随着评价值 x_j 的减小，指标权重增加的一种变权综合方法。它是一种惩罚落后的评价方法。激励型变权是指随着评价值 x_j 的增大，指标权重增加的一种变权综合方法。混合型变权在满足归一性、连续性的基础上，还应满足第三个条件，即混合性：

若 $w_j(x_1,x_2,\cdots,x_m)$ 关于变量 x_j 单调递减，当且仅当 $1 \leqslant j \leqslant l$；

若 $w_j(x_1,x_2,\cdots,x_m)$ 关于变量 x_j 单调递增，当且仅当 $1+l \leqslant j \leqslant m$，

则称 $\{w_j(x_1,x_2,\cdots,x_m)\}_{(j=1,2,\cdots,m)}$ 为一组混合型变权，l 为惩罚力度，$(m-l)$ 则为激励力度。

不难看出，当 $m=l$ 时，混合型变权退化为惩罚型变权；当 $l=0$ 时，混合型变权退化为激励型变权。混合型变权可由惩罚型变权和激励型变权的混合而得到，因此，混合型变权兼具激励性与惩罚性，既可以对某些指标产生激励，也可以对其他指标施加惩罚。在此情形下，那些在某方面具有显著优势且没有显著劣势的评价单元就有可能得到较高的综合评价得分。

2. 基于评价单元的分类

根据变权处理的作用范围，基于评价单元的变权处理又可分为全局型变权和局部型变权两类。其中，全局型变权对所有评价单元采取相同的变权策略；局部

型变权则对不同评价单元采取不同的变权策略。姚炳学和李洪兴(2000)根据指标值的分布,采取不同变权策略。

事实上,局部型变权是在满足归一性、连续性的基础上,在混合性条件中采用分段处理的思路。例如,若当 $x_j \leqslant p_j \leqslant 1$ 时,$w_j(x_1,x_2,\cdots,x_m)$ 关于变量 x_j 单调递减;当 $x_j \geqslant p_j \geqslant -1$ 时,$w_j(x_1,x_2,\cdots,x_m)$ 关于变量 x_j 单调递增,则称 $\{w_j(x_1,x_2,\cdots,x_m)\}_{(j=1,2,\cdots,m)}$ 为局部型变权向量。$p = (p_1,p_2,\cdots,p_m)^\mathrm{T}$ 可称为其变权激励策略,p_j 为激励-惩罚拐点 ($j=1,2,\cdots,m$)。

图 3.1 提供了一个基本的分类体系,但需要说明的是,这些分类并不是完全独立的,它们通过组合可形成新的分类。

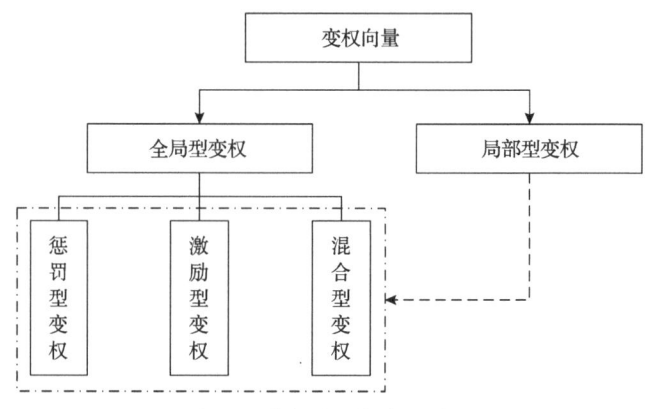

图 3.1 变权向量的主要类型

二、静态变权向量的构造方法

根据构造变权向量的信息依据,变权向量大致可分为状态变权向量、均衡函数和差异度。下面将逐一阐述。

(一)基于状态变权向量的变权方法

李洪兴(1995)认为,变权综合方法与常权综合方法之间的差异主要表现如下:变权综合在考虑各评价指标相对重要性的同时,也考虑了评价值关于指标或变量的状态水平。

1. 基本论述

传统的赋权法认为,评价单元的评价值(状态)变化不会影响各指标的相对重要性,因此,通常将权重定义为如下形式:

$$\begin{cases} W = (w_1, w_2, \cdots, w_m) \\ w_j \in [0,1], \quad j = 1, 2, \cdots, m \\ w_1 + w_2 + \cdots + w_m = 1 \end{cases} \tag{3.2}$$

正如前面所述，评价信息的分布状态不均衡可能造成不合理的综合评价结果。为了避免这种情况的发生，可采用变权综合处理方式，即实现权重值随评价值的状态变化而变化，更为合理地分配权重。因此，定义状态变权向量为

$$S(X) = (S_1(X), S_2(X), \cdots, S_m(X))$$

式中，$X = (x_1, x_2, \cdots, x_m) \in [0,1]^m$。

若有映射 $S:[0,1]^m \to [0,1]^m$，$X \mapsto S(X) = (S_1(X), S_2(X), \cdots, S_m(X))$，则可定义变权向量 $W(X)$ 为

$$W(X) = \frac{(w_1^{(0)} S_1(X), w_2^{(0)} S_2(X), \cdots, w_m^{(0)} S_m(X))}{\sum_{j=1}^{m}(w_j^{(0)} S_j(X))} = \frac{W^{(0)} S(X)}{\sum_{j=1}^{m}(w_j^{(0)} S_j(X))} \tag{3.3}$$

式中，$W^{(0)} S(X) = (w_1^{(0)} S_1(X), w_2^{(0)} S_2(X), \cdots, w_m^{(0)} S_m(X))$。

式(3.3)中，$S(X)$ 反映了评价值的状态水平，实际上是对 X 的一种转换处理；$W = (w_1^{(0)}, w_2^{(0)}, \cdots, w_m^{(0)})$ 则是一个常权向量。

此外，基于不同的变权目的，朱勇珍和李洪兴(1999)提出，可将状态变权向量进一步划分为两类：激励型状态变权向量和惩罚型状态变权向量。其定义分别如下。

假定映射 $S:[0,1]^m \to [0,1]^m$，$X \mapsto S(X) = (S_1(X), S_2(X), \cdots, S_m(X))$。若全部满足条件：$x_i \geqslant x_j \Rightarrow S_i(X) \leqslant S_j(X)$ 和 $S_j(X)$ 对每个变量连续，则对任何常权向量 $W^0 = (w_1^{(0)}, w_2^{(0)}, \cdots, w_m^{(0)})$，有

$$W(X) = \frac{(w_1^{(0)} S_1(X), w_2^{(0)} S_2(X), \cdots, w_m^{(0)} S_m(X))}{\sum_{j=1}^{m}(w_j^{(0)} S_j(X))} = \frac{W^{(0)} S(X)}{\sum_{j=1}^{m}(w_j^{(0)} S_j(X))}$$

此时，S 为惩罚型状态变权向量。

若其中的条件变换为 $x_i \geqslant x_j \Rightarrow S_i(X) \geqslant S_j(X)$，则 S 变换为一个激励型状态变权向量。

2. 状态变权向量的构造方法

李德清和李洪兴(2002)在利用已知状态变权向量的基础上构建新的状态变权

向量，提出了借助向量均值构造状态变权向量的思想。具体思路如下。

(1) 新的状态变权向量可以通过对已知状态变权向量的线性组合而得到。假设映射 $S^{(i)}:[0,1]^m \to [0,1]^m$，$X \mapsto S^{(i)}(X) = (S_1^{(i)}(X), S_2^{(i)}(X), \cdots, S_m^{(i)}(X))$ 均满足状态变权向量的条件，则其凸线性组合 $\sum_{i=1}^n k_i S^{(i)}(X)(k_i \geq 0)$ 为 m 维状态变权向量。

(2) 新的状态变权向量可以通过计算已知状态变权向量的阿达马乘积 (Hadamard product) 而得。假设 $S'(X) = (S_1'(X), S_2'(X), \cdots, S_m'(X))$，$S''(X) = (S_1''(X), S_2''(X), \cdots, S_m''(X))$，若其满足状态变权向量的条件，则其阿达马乘积是一个惩罚型状态变权向量 $(S_1'(X) \cdot S_1''(X), S_2'(X) \cdot S_2''(X), \cdots, S_m'(X) \cdot S_m''(X))$。

(3) 新的状态变权向量可以通过构造一个关于已知状态变权向量的函数而得。假设 $S(X) = (S_1(X), S_2(X), \cdots, S_m(X))$ 满足状态变权向量的条件，若函数 $f:[0,1] \to [0,1]$，$t \mapsto f(t)$ 连续且单调递减，或者连续且单调递增，则 $S_f(X) = (f(S_1(X)), f(S_2(X)), \cdots, f(S_m(X)))$ 分别称为激励型状态变权向量、惩罚型状态变权向量。

(4) 新的状态变权向量也可以由已知状态变权向量的均值直接计算。假设函数 $f:(-\infty, +\infty) \to (0,1)$ 连续且单调递减，给定状态变权向量 $X = (x_1, x_2, \cdots, x_m)$，取 $\bar{x} = \frac{1}{m}\sum_{i=1}^m x_i$，则有以下两个结论。

① $S_j(x_1, x_2, \cdots, x_m) = f(\beta x_j - \bar{x})(\beta \geq 1/m)(j = 1, 2, \cdots, m)$ 构成 m 维惩罚型状态变权向量 $S(X) = (S_1(X), S_2(X), \cdots, S_m(X))$。

② 当 $x_1 = x_2 = \cdots = x_m$ 时，由上述 $S(X)$ 形成的变权向量恰为常权公式。

(二) 基于均衡函数的变权方法

根据式 (3.3) 发现，变权向量可以由相应的状态变权向量来确定，而状态变权向量通常由均衡函数的梯度向量计算而得，因此，选择恰当的均衡函数成为一个关键问题 (Wang et al., 1997)。

李洪兴 (1996) 提出，如果有函数 $B:[0,1]^m \to \text{R}$（R 表示实数域），那么它可称为一个 m 维的均衡函数。根据前面所述，状态变权向量的作用主要是对评价值状态 $X = (x_1, x_2, \cdots, x_m)$ 进行加权，其结果为

$$F(x_1, x_2, \cdots, x_m) = \sum_{j=1}^m S_j(x_1, x_2, \cdots, x_m) x_j \tag{3.4}$$

进一步地，可将其分解为

$$F(x_1, x_2, \cdots, x_m) = U(x_1, x_2, \cdots, x_m) + V(x_1, x_2, \cdots, x_m) B \tag{3.5}$$

若令 $S_j(x_1,x_2,\cdots,x_m)=\dfrac{\partial B}{\partial x_j}$，则可将式(3.5)表示为

$$\sum_{j=1}^{m}x_j\frac{\partial B}{\partial x_j}=U(X)+V(X)B \tag{3.6}$$

若令 $U(X)\equiv 0$，$V(X)=p$（p 为实数），则式(3.6)可简化为

$$\sum_{j=1}^{m}x_j\frac{\partial B}{\partial x_j}=pB \tag{3.7}$$

可以发现，式(3.7)的特征方程为

$$\frac{\mathrm{d}c_1}{x_1}=\frac{\mathrm{d}c_2}{x_2}=\cdots=\frac{\mathrm{d}c_m}{x_m}=\frac{\mathrm{d}B}{pB} \tag{3.8}$$

因此，可由隐函数 ϕ 来求解式(3.5)中的函数 B，即

$$\phi\left(\frac{x_1}{x_m},\frac{x_2}{x_m},\cdots,\frac{x_{m-1}}{x_m},\frac{B}{x_m}\right)=0 \tag{3.9}$$

式中，ϕ 为任一连续可微函数。显然，若 $\dfrac{\partial \phi}{\partial \xi_m}\neq 0$ 成立，则由式(3.9)可求解 $\dfrac{B}{x_m}$，整理后的形式为

$$B=B(x_1,x_2,\cdots,x_m)=x_m^p\varphi\left(\frac{x_1}{x_m},\frac{x_2}{x_m},\cdots,\frac{x_{m-1}}{x_m}\right) \tag{3.10}$$

另外，也有一些学者对均衡函数开展了深入讨论。李月秋(2008)将均衡函数依据不同的变权目标划分为惩罚型均衡函数、激励型均衡函数、混合型均衡函数和折中型均衡函数这四大类；蔡前凤和李洪兴(2001)、李德清和曾文艺(2016)分别讨论了均衡函数的均衡效果、均衡度等问题，并提出利用激励力度和惩罚力度衡量变权过程中激励型均衡函数和惩罚型均衡函数的均衡效果。这些研究为此问题的进一步研究提供了重要的借鉴。

(三)基于差异度的变权方法

不论是状态变权向量，还是均衡函数，都强调了变量分布状态对权重分配的影响。在群组评价活动中，一方面，组织者希望尽量提高不同评价单元的区分度；另一方面，组织者强调要保证群组结论或意见的一致性。为了实现群组评价的这

两个目标，结合变量的分布特征开展方法设计是一个重要的路径。

成波和刘三阳(2012a)提出了基于差异度的变权方法，以此实现对个体意见的有效集成。其核心思路是弱化不公正、不合理的评价结果的发言权，即降低其权重；某评价个体的意见或结论与群组结果越一致，应给予该评价个体的权重越大。同时，以个体评价意见 x_i 与群组评价结果 $f_i(x)$ 的偏离度作为构造变权向量 $w(x)$ 的依据。若群组评价的结果为 $f(x)=(f_1(x),f_2(x),\cdots,f_m(x))$，当 $|x_i-f_i(x)|$ 增大时，则相应的权重趋于减少。偏离度可表示为

$$M(x)=\max_{j\in M}|x_j-f_j(x)| \tag{3.11}$$

据此可构建变权向量。

在此情形下，若 $X=(x_1,x_2,\cdots,x_m)\in[0,1]^m$，$W=(w_1,w_2,\cdots,w_m)$ 为常权向量，表示 X 中各分量的权重，有常权综合结果：$\bar{x}=\sum_{j=1}^{m}w_j x_j$ 且 $j\in M$，则变权向量 $w_i(x)$ 可表示为

$$w_i(x)=\frac{w_i\left[M(x)-\lambda|x_i-\bar{x}|\right]}{M(x)-\lambda\sum_{j=1}^{m}w_i|x_i-\bar{x}|} \tag{3.12}$$

(四)存在的问题及其改进思路

1. 存在的问题

现有文献从不同的视角阐述了变权向量的构造思想，但仍有诸多问题值得继续研究，主要表现如下。

(1)并未讨论指标权重、个体权重同时在变权情形下的处理方法。实际上，现有文献分两类进行讨论：一类是通过状态变权向量和均衡函数来开展变权处理，用以解决多指标评价中的指标权重确定问题；另一类是依据差异度对评价个体权重分配进行变权处理。对于指标权重和个体权重同时采用变权处理的问题，并没有给出相应的解决方案。

(2)缺乏合理的用于评判变权处理效果的标准。虽然李洪兴(1996)提出了一套变权综合的公理化体系，但其将常权视作变权的前提；换而言之，变权的效果应好于常权，其标准却十分模糊。李洪兴(1996)给出了一个常见的状态变权向量：

$$S_j(x_1,x_2,\cdots,x_m)=\mathrm{e}^{-a\pi},\quad a>0,\ j=1,2,\cdots,m \tag{3.13}$$

对于式(3.13)中的参数 a 的确定标准却没有给出相应说明。显然，若凭主观选择，则这种标准的客观性将会存在较大问题(徐敏，2016)。

(3)个体的关联特征无法在群组评价过程中得到体现。以差异度为基础的变权思想仅能体现个体与群组的差别，但在实际应用中，个体与群组、个体间的关联性也应被关注。

2. 改进思路

在构造变权向量时，有必要考虑以下问题。

(1)评价信息状态的影响应得到充分的考虑。从本质上看，群组评价过程中的权重分配体现了某位评价个体或某个指标的重要程度。但在分配过程中，随机性的特征较为明显：一方面，虽然评价个体间的权威大小是客观存在的，但对其量化的难度较大；另一方面，个体在评价过程中难以保证完全客观、公正，而是会受到多种因素的影响。因此，为解决此问题，还需要考虑评价信息的状态特征。

(2)以差异度为基础的变权方法需要进行修正。根据前面的论述，变权即基于已有的评价信息来修正权重分配的过程。因此，直接以评价个体与群组间的差异度来进行变权处理也是可采用的方法之一。

(3)在变权处理的过程中，还应考虑个体关联度的影响。有必要将以距离衡量的差异度、个体与群组评价结果的关联度等同时纳入变权处理的依据中，并进行有效的融合。

第二节　基于静态变权的效用函数评价法

根据本章第一节的阐述，本节首先讨论一个较为基础的变权综合方法，即在效用函数法的基础上，结合变权处理，构建基于静态变权的效用函数评价法。与传统效用函数评价方法相比，该方法的优越性在于能够通过变权处理来实现指标权重和个体权重的优化分配，从而使群组的评价结果更具合理性。

一、基本思路

现有文献并未讨论如何选择合理的变权向量这一关键问题。在距离差异的前提下，以变权处理来实现个体权重的分配调整，并进行效用综合，是有效的一个解决思路。

同时，为了考虑评价个体间的关联性并据此实现评价个体权重的变权，可采用灰色综合评价方法。其理由如下：一方面，灰色关联度可以衡量评价单元与最优(或理想)单元之间的相似程度，以关联性分析进行方案排序；另一方面，利用灰色分析的方法，可从无规律的离散型数据中得到关联性信息，从而定量表达评价个体间的关系。

考虑到评价个体所持有的评价标准并不完全相同,因此,在群组评价中,个体评价结果异于群组评价结果是十分常见的。若对于这种差异的处理仅从距离角度等进行考虑,而不考虑个体与群组之间在评价结论上的关联性,实际上是不合理的。因此,基于评价信息的关联性来构造变权处理方法具有一定的合理性。

二、变权的处理范式

(一)基于评价信息距离差异的变权

基于数据的状态特征对常权进行调整,即评价信息距离差异,是变权综合评价的基本思路。对于在常权向量 $w=(w_1,w_2,\cdots,w_m)$ 的基础上构造变权向量 $w(x)=(w_1(x),w_2(x),\cdots,w_m(x))$ 这一问题,可描述为

$$w_j(x) \leftarrow w_j + \Delta w_j \tag{3.14}$$

$$\Delta w_j = \eta(x_j - \bar{x})w_j \tag{3.15}$$

式中,$j=1,2,\cdots,m$;$x\in[0,1]^m$;$\bar{x}=\sum_{j=1}^{m}(w_j x_j)$;$\eta$ 为学习率,满足:

$$\frac{1}{\min_{x\in[0,1]^m}\min_{1\leqslant j\leqslant m}(x_j-\bar{x})} \leqslant \eta \leqslant \frac{1}{\max_{x\in[0,1]^m}\max_{1\leqslant j\leqslant m}(x_j-\bar{x})} \tag{3.16}$$

当 $\eta>0$ 时,$w(x)$ 为激励型变权向量;当 $\eta<0$ 时,$w(x)$ 为惩罚型变权向量;当 $\eta=0$ 时,显然有 $w(x)=w$,$w(x)$ 为常权向量。根据式(3.16),在 η 取不同值的情况下,可构建不同的变权向量(成波和刘三阳,2012b)。

(二)基于评价信息关联度的变权

关联度是衡量指标关联性强弱的指标(杜栋和庞庆华,2005),而构建参考序列是计算关联度的前提。参考序列通常是用来判断评价单元价值的标准,由评价指标体系中的各指标的标准(理想)值构成。在群组评价中,关联度可用来测算各评价个体间的关联程度。假设第 $j(j=1,2,\cdots,n)$ 位评价个体对 m 个评价单元的评价值序列为 $X_j=(x_{1j},x_{2j},\cdots,x_{mj})$,那么参考序列可记为 $X_0=(x_{10},x_{20},\cdots,x_{m0})$,其中,理想值 $x_{i0}(i=1,2,\cdots,m)$ 是该序列中的最优值。

由于指标存在量纲差异,需要进行无量纲化处理,运用较多的是均值化法。若将经过无量纲化处理的各序列记为 X_j^* 和 X_0^*,则评价单元与群组评价结果之间的偏差可表示为

$$\Delta_{ij} = \left| x_{ij}^* - x_{i0}^* \right| \quad (i=1,2,\cdots,m; j=1,2,\cdots,n) \tag{3.17}$$

因此，有绝对距离序列：

$$\Delta_j = \left\{ \Delta_{ij} \right\} \quad (i=1,2,\cdots,m; j=1,2,\cdots,n) \tag{3.18}$$

最后，计算关联系数 $\xi_i(j)$：

$$\xi_i(j) = \frac{\Delta_{\min} + \rho \Delta_{\max}}{\Delta_{ij} + \rho \Delta_{\max}} \quad (i=1,2,\cdots,m; j=1,2,\cdots,n) \tag{3.19}$$

式中，$\Delta_{\min}$ 和 $\Delta_{\max}$ 分别为绝对距离序列中的最大值和最小值；Δ_{ij} 为评价个体 j 在评价单元 i 上的评价值与群组结果的绝对差距；ρ 为分辨系数，$0 \leqslant \rho \leqslant 1$，通常取 $\rho = 0.5$。显然，$\xi_i(j)$ 值越大，评价个体 j 在评价单元 i 上的权重就越大。

假设评价个体的初始权重为 $w = (w_1, w_2, \cdots, w_n)$，利用关联系数加权并归一化，得到变权向量，即

$$w_i(j) = \frac{w_i \xi_i(j)}{\sum_{j=1}^{n} w_i \xi_i(j)} \tag{3.20}$$

（三）方法步骤

对于一个群组评价问题，令评价单元集为 $C = \{c_1, c_2, \cdots, c_m\}$，指标集为 $F = \{f_1, f_2, \cdots, f_n\}$，评价个体集为 $D = \{d_1, d_2, \cdots, d_s\}$，$\lambda_j$ 为第 j 个指标的权重，满足条件 $0 \leqslant \lambda_j \leqslant 1$ 且 $\sum_{j=1}^{n} \lambda_j = 1 (j=1,2,\cdots,n)$，$w_k$ 为评价个体 d_k 的权重，满足 $0 \leqslant w_k \leqslant 1$ 且 $\sum_{k=1}^{s} w_k = 1 (k=1,2,\cdots,s)$。评价信息矩阵可记为 $A_k = (\alpha_{ij}^k)_{m \times n}$，其中，$\alpha_{ij}^k$ 为评价个体 d_k 对评价单元 c_i 在指标 j 上的评分。

(1) 对数据进行归一化。

按列对矩阵 A_k 进行范数归一化，以向量 $X = (x_1, x_2, \cdots, x_m)$ 为例，L^2 范数定义为

$$\text{norm}(x) = \sqrt{x_1^2 + x_2^2 + \cdots + x_m^2} \tag{3.21}$$

以使 x' 的 L^2 范数等于 1 为目标，则有

$$1 = \text{norm}(x') = \frac{\sqrt{x_1^2 + x_2^2 + \cdots + x_m^2}}{\text{norm}(x)} \tag{3.22}$$

经简单变换后，则有 $x_i' = \dfrac{x_i}{\text{norm}(x)}$。进一步地，按列归一化后，可得 $B_k = (b_{ij}^k)_{m \times n}$，称为标准评价信息矩阵。

（2）以常权向量计算综合评价值。

利用各指标权重 λ_j 和个体权重 w_k，采用简单线性加权，得到各评价个体的评价结果 $Y_k = (y_{k1}, y_{k2}, \cdots, y_{kn})^{\text{T}}$ 及群组评价结果 $X = (x_1, x_2, \cdots, x_m)^{\text{T}}$，其中，

$$y_{ki} = \sum_{j=1}^{n} b_{ij}^k \lambda_j \tag{3.23}$$

$$x_i = \sum_{k=1}^{s} y_{ki} w_k \tag{3.24}$$

（3）对指标权重 λ_j 进行变权处理。

考虑评价个体的评价信息与群组均值的差距，结合式(3.14)、式(3.15)，令 $\eta = 1$，则有变权计算公式：

$$\lambda_j^{k^*} = \lambda_j + \Delta \lambda_j \tag{3.25}$$

$$\Delta \lambda_j = (b_{ij}^k - \overline{b}_i^k) \lambda_j \tag{3.26}$$

式中，$\overline{b}_i^k = \sum_{j=1}^{n} b_{ij}^k \lambda_j$，$j = 1, 2, \cdots, n$。进一步，可计算各评价个体的最优评价信息矩阵 Y_{ki}^*：

$$Y_{ki}^* = \sum_{j=1}^{n} b_{ij}^k \lambda_j^{k^*} \tag{3.27}$$

（4）对个体权重 w_k 进行变权处理。

首先，计算个体与群组之间在评价结果上的关联系数：

$$\xi_i(k) = \frac{\Delta_{\min} + \rho \Delta_{\max}}{\Delta_{ik} + \rho \Delta_{\max}} \tag{3.28}$$

其次，结合各评价个体的常权向量 $w = (w_1, w_2, \cdots, w_n)$，利用关联系数加权并

归一化，可得变权向量 $w_k(i)$：

$$w_k(i) = \frac{w_k \xi_k(i)}{\sum_{k=1}^{s} w_k \xi_k(i)} \quad (3.29)$$

(5) 合成综合评价结果。

利用 $w_k(i)$ 和最优评价信息矩阵 Y_k^* 计算群组评价值：

$$X^* = \sum_{k=1}^{s} Y_k^* w_k(i) \quad (3.30)$$

三、应用案例

为了说明上述方法的可行性和特点，此处采用一个简单的案例进行计算。假定某公司为了选择合适的供应商进行商务合作，邀请三位行业专家 $\{d_1, d_2, d_3\}$，从产品质量（f_1）、生产能力（f_2）、研发能力（f_3）、历史业绩与信用（f_4）等四个方面，对五家潜在的供应商 $\{c_1, c_2, c_3, c_4, c_5\}$ 进行评估。经过专家评分后，五家供应商的各项指标评分值见表 3.1。

表 3.1 供应商选择问题的指标评分值

评价个体	评价单元	f_1	f_2	f_3	f_4
d_1	c_1	5	4	8	2
	c_2	7	9	3	6
	c_3	3	6	9	4
	c_4	5	6	4	3
	c_5	2	5	7	6
d_2	c_1	7	6	3	6
	c_2	4	8	8	6
	c_3	4	5	8	2
	c_4	3	7	2	6
	c_5	2	3	7	5
d_3	c_1	3	5	2	4
	c_2	4	8	3	7
	c_3	5	2	4	7
	c_4	6	3	8	3
	c_5	7	4	2	6

具体步骤如下。

(1)数据的归一化处理。利用式(3.21)和式(3.22),归一化处理后的结果详见附录1。

(2)计算常权综合评价值向量。利用式(3.23)和式(3.24),可计算常权群组评价结果:

$$X = (0.3850, 0.5218, 0.3971, 0.3980, 0.3883)^T$$

不难发现,供应商的优先次序为:$c_2 \succ c_4 \succ c_3 \succ c_5 \succ c_1$。

(3)对指标权重λ_j进行变权处理。已知各个体权重和指标权重分别为$w = (0.354, 0.315, 0.331)$,$\lambda = (0.243, 0.270, 0.215, 0.272)$。利用式(3.25)、式(3.26),对常权矩阵进行调整,得到的变权后指标权重见附录2。

经归一化处理后,可得各评价个体的评价结果:

$$Y_1^* = (0.3813, 0.5731, 0.4365, 0.3775, 0.4299)^T$$

$$Y_2^* = (0.5111, 0.5291, 0.3920, 0.4085, 0.3516)^T$$

$$Y_3^* = (0.3261, 0.5290, 0.4119, 0.4890, 0.4387)^T$$

(4)对个体权重w_k进行变权调整。根据式(3.28),计算相应的关联系数,结果如表3.2所示。

表 3.2 供应商选择问题的评价个体关联系数

评价单元	d_1	d_2	d_3
c_1	0.7353	0.3485	0.4264
c_2	0.6829	0.8105	0.8093
c_3	0.7397	0.7379	1.0000
c_4	0.5588	0.8090	0.4732
c_5	0.7437	0.5087	0.6659

根据式(3.28)和式(3.29),可以计算出各评价个体在不同评价单元上的权重,计算结果见表3.3。从表3.3中不难发现,对于不同的评价单元,各评价个体的评价结果与群组结果的关联系数越大,则其权重越高。

(5)计算综合评价结果。根据式(3.30),可得最终评价结果为

$$X^* = (0.3939, 0.5430, 0.4241, 0.4191, 0.4134)^T$$

因此,供应商的排序为$c_2 \succ c_3 \succ c_4 \succ c_5 \succ c_1$。

表 3.3　供应商选择问题的评价个体权重调整结果

评价单元	d_1	d_2	d_3
c_1	0.5092	0.2148	0.2761
c_2	0.3160	0.3338	0.3502
c_3	0.3173	0.2817	0.4011
c_4	0.3247	0.4182	0.2571
c_5	0.4088	0.2489	0.3423

为了更好地展示该方法的特点，对比常权和变权两种状态下的评价结果，见表 3.4。

表 3.4　常权结果与变权结果对比

评价结果	c_1	c_2	c_3	c_4	c_5
常权结果	0.3850	0.5218	0.3971	0.3980	0.3883
变权结果	0.3939	0.5430	0.4241	0.4191	0.4134

从表 3.4 中可以发现，两种方法的结果有所差异。其中，评价单元 c_3 和 c_4 的排序发生了变化。根据表 3.1 的各项指标的评分，相对于评价单元 c_4，评价单元 c_3 的评价得分更为稳定。这表明变权综合有助于体现指标和评价个体的重要性，也能反映评价信息的状态特征。

第三节　基于静态自适应变权的群组评价方法

在将个体意见综合为群组意见时，应保证评价结论具有较高的可信度，以便群组评价的后续决策行为能顺利开展。影响群组评价结论可信度的因素可以归纳为两方面：个体间评价意见的差异程度及个体意见的综合方式。变权综合则能有效地体现这两方面的因素。本章第二节中的静态变权采用一次性处理方式，在很多情形下并不能保证其是最优的或者满足某一条件。本节在静态变权框架下纳入寻优过程，提出一种自适应的变权处理方法。

一、基本思想

为了取得较高的群组评价结论可信度，学者往往采用两种处理方式。第一种处理方式是建立反馈机制(或称交互式评价机制)，要求评价个体(不满足要求的特定个体或全部个体)修改其评价意见，以此方式引导群组降低意见分歧度(苏为华和张崇辉，2016)，如德尔菲法(或称专家评价法)、多阶段评价法等。

然而，在诸多实际应用中，由于主、客观条件的限制，同时考虑到多轮次的评价过程可能造成其他形式的潜在不公正等（张崇辉等，2017），组织者往往以一次性的评价方式进行替代（例如，在科研项目立项评价、建设项目评估时）。因此，部分学者提出了第二种处理方式，即在不要求个体修改其评价意见的基础上，评价组织者通过个体权重的差异化分配，体现意见综合过程中的个体可信度的差异，从而达到意见集成时的相对一致。

在多次评价中，群组共识水平是变化的，可以基于共识水平最高的群组评价意见进行决策。但在一次性评价中，群组意见的共识水平是确定的、不可变的，为了能进行更好的决策，只能基于相对一致的角度选择可信的方案。

在静态变权的基础上搜寻一个优化的权重分配方案，是群组自适应变权评价方法的基本逻辑。该方法可分为两个相互衔接的过程：变权过程与自适应控制过程。其基本思想如下：在不要求个体修改其评价意见的基础上，以变权机制来调整个体权重分配，从而产生多种可供选择的变权分配方案；以自适应控制过程中的控制条件为循环依据，从中选择出满足控制条件的变权分配方案。每实施一次变权处理后，判断此时的控制条件是否满足：若控制条件满足，则自适应过程停止，此时的变权即个体权重的分配结果；若控制条件不满足，则继续进行变权，直至取得控制条件满足时的变权分配方案。

在变权过程中，变权的幅度在评价单元之间是有差异的。处理思路如下：以群组关于各评价单元的综合评价值为中心，通过考察评价个体与综合评价值的偏离度进行变权，从而实现同一评价个体在不同的评价单元上评价权重可变。在自适应控制过程中，以满意的群组相对一致性为控制条件，进行个体变权的自适应调整，从而确定最终变权分配方案。

在群组评价中采用该方法的优点体现在四个方面：首先，变权的意义更为明确，以个体偏离为基础，更能体现群组意见相对一致性的要求；其次，按照评价单元独立地调整个体权重，有助于避免不同评价个体在开展评价时量化结果在不同评价单元之间的不可比现象；再次，评价权重的相对化调整，即依据个体偏离度来确定其权重，能体现权重在个体间分配的相对性；最后，对评价数据的要求较少，仅需开展一次性的评价数据收集工作，自适应的过程由评价组织者控制。

二、个体权重的变权分配

（一）群组评价中的变权依据

变权思想的核心如下：根据变量的数据特征来调整其在该变量数列中的重要

性,是一种可变的权重形式[①]。基于该思想的变权理论最早由李洪兴教授提出,通过相关学者的后续研究,形成了变权综合的公理体系(汪培庄和李洪兴,1996)。

变权向量则是变权理论中的核心概念,即如何实现权重的可变。求解变权向量的方法主要有两大类:一类是通过构造状态变权向量进行求解;另一类是构造均衡函数,由均衡函数的梯度向量求解状态变权向量,进而得到变权向量[②]。实际上,变权向量相当于一个权重变换函数,通过该变换函数,将数据的取值转换为该数据的权重。变权向量的具体形式、相关参数则由变换的依据所决定。虽然相关文献提出了构造的基本原则,但没有明确地给出其中参数的具体赋值依据(李德清和李洪兴,2002;朱勇珍和李洪兴,1999;成波和刘三阳,2012b)。

本节认为,群组评价中个体权重的变权应以个体的评价表现为依据,而不能仅依据评价数据的取值来实现变权。根据前面的阐述,变权向量主要是通过测算个体评价意见与群组评价意见的偏离度来确定的,并据此对个体权重进行调整和优化。同时,宜采用群组动态变权的方式反映个体权重的变权过程。

(二)基于意见偏差的群组动态变权

为便于描述,此处将群组评价问题进行简化,仅考虑单指标评价的情形。实际上,由于变权过程可以按指标独立开展,在多指标情形下的变权可视为多个指标的独立变权过程。

假设由群组 $G = \{e_j / j = 1, 2, \cdots, m\}$ 对评价单元 $O = \{o_i / i = 1, 2, \cdots, n\}$ 开展评价;无量纲化处理后的评价信息矩阵为 $X = [x_{ij}]_{n \times m}$。记群组的常权向量为 $w^0 = (w_1^0, w_2^0, \cdots, w_m^0)_{n \times m}$,满足 $\sum_{j=1}^{m} w_j^0 = 1$[③]。令 $e = (1,1,\cdots,1)_{k \times n}$,则常权矩阵可表示为 $W^0 = e'w^0 = [w_{ij}^0]_{n \times m}$,其中,$w_{ij}^0$ 为评价个体 e_j 在评价单元 o_i 上的常权。各评价单元基于常权向量的综合评价值则可表示为 $\overline{X}^0 = w^0 X' = (\overline{x}_1^0, \overline{x}_2^0, \cdots, \overline{x}_n^0)$,其中,$\overline{x}_i^0$ 为群组对评价单元 o_i 的常权综合评价值。

1. 初始变权

由于在调整权重时考虑个体评价意见偏离群组平均意见的程度,即偏离度越大,权重调整的相对幅度也将越大。因此,个体意见的相对偏差可定义如下。

定义 3.1:令 $f = (1,1,\cdots,1)_{1 \times m}$,各个体的评价意见与群组平均意见之间的绝对

[①] 与变权相对应的概念为常权,它是指个体权重(或指标权重)针对任何的评价单元都是固定不变的,不随个体量化结果或指标取值的变化而发生变动。

[②] 均衡函数是以变权的效果为导向,基于变权向量的加权综合函数,采用一阶线性偏微分方程求解。

[③] 相对于变权,常权是指评价个体权重在所有评价单元上都是一个常数。常权可通过现有常用的赋权方法得到,如熵权法、AHP 等。

偏差距离矩阵可表示为 $D^0 = X - \overline{X}^{0'} f = [d_{ij}^0]_{n \times m}$。此时，$P^0 = [p_{ij}^0]_{n \times m}$ 称为群组 G 的初始意见相对偏差矩阵，其中，意见偏差幅度 $p_{ij}^0 = |d_{ij}^0| = |x_{ij} - \overline{x}_i^0|$。

基于群组初始意见相对偏差矩阵 P^0，分别调整每位评价个体的权重分配。其思路是，在个体常权分配结果的基础上，结合意见偏差幅度 p_{ij}^0 和学习率 η，可确定评价个体权重的初始调整幅度。

定义 3.2：评价个体的初始变权调整幅度如下：

$$\Delta w_{ij}^0 = \eta p_{ij}^0 w_{ij}^0 \tag{3.31}$$

式中，w_{ij}^0、Δw_{ij}^0 分别为评价个体 e_j 在评价单元 o_i 的常权、变权调整幅度；η 为学习率，其具体取值及其相应性质可见下面的分析。

根据式(3.31)，可得群组 G 的初始变权调整幅度矩阵 $\Delta W^0 = [\Delta w_{ij}^0]_{n \times m}$。此时，利用常权矩阵和初始变权调整幅度矩阵，可得对群组 G 中的所有评价个体进行权重分配调整。

定义 3.3：在初始变权时刻(即 $t=1$)，群组 G 的权重分配可调整为

$$\tilde{W}^1 = W^0 + \Delta W^0 = [w_{ij}^0 + \Delta w_{ij}^0]_{n \times m} = [\tilde{w}_{ij}^1]_{n \times m} \tag{3.32}$$

式中，$\tilde{w}_{ij}^1$ 为评价个体 e_j 在评价单元 o_i 的初始变权；$\tilde{W}^1$ 为群组的初始变权矩阵。

由于变权过程是在评价单元内部独立开展的，为了保证个体评价权重在不同评价单元之间的可比性，需要进行归一化处理，即满足 $w_{ij}' = \tilde{w}_{ij}' \Big/ \sum_{j=1}^m \tilde{w}_{ij}'$ 条件。由此可得到归一化的初始变权矩阵 $W^1 = [w_{ij}^1]_{n \times m}$。各评价单元的初始变权综合评价值可定义如下。

定义 3.4：若记归一化后的初始变权矩阵为 $W^1 = (W_1^1, W_2^1, \cdots, W_n^1)'$，评价信息矩阵为 $X = (X_1, X_2, \cdots, X_n)'$，其中，$W_i^1$、$X_i$ 分别为变权矩阵 W^1 和评价信息矩阵 X 的行向量，则 $\overline{x}_i^1 = W_i^1 X_i'$ 称为群组 G 对评价单元 o_i 的初始变权综合评价值。

显然，根据定义 3.4，$\overline{X}^1 = (\overline{x}_1^1, \overline{x}_2^1, \cdots, \overline{x}_n^1)$ 为各评价单元的初始变权综合评价值向量。

2. 变权优化过程

在动态情况下，当变权时刻 $t \geq 2$ 时，由于衡量群组评价意见的中心位置(即变权综合评价值)发生了变化，评价个体 e_j 与群组 G 的相对偏差发生了动态变化，因此，权重分配也需要进行动态变权处理。

根据定义 3.1，有群组 G 的绝对偏差距离矩阵 $D^{t-1} = X - \bar{X}^{t-1'}f = [d_{ij}^{t-1}]_{n\times m}$；相对偏差矩阵则为 $P^{t-1} = [p_{ij}^{t-1}]_{n\times m}$，其中，$P_{ij}^{t-1} = \left|d_{ij}^{t-1}\right|$。

根据定义 3.2，有变权时刻 t，评价个体 e_j 在评价单元 o_i 的变权调整幅度为 $\Delta w_{ij}^{t-1} = \eta p_{ij}^{t-1} w_{ij}^{t-1}$ 及群组 G 的变权调整幅度矩阵 $\Delta W^{t-1} = [\Delta w_{ij}^{t-1}]_{n\times m}$。

根据定义 3.3，可得 t 时刻的变权矩阵 $\tilde{W}^t = W^{t-1} + \Delta W^{t-1}$，其中，$\tilde{W}^t = [\tilde{w}_{ij}^t]_{n\times m}$。进行归一化处理后，可得 $W^t = [w_{ij}^t]_{n\times m}$。

根据定义 3.4，可得 t 时刻评价单元 o_i 的变权综合评价值：$\bar{x}_i^t = W_i^t X_i'$。

根据式(3.31)可以看出，这种权重调整的幅度主要取决于个体偏离群组的程度及学习率。根据式(3.32)不难看出，变权是在常权的基础上进行的，个体权重的调整幅度在不同的评价单元之间具有差异性，从而使得同一个体在不同的评价单元上的评价权重可变。因此，以群组为参照，通过变权处理可以促进个体意见向群组意见的过渡或集中。

3. 学习率 η 的取值及其性质

学习率 η 的取值由组织者根据变权策略来确定，实际上，它体现了组织者对权重调整的分配依据。观测 $(t-1)$、t 两个相邻时刻，根据定义 3.3，可得

$$w_{ij}^t = w_{ij}^{t-1} + \Delta w_{ij}^{t-1} = w_{ij}^{t-1} + \eta p_{ij}^{t-1} w_{ij}^{t-1} = (1 + \eta p_{ij}^{t-1}) w_{ij}^{t-1} \tag{3.33}$$

这说明 t 时刻评价个体 e_j 在评价单元 o_i 上的权重 w_{ij}^t 是在 $(t-1)$ 时刻其权重 w_{ij}^{t-1} 的基础上调整而得的。这种权重调整方向——变大或变小，则由 η 的取值决定[①]。

根据式(3.33)，分别对 η、p_{ij}^{t-1} 求偏导，则有

$$\frac{\partial w_{ij}^t}{\partial \eta} = p_{ij}^{t-1} w_{ij}^{t-1} \tag{3.34}$$

$$\frac{\partial w_{ij}^t}{\partial p_{ij}^{t-1}} = \eta w_{ij}^{t-1} \tag{3.35}$$

显然，在式(3.34)中，有 $\dfrac{\partial w_{ij}^t}{\partial \eta} > 0$，这表明 t 时刻的权重 w_{ij}^t 是关于 η 的增函数。

---

① 因为 $\Delta w_{ij}^{t-1} = \eta p_{ij}^{t-1} w_{ij}^{t-1}$，且 p_{ij}^{t-1}、w_{ij}^{t-1} 的取值均非负，所以 η 决定了 Δw_{ij}^{t-1} 的调整方向。

在式(3.35)中，当 $\eta > 0$ 时，有 $\frac{\partial w_{ij}^t}{\partial p_{ij}^{t-1}} > 0$，则 t 时刻的权重 w_{ij}^t 是关于 p_{ij}^{t-1} 的增函数，即说明在 $(t-1)$ 时刻，个体评价意见偏离群组的程度越大，t 时刻的权重 w_{ij}^t 将会越大；当 $\eta < 0$ 时，有 $\frac{\partial w_{ij}^t}{\partial p_{ij}^{t-1}} < 0$，则 t 时刻的权重 w_{ij}^t 是关于 p_{ij}^{t-1} 的减函数，即说明在 $(t-1)$ 时刻，个体评价意见偏离群组的程度越大，t 时刻的权重 w_{ij}^t 将会越小。

因此，根据以上分析，群组评价中的变权策略可分为三类：第一类是激励型变权策略，即组织者鼓励评价个体的意见与群组平均意见发生偏离，偏离度越大，则权重应提高的程度也越大，这可解释为激励分歧意见的表达，有 $\eta > 0$；第二类是惩罚型变权策略，即组织者厌恶个体评价意见发生偏离，偏离度越大，则权重应降低的程度也越大，有 $\eta < 0$；第三类是常权变权策略，即不实施变权处理，即 $\eta = 0$。

虽然李德清和李洪兴(2002)给出了 η 的取值范围：$\eta \in \left[1/\min_i\min_j (x_{ij} - \bar{x}_i^0), 1/\max_i\max_j (x_{ij} - \bar{x}_i^0) \right]$，其中，$x_{ij} \in [0,1]$，$\bar{x}_i \in [0,1]$，故有 $\eta \in [-1,1]$[①]，但没有给出具体取值标准和规则。

结合以上分析结论，同时考虑变权激励或变权惩罚力度选择的主观性，可采用表 3.5 所示的取值标准进行 η 的赋值。组织者在确定变权调整方向和调整力度的前提下，可根据对应的取值范围选择适当的 η 值。

表 3.5　η 的取值标准

变权力度	η 对应的取值范围	
	激励型变权策略	惩罚型变权策略
小微	(0,0.2]	[−0.2,0)
轻度	(0.2,0.4]	[−0.4,−0.2)
中度	(0.4,0.7]	[−0.7,−0.4)
高度	(0.7,1]	[−1,−0.7)

三、变权自适应过程

（一）自适应控制条件

以个体评价意见与群组综合意见的偏离为依据，群组变权方法可实现评价个

---

① 显然，若 $x_{ij} - \bar{x}_i^0 = 0$，即不进行变权处理，则有 $\eta = 0$。

体的评价权重在不同的评价单元上的可变。虽然从理论上来看，变权的过程可一直持续，直至所有评价个体在评价单元上不发生权重的调整，但鉴于本书中群组评价的目标是确保个体意见之间相对一致，进而取得可信度较高的群组意见综合方式，并进行评价决策，采用自适应控制是解决这一问题的可行路径。结合个体变权，以加权个体效用评价值来调整体现个体间评价意见的差异，在此情况下，通过设计群组相对一致性的测算指标，并设定控制阈值，进行自适应调整，在搜寻满意的群组相对一致性控制条件的时刻 t^* 的基础上，确定满意条件下的变权分配方案。

若采用变权处理后，在时刻 $t(1 \leqslant t \leqslant T)$，群组中个体的变权矩阵 $w^t = [w_{ij}^t]_{n \times m}$ 满足 $0 \leqslant w_{ij}^t \leqslant 1$ 且 $\sum_{j=1}^{m} w_{ij}^t = 1$，则自适应的控制条件由定义 3.5 来表示。

定义 3.5：记 t 时刻群组的相对一致性水平为 δ^t，则其相对于 $(t-1)$ 时刻的波动幅度为 $\Delta_{t-1} = \delta^t - \delta^{t-1}$。若 $\Delta_{t-1} \leqslant z^*$，则 $\delta^* = \delta^t$ 称为满意的群组相对一致性水平，其中，z^* 为控制阈值，此处取 $z^* = 0$。

z^* 值可由评价组织者根据需要进行确定，当然，z^* 值越小，则要求越严格。特别地，z^* 也可根据变化率进行设定，此时，定义 3.5 的控制条件变为 $\delta^t / \delta^{t-1} < z^*$。当取得 δ^* 时，满意的个体权重分配方案等同于时刻 t 的变权结果。

(二) 群组相对一致性水平的测算

基于变权过程的连续性，在将个体评价意见综合为群组意见时，存在多种可能的权重分配方案(方案数量等同于变权时刻 t)。因此，需要从其中选择一个满意的权重分配方案。个体权重作为个体意见可信度的相对化调整，体现了个体在群组意见综合时的个体效用，可将个体效用评价值在群组内的相似性作为群组相对一致性水平的衡量指标。因此，判断权重分配方案是否已经达到满意状态，需要测算不同变权时刻下的群组相对一致性水平并进行比较。

定义 3.6：经时刻 $t(1 \leqslant t \leqslant T)$ 的变权后，评价个体 $e_j(j=1,2,\cdots,m)$ 在评价单元 $o_i(i=1,2,\cdots,n)$ 上的效用评价值为

$$y_{ij}^t = x_{ij} w_{ij}^t \tag{3.36}$$

群组 G 的个体效用评价值矩阵可表示为 $Y^t = [y_{ij}^t]_{n \times m}$，$Y^t = (Y_1^{t1}, Y_2^{t1}, \cdots, Y_m^{t1})_{1 \times m}$，其中，$Y_j^t = (y_{1j}^t, y_{2j}^t, \cdots, y_{nj}^t)'(j=1,2,\cdots,m)$。对于群组 G 中的任意两位评价个体 e_k、e_h，给出的评价值向量 Y_k^t 和 Y_h^t，两者的相似度 S_{kh}^t 可用夹角余弦系数

测算：

$$S_{kh}^t = \frac{\sum_{i=1}^n y_{ik}^t y_{ih}^t}{\left\|Y_k^t\right\|\left\|Y_h^t\right\|} \quad (3.37)$$

式中，$\left\|Y_q^t\right\| = \sqrt{\sum_{i=1}^n (y_{iq}^t)^2}$ 为 t 时刻评价个体 $e_q(q=h,k)$ 效用评价值向量的模。

定义 3.7：通过遍历地计算群组 G 中所有个体间的相似度，可得到群组相似度矩阵 $S^t = [S_{ij}^t]_{m \times m}$。在 t 时刻，群组相对一致性水平可定义为

$$\delta^t = \frac{\sum_{i=1}^m \sum_{j=1,j \neq i}^m S_{ij}^t}{m(m-1)} \quad (3.38)$$

根据式(3.38)不难看出，群组相对一致性实际上表示每位评价个体与群组中其他个体在个体效用值上的平均相似程度。由于 $0 \leqslant S_{ij}^t \leqslant 1$，必定有 $0 < \delta^t \leqslant 1$。这表明 δ^t 是一个相对测度指标，其值越接近 1，说明群组相对一致性越高；其值越接近 0，说明群组相对一致性越低。

在测算群组相对一致性时，当 $t=0$ 时，也可以按照式(3.36)～式(3.38)计算 δ^0，其表示常权状态下群组意见的分歧水平。

(三) δ^* 的稳态条件

定义 3.5 的满意的群组相对一致性水平的条件等价于是否存在 $\delta^t/\delta^{t-1}=1$ 的临界条件，使得群组一致性在不同的时刻 t 上达到稳态。式(3.38)为剔除矩阵 S^t 对角线位置 S_{ii}^t 后的均值，可转换为

$$\delta^t = \frac{-m + \sum_{i=1}^m \sum_{j=1}^m S_{ij}^t}{m^2} \quad (3.39)$$

由于群组的人数规模 m 是固定的，判断条件等价于 $\left.\sum_{i=1}^m \sum_{j=1}^m S_{ij}^i \right/ \sum_{i=1}^m \sum_{j=1}^m S_{ij}^{i-1} = 1$。显然，对于任意的两位评价个体 e_i 和 $e_j(i=1,2,\cdots,m; j=1,2,\cdots,m)$，若均有

$S_{ij}^t = S_{ij}^{t-1}$ 成立，则必定有 $\sum_{i=1}^{m}\sum_{j=1}^{m}S_{ij}^t \Big/ \sum_{i=1}^{m}\sum_{j=1}^{m}S_{ij}^{t-1} = 1$。当然，此为最严格的稳态条件（即个体间任意配对的相似度处处相等）。因此，主要围绕 $S_{ij}^t = S_{ij}^{t-1}$ 成立的条件展开分析。

不失一般性，假定对两位评价个体 e_k、e_h 在所有评价单元上进行变权调整处理，w_{ik}^t、w_{ih}^t 和 w_{ik}^{t-1}、$w_{ih}^{t-1}(i=1,2,\cdots,n)$ 分别表示其在 t 时刻、$(t-1)$ 时刻的变权结果。根据式(3.36)和式(3.37)，有

$$S_{kh}^t = \frac{\sum_{i=1}^{n} w_{ik}^t x_{ik} w_{ih}^t x_{ih}}{\sqrt{\sum_{i=1}^{n}(w_{ik}^t x_{ik})^2}\sqrt{\sum_{i=1}^{n}(w_{ih}^t x_{ih})^2}} \tag{3.40}$$

令 $A_{kh}^t = \sum_{i=1}^{n} w_{ik}^t x_{ik} w_{ih}^t x_{ih}$，$B_k^t = \sum_{i=1}^{n}(w_{ik}^t x_{ik})^2$，$B_h^t = \sum_{i=1}^{n}(w_{ih}^t x_{ih})^2$，式(3.40)则简化为

$$S_{kh}^t = \frac{A_{kh}^t}{\sqrt{B_k^t}\sqrt{B_h^t}} \tag{3.41}$$

同理可得 S_{kh}^{t-1} 及相应时刻的 A_{kh}^{t-1}、B_k^{t-1} 和 B_h^{t-1}。显然，当 $A_{kh}^t = A_{kh}^{t-1}$、$B_k^t = B_k^{t-1}$ 和 $B_h^t = B_h^{t-1}$ 同时成立时，有 $S_{kh}^{t-1} = S_{kh}^t$ 成立。

将式(3.33)代入 A_{th}^t、B_k^t 和 B_h^t，化简整理后，有

$$A_{kh}^t = A_{kh}^{t-1} + \eta \sum_{i=1}^{n}[(p_{ik}^{t-1} + p_{ih}^{t-1} + \eta p_{ik}^{t-1} p_{ih}^{t-1}) y_{ik}^{t-1} y_{ih}^{t-1}] \tag{3.42}$$

$$B_k^t = B_k^{t-1} + \eta \sum_{i=1}^{n}[(2 + \eta p_{ik}^{t-1}) p_{ik}^{t-1} (y_{ik}^{t-1})^2] \tag{3.43}$$

$$B_h^t = B_h^{t-1} + \eta \sum_{i=1}^{n}[(2 + \eta p_{ih}^{t-1}) p_{ih}^{t-1} (y_{ih}^{t-1})^2] \tag{3.44}$$

式中，根据定义3.1和定义3.6，y_{iq}^{t-1}、$p_{iq}^{t-1}(i=1,2,\cdots,n;q\in\{k,h\})$ 均非负。因此，对于任意的评价单元 o_i，若要使 $A_{kh}^t = A_{kh}^{t-1}$、$B_k^t = B_k^{t-1}$ 和 $B_h^t = B_h^{t-1}$ 同时成立，则要求以下条件同时成立：

$$\begin{cases} \eta = -\left(\dfrac{1}{p_{ik}^{t-1}} + \dfrac{1}{p_{ih}^{t-1}}\right) \\ \eta = -\dfrac{2}{p_{ik}^{t-1}} \\ \eta = -\dfrac{2}{p_{ih}^{t-1}} \end{cases} \quad (3.45)$$

由于 η 为常数（由事前根据变权策略来确定），求解式(3.45)，可得 $p_{ik}^{t-1} = p_{ih}^{t-1} (i=1,2,\cdots,n)$。

这一条件表明 $(t-1)$ 时刻，在所有的评价单元上，当两位评价个体的评价意见偏离群组的程度均相同时，必定有 $S_{ij}^t = S_{ij}^{t-1}$ 成立。该条件推广至整个群组时，即若所有评价个体的意见偏离群组的程度 $p_{ij}^{t-1}(i=1,2,\cdots,n; j=1,2,\cdots,m)$ 均相等，则必定有 $\delta^t = \delta^{t-1}$ 成立。因此，存在一个 δ^* 使群组意见分歧达到稳态。

(四) η 对 δ^t 的影响

本节的方法基于横、纵两个方向的处理来计算群组相对一致性。在横向上，通过在同一评价单元内按照个体意见的偏离度进行变权；在纵向上，利用个体效用值的相似度来测算。因此，讨论 η 对 t 时刻群组相对一致性 δ^t 的影响，其中心问题也就是分析 w_{ij}^t 的变化是如何影响 δ^t 的。

1. η 与 w_{ij}^t 的关系

基于变权处理的特性，任意一个 w_{ij}^t 均为变量，其直接受到 η 和 p_{ij}^{t-1} 的影响。根据式(3.33)，有 $w_{ij}^t = (1+\eta p_{ij}^{t-1})w_{ij}^{t-1}$，其等价于

$$w_{ij}^t = \prod_{v=0}^{t-1}(1+\eta p_{ij}^v)w_{ij}^0 \quad (3.46)$$

求导后，则有

$$\dfrac{\mathrm{d}w_{ij}^t}{\mathrm{d}\eta} = \sum_{n=0}^{t-1}\left[p_{ij}^v \prod_{n=0,n\neq v}^{t-1}(1+\eta p_{ij}^u)\right] \quad (3.47)$$

显然，当 $\eta > -1/p_{ij}$ 时，有 $\mathrm{d}w_{ij}^t/\mathrm{d}\eta > 0$，表明 w_{ij}^t 是关于 η 的增函数。根据定义 3.1，可得 $p_{ij} \in [0,1]$，所以有 $-1/p_{ij} < -1$。在惩罚型变权策略中，即当 $\eta \in [0,1]$

时，必定有 $\eta > -1 > -1/p_{ij}$ 成立；在激励型变权策略中，由于 $\eta > 0$，显然也有 $\mathrm{d}w_{ij}^t/\mathrm{d}\eta > 0$ 成立。根据以上分析可以发现，w_{ij}^t 是关于 η 的增函数。

2. η 与 δ^t 的关系

根据式(3.38)不难看出，由于 m 为群组规模，δ^t 主要受到 S_{ij}^t 的影响。式(3.37)则表明任意两位评价个体 e_k、e_h 间的效用评价值相似度 S_{kh}^t 是由其在所有评价单元上的个体效用值 $y_{iq}^t(i=1,2,\cdots,n;q\in\{k,h\})$ 决定的。结合式(3.36)可以发现，y_{iq}^t 除受两者在所有评价单元上权重变量 $w_{iq}^t(i=1,2,\cdots,n;q\in\{k,h\})$ 的影响之外，还受到无量纲化值 x_{iq} 的影响。

虽然前面可以证明，对于任意的 w_{ij}^t，其均是关于 η 的增函数，但这一性质无法保证 $w_{ik}^t > w_{ih}^t$ 或 $w_{ik}^t < w_{ih}^t(i=1,2,\cdots,n)$ 的关系在所有评价单元上均成立，因为 w_{ij}^t 的取值还受到 p_{ij}^{t-1} 的影响。因此，即使对于任意的 $o_i(i=1,2,\cdots,n)$ 均有 $x_{ik} > x_{ih}$（或 $x_{ik} < x_{ih}$）成立，y_{ik}^t 与 y_{ih}^t 之间的关系也存在不确定性。在这种情况下，无法分析 w_{iq}^t 对 s_{kh}^t 的影响规律，也无法通过 η 的取值变化来讨论 δ^t 的变化规律，而只能通过数值计算得以展现。

四、方法步骤

基于自适应变权的群组评价方法的主要步骤归纳如下。

(1) 对评价数据进行无量纲化处理，得到评价信息矩阵 X。

(2) 确定评价个体权重的常权向量 $w^0 = (w_1^0, w_2^0, \cdots, w_m^0)_{1\times m}$。令 $e = (1,1,\cdots,1)_{1\times n}$，计算常权矩阵 $W^0 = e'w^0$。

(3) 计算基于常权的综合评价值。利用常权向量 w^0 和评价信息矩阵 X，计算各评价单元的群组常权综合评价值向量，有 $\bar{X}^0 = w^0 X'$。

(4) 令 $t = 0$，利用常权矩阵 W^0、评价信息矩阵 X，按照式(3.36)~式(3.38)，计算初始的群组相对一致性水平 δ^0。

(5) 令 $t = 1$，设置学习率 η 的取值，开展变权过程。根据定义3.1和定义3.2，分别计算群组初始意见相对偏差矩阵 P^0、初始变权调整幅度矩阵 ΔW^0。

(6) 根据定义3.3，计算初始变权矩阵 $\tilde{W}^1$，并进行归一化处理，可得 W^1。

(7) 利用 W^1、评价信息矩阵 X，按照式(3.36)~式(3.38)，计算此时刻的群组相对一致性水平 δ^1。

(8) 令 $t' = t+1$，重复步骤(5)~(7)，计算 $\delta^{t'}$。

(9) 根据定义 3.5，设置满意的群组相对一致性水平的控制阈值 z^*，若时刻 t' 的 $\Delta_{t'-1}$ 满足控制阈值，则以 $\delta^* = \delta^{t'}$ 为满意相对一致性水平，可得有满意的个体变权分配方案 $W^* = W^{t'}$；若不存在，则重复步骤(8)，直至取得满意的群组相对一致性水平。

(10) 利用 δ^* 时对应的变权矩阵 W^* 和评价信息矩阵 X，可得群组 G 对评价单元集 O 的变权综合评价值。

从以上步骤中可以看出，基于自适应变权的群组评价方法实际上是利用变权处理的迭代，通过控制条件，取得满意的个体权重分配结果。

五、应用案例

近年来，海外仓作为跨境电子商务发展的重要支撑平台，是"互联网+外贸"发展模式的重要环节，发挥了跨境物流、商检清关、仓储保管、分拣包装、本地化配送、商品展示、售后服务、金融服务等功能，促进了中小企业的外贸活动。

某市为了进一步完善海外仓服务体系，决定开展公共海外仓服务平台的示范评选，邀请四位行业内的专家组成委员会，要求在入围的五家公共海外仓服务平台中评出两家平台作为示范平台。由于该项评价工作涉及财政补贴、资金资助政策，为避免专家评价过程中可能存在的不公正行为，组织方决定采用变权自适应的评价方法开展最终评定。该问题可描述如下：群组 $G = \{e_j / j = 1, 2, 3, 4\}$ 对入围的公共海外仓服务平台 $O = \{o_i / i = 1, 2, 3, 4, 5\}$ 进行评定。各专家依据相应的评价指标体系，从平台规模、规范经营、社会效益、建设目标和服务承诺等五个方面作出综合评定，采用 0～10 分进行量化，得到专家对各评价单元的评价值 a_{ij}，具体见表 3.6。

表 3.6 公共海外仓示范评价量化结果

评价单元	评价个体			
	e_1	e_2	e_3	e_4
o_1	9	5	2	4
o_2	5	7	8	1
o_3	3	1	3	9
o_4	5	3	7	5
o_5	8	3	1	7

根据前面所归纳的评价步骤，该方法应用过程如下。

(1)对表 3.6 中的数据进行无量纲化处理。具体计算公式为 $x_{ij} = a_{ij} \Big/ \sqrt{\sum_{i=1}^{n} a_{ij}^2}$，可得评价信息矩阵：

$$X = \begin{bmatrix} 0.6301 & 0.5185 & 0.1775 & 0.3050 \\ 0.3501 & 0.7259 & 0.7099 & 0.0762 \\ 0.2100 & 0.1037 & 0.2662 & 0.6862 \\ 0.3501 & 0.3111 & 0.6211 & 0.3812 \\ 0.5601 & 0.3111 & 0.0887 & 0.5337 \end{bmatrix}$$

(2)分配四位专家的常权。虽然可以采用各种常规的赋权方法，但为了体现变权调整幅度在不同评价单元上的差异性，且不失一般性，此处采用简单的等权分配办法，可以得到常权向量 $w^0 = (0.25, 0.25, 0.25, 0.25)$。令 $e = (1,1,1,1)$，则有常权矩阵：

$$W^0 = e'w^0 = \begin{bmatrix} 0.25 & 0.25 & 0.25 & 0.25 \\ 0.25 & 0.25 & 0.25 & 0.25 \\ 0.25 & 0.25 & 0.25 & 0.25 \\ 0.25 & 0.25 & 0.25 & 0.25 \end{bmatrix}$$

(3)利用常权向量 w^0 和评价信息矩阵 X，计算群组的常权综合评价值向量，可得 $\bar{X}^0 = w^0 X' = (0.4078, 0.4655, 0.3165, 0.4159, 0.3734)$。

(4)令 $t = 0$，计算初始的群组相对一致性水平 δ^0。利用 W^0、X，按照式(3.36)～式(3.38)，分别可得

$$Y^0 = \begin{bmatrix} 0.1575 & 0.1296 & 0.0444 & 0.0763 \\ 0.0875 & 0.1815 & 0.1775 & 0.0191 \\ 0.0525 & 0.0259 & 0.0066 & 0.1716 \\ 0.0875 & 0.0778 & 0.1553 & 0.0953 \\ 0.1400 & 0.0778 & 0.0222 & 0.1334 \end{bmatrix}$$

$$S^0 = \begin{bmatrix} 1.0000 & 0.8858 & 0.1118 & 0.1922 \\ 0.8858 & 1.0000 & 0.8558 & 0.5693 \\ 0.1118 & 0.8558 & 1.0000 & 0.5751 \\ 0.1922 & 0.5693 & 0.5751 & 1.0000 \end{bmatrix}$$

$$\delta^0 = 0.5316$$

(5)令 $t = 1$，实施个体变权过程。采用惩罚型变权策略，根据表 3.5 所示的取

值标准，取 $\eta = -0.5$。群组初始意见相对偏差矩阵 P^0、初始变权调整幅度矩阵 ΔW^0 分别为

$$P^0 = \begin{bmatrix} 0.2223 & 0.1107 & 0.2303 & 0.1028 \\ 0.1154 & 0.2604 & 0.2444 & 0.3893 \\ 0.1065 & 0.2128 & 0.0503 & 0.3697 \\ 0.0658 & 0.1048 & 0.2052 & 0.0347 \\ 0.1867 & 0.0623 & 0.2847 & 0.1603 \end{bmatrix}$$

$$\Delta W^0 = \begin{bmatrix} -0.0278 & -0.0138 & -0.0288 & -0.0128 \\ -0.0144 & -0.0325 & -0.0305 & -0.0487 \\ -0.0133 & -0.0266 & -0.0063 & -0.0462 \\ -0.0082 & -0.0131 & -0.0257 & -0.0043 \\ -0.0233 & -0.0078 & -0.0356 & -0.0200 \end{bmatrix}$$

(6) 根据定义 3.2，可计算初始变权矩阵 $\tilde{W}^1$，经归一化后，则有 W^1：

$$\tilde{W}^1 = \begin{bmatrix} 0.2222 & 0.2362 & 0.2212 & 0.2372 \\ 0.2356 & 0.2175 & 0.2195 & 0.2013 \\ 0.2367 & 0.2234 & 0.2437 & 0.2038 \\ 0.2418 & 0.2369 & 0.2243 & 0.2457 \\ 0.2267 & 0.2422 & 0.2144 & 0.2300 \end{bmatrix}$$

$$W^1 = \begin{bmatrix} 0.2424 & 0.2576 & 0.2413 & 0.2587 \\ 0.2696 & 0.2489 & 0.2511 & 0.2304 \\ 0.2608 & 0.2461 & 0.2685 & 0.2245 \\ 0.2549 & 0.2497 & 0.2365 & 0.2590 \\ 0.2482 & 0.2652 & 0.2348 & 0.2518 \end{bmatrix}$$

根据由步骤(5)和(6)得到的 P^0、ΔW^0 和 W^1 不难看出，由于采用惩罚型变权策略(即 $\eta < 0$)，意见偏离度越大的评价个体，其权重调整的幅度就越大。例如，对于评价单元 o_4，由于各评价个体的意见偏差 $p_{44}^0 < p_{41}^0 < p_{42}^0 < p_{43}^0$，调整幅度 $\Delta w_{44}^0 < \Delta w_{41}^0 < \Delta w_{42}^0 < \Delta w_{43}^0$。因此，使意见偏离度最小的评价个体 e_4 的权重 ($w_{44}^1 = 0.2590$) 最大。

由于 w^1 是按行独立求解的，这种"调整幅度越小，权重越大"的规则在不同行(即不同评价单元)之间是不成立的(例如，$p_{44}^0 < p_{33}^0$，但有 $w_{44}^1 < w_{33}^1$ 的结果)。

这说明变权过程是在相同的评价单元上,依据个体与群组的平均水平的差异调整权重分配的基本思想。

(7) 根据式(3.36)～式(3.38),由于 $t=1$,可计算群组相对一致性水平 δ^1,有

$$Y^1 = \begin{bmatrix} 0.1527 & 0.1336 & 0.0428 & 0.0789 \\ 0.0944 & 0.1806 & 0.1783 & 0.0176 \\ 0.0548 & 0.0255 & 0.0715 & 0.1541 \\ 0.0892 & 0.0777 & 0.1469 & 0.0987 \\ 0.1390 & 0.0825 & 0.0208 & 0.1344 \end{bmatrix}$$

$$S^1 = \begin{bmatrix} 1.0000 & 0.9053 & 0.1062 & 0.2000 \\ 0.9053 & 1.0000 & 0.8484 & 0.5972 \\ 0.1062 & 0.8484 & 1.0000 & 0.5863 \\ 0.2000 & 0.5972 & 0.5863 & 1.0000 \end{bmatrix}$$

$$\delta^1 = 0.5405$$

(8) 令 $t' = t+1$,计算 $\delta^{t'}(t'=2,3,4,5)$,分别有 $\delta^2 = 0.5472$、$\delta^3 = 0.5511$、$\delta^4 = 0.5518$、$\delta^5 = 0.5493$。同时,结合步骤(4)和(7)的计算结果,则有 $\delta^0 = 0.5316$、$\delta^1 = 0.5405$。

(9) 令控制阈值 $z^* = 0$,确定满意的群组相对一致性水平、满意的个体变权结果。根据定义3.5,可以得出判断:$\Delta_i > 0(i=0,1,2,3)$ 且 $\Delta_4 < 0$,所以有 $\delta^* = \delta^{t'}$,即 δ^4 为满意的群组相对一致性水平。因此,经归一化处理后,最终个体权重的分配方案为 $W^* = W^4$,此时群组的意见相对偏差矩阵、变权矩阵如下:

$$P^4 = \begin{bmatrix} 0.2216 & 0.1100 & 0.2310 & 0.1035 \\ 0.1313 & 0.2445 & 0.2285 & 0.4052 \\ 0.0747 & 0.1810 & 0.0185 & 0.4015 \\ 0.0556 & 0.0946 & 0.2154 & 0.0245 \\ 0.1768 & 0.0722 & 0.2946 & 0.1504 \end{bmatrix}$$

$$W^4 = \begin{bmatrix} 0.2197 & 0.2803 & 0.2154 & 0.2846 \\ 0.3264 & 0.2454 & 0.2546 & 0.1736 \\ 0.2916 & 0.2319 & 0.3275 & 0.1490 \\ 0.2693 & 0.2483 & 0.1953 & 0.2870 \\ 0.2428 & 0.3099 & 0.1901 & 0.2572 \end{bmatrix}$$

(10) 利用变权矩阵 W^4 和评价信息矩阵 X,可得群组 G 对评价单元集 O 的变

权综合评价值。为了便于对比,将基于常权向量的初始综合评价值、不同时刻条件下基于变权的综合评价值与群组相对一致性水平均整理在表 3.7 中。

表 3.7 自适应过程中各时刻的群组综合评价值与群组相对一致性水平($\eta = -0.5$)

项目	常权综合	变权综合				
		$t=1$	$t=2$	$t=3$	$t=4$	$t=5$
o_1	0.4078	0.4080	0.4083	0.4085	0.4088	0.4091
o_2	0.4655	0.4709	0.4762	0.4814	0.4864	0.4912
o_3	0.3165	0.3059	0.2951	0.2847	0.2747	0.2655
o_4	0.4159	0.4125	0.4091	0.4057	0.4023	0.3989
o_5	0.3734	0.3767	0.3801	0.3833	0.3865	0.3897
δ^t	0.5316	0.5405	0.5472	0.5511	0.5518	0.5493

在 $t=4$ 时,综合评价值为 $\bar{X}^4 = (0.4088, 0.4864, 0.2747, 0.4023, 0.3865)$,最终排序为 $o_2 \succ o_1 \succ o_4 \succ o_5 \succ o_3$,应优先选择 o_2 和 o_1 进行资助。与常权综合的结果相比,o_1 和 o_4 的排序发生了变化,但相对一致性的相似度提升了,且在 $t=4$ 时达到最大。

六、对比分析

为了开展自适应变权过程的动态对比分析,此处通过改变学习率 η 的取值,以实现自适应迭代速度的控制并取得满意的群组意见一致性水平。在不改变其他参数的前提下,仍采用惩罚型变权策略,分别以 0.1 为间隔选取 9 个学习率数值进行计算,结果见表 3.8($\eta = -0.5$ 时的相关结果见表 3.7)。

表 3.8 η 取不同数值时群组自适应变权的综合评价值与群组相对一致性水平

η	项目	$t=1$	$t=2$	$t=3$	$t=4$	$t=5$	$t=6$	$t=7$	$t=8$	$t=9$	$t=10$	$t=11$
−0.9	o_1	0.4083	0.4088	0.4093								
	o_2	0.4764	0.4869	0.4964								
	o_3	0.2956	0.2753	0.2578								
	o_4	0.4095	0.4031	0.3968								
	o_5	0.3799	0.3863	0.3923								
	δ^t	0.5468	0.5518	0.5448								
−0.8	o_1	0.4082	0.4086	0.4091								
	o_2	0.4749	0.4840	0.4925								
	o_3	0.2983	0.2805	0.2643								

续表

η	项目	$t=1$	$t=2$	$t=3$	$t=4$	$t=5$	$t=6$	$t=7$	$t=8$	$t=9$	$t=10$	$t=11$
-0.8	o_4	0.4103	0.4047	0.3991								
	o_5	0.3791	0.3846	0.3900								
	δ^t	0.5454	0.5517	0.5489								
-0.7	o_1	0.4082	0.4085	0.4089	0.4093							
	o_2	0.4735	0.4813	0.4887	0.4956							
	o_3	0.3009	0.2855	0.2710	0.2584							
	o_4	0.4110	0.4062	0.4013	0.3966							
	o_5	0.3783	0.3831	0.3877	0.3922							
	δ^t	0.5438	0.5509	0.5512	0.5449							
-0.6	o_1	0.4081	0.4084	0.4087	0.4090							
	o_2	0.4721	0.4786	0.4850	0.4909							
	o_3	0.3035	0.2904	0.2778	0.2663							
	o_4	0.4118	0.4076	0.4035	0.3994							
	o_5	0.3775	0.3815	0.3855	0.3893							
	δ^t	0.5422	0.5493	0.5520	0.5497							
-0.4	o_1	0.4080	0.4082	0.4084	0.4086	0.4088	0.4090					
	o_2	0.4697	0.4738	0.4779	0.4819	0.4858	0.4895					
	o_3	0.3082	0.2997	0.2914	0.2833	0.2755	0.2682					
	o_4	0.4132	0.4105	0.4078	0.4051	0.4024	0.3998					
	o_5	0.3760	0.3786	0.3812	0.3838	0.3863	0.3888					
	δ^t	0.5388	0.5447	0.5490	0.5515	0.5519	0.5503					
-0.3	o_1	0.4079	0.4081	0.4082	0.4084	0.4085	0.4087	0.4088				
	o_2	0.4686	0.4716	0.4746	0.4776	0.4805	0.4834	0.4862				
	o_3	0.3104	0.3042	0.2980	0.2919	0.2858	0.2800	0.2744				
	o_4	0.4139	0.4119	0.4099	0.4079	0.4059	0.4039	0.4019				
	o_5	0.3753	0.3773	0.3792	0.3811	0.3830	0.3848	0.3867				
	δ^t	0.5371	0.5418	0.5458	0.5488	0.5509	0.5519	0.5518				
-0.2	o_1	0.4079	0.4080	0.4081	0.4082	0.4083	0.4084	0.4085	0.4086	0.4087	0.4087	0.4088
	o_2	0.4675	0.4695	0.4718	0.4738	0.4758	0.4778	0.4797	0.4816	0.4835	0.4854	0.4873
	o_3	0.3125	0.3085	0.3046	0.3006	0.2966	0.2925	0.2886	0.2847	0.2809	0.2772	0.2736
	o_4	0.4146	0.4133	0.4120	0.4107	0.4094	0.4081	0.4067	0.4054	0.4041	0.4028	0.4015
	o_5	0.3747	0.3759	0.3763	0.3775	0.3788	0.3800	0.3812	0.3824	0.3836	0.3848	0.3860
	δ^t	0.5353	0.5386	0.5418	0.5445	0.5469	0.5488	0.5503	0.5514	0.5520	0.5521	0.5518

结合表 3.7 和表 3.8，可以发现以下数值规律。

(1) 在惩罚型变权策略下，取得满意的群组相对一致性水平所需的时间与学习率的取值成正比。学习率 η 的取值越小，达到满意状态的时间越短。

根据表 3.8，当 $\eta = -0.9$ 时，在 $t = 2$ 时取得 δ^*；随着 η 值的增大，当 η 依次取 -0.4、-0.2 时，分别在 $t = 5$、$t = 10$ 时取得 δ^*；当 $\eta = -0.1$ 时，在 $t = 21$ 时取得 δ^*（限于篇幅原因，在表 3.8 中不再给出）。

(2) 各评价单元的变权综合评价值呈现单调变化特征。以 $\eta = -0.6$ 为例，满意的群组相对一致性水平在 $t = 3$ 时取得。此时，对比前 4 次的结果，o_1、o_2 和 o_5 的变权综合评价值呈现单调递增特征，o_3 和 o_4 的变权综合评价值则呈现单调递减特征。

(3) 在 η 取不同值的情形下，基于自适应变权的群组排序结果具有一致性。根据表 3.7 和表 3.8 的数据，最终的排序结果都为 $o_2 \succ o_1 \succ o_4 \succ o_5 \succ o_3$，且均经历了相同的排序变化特征（初始变权排序结果为 $o_2 \succ o_1 \succ o_4 \succ o_5 \succ o_3$）。这也表明了自适应变权过程的稳定性、可控性。

通过对比分析，可以发现该方法与以往研究的不同之处。首先，采用中心值动态化、个体间差异绝对化的思路，即以自适应过程中群组在不同时刻下的综合评价值为中心、以个体意见偏离中心的绝对值为依据，通过两者相结合的办法实施变权过程。改变原有的简单的基于评价值取值水平的变权视角，代之以个体与群组间意见动态偏离，更契合群组评价中个体权重分配的理论基础。其次，以群组评价中的个体动态效用为依据计算群组相对一致性并以之为控制条件，通过其变化轨迹搜寻满意的个体变权分配方案。这体现了在群组相对一致性的约束下进行评价机制设计的思路，满足群组评价目标与决策应用的前提。再次，通过自适应过程的控制与变权机制，以个体权重调整为主要路径，无须个体调整其评价值，有利于降低群组评价的成本，提高群组中个体的配合程度，从而进一步提高群组评价的应用范围和评价效率。最后，根据方法应用结果所体现的特点规律，有利于结合相关软件的编程计算功能，分析评价过程中的参数敏感性问题，实现群组评价技术的智能化。

本 章 小 结

在介绍变权理论相关内容的基础上，本章将其引入静态群组评价问题，提出了基于静态变权调整的杠杆效应处理机制。首先，结合效用函数综合评价方法，讨论了较为传统的变权综合方式；其次，将自适应控制过程与变权过程结合，提出了变权自适应的群组评价方法。在这两个方法中均设计了相应的应用案例，通过案例的对比研究，可以发现变权处理有助于减少杠杆效应，提高群组评价的意见一致性。值得注意的是，在很多情况下，群组评价的组织是动态的，或者评价意见的集中过程是需要动态化引导的。因此，还需要从动态变权的角度讨论杠杆效应背景下的评价机制设计问题。

第四章 基于动态变权调整的杠杆效应处理机制

与静态群组评价相比，动态群组评价最大的不同是改变了一次性的评价方式，采用分阶段或多个轮次的意见交互过程来实现群组意见的集中，这有助于避免杠杆效应或者减弱杠杆效应的影响。本章基于动态评价过程的视角讨论杠杆效应的处理机制。首先，在梳理动态群组评价相关理论问题的基础上，提出将先验信息、后验信息等评价过程状态融入杠杆效应的处理机制的基本思路；其次，分别采用多阶段评价、多轮次评价、动态信任网络的方式，提出基于满意偏好的多阶段动态变权群组评价方法、基于多轮次动态变权的群组评价方法和基于动态信任网络的群组评价方法，以实现杠杆效应的有效处理。

第一节 基 本 问 题

在静态评价的基础上，将群组评价的若干要素或步骤进行动态化处理，就形成了动态群组评价的基本模式。目前有关动态评价问题的讨论主要从评价的时序角度和内容的分解角度开展。本节将对相关概念、研究现状进行总结，在此基础上，阐述动态变权调整的处理思路。

一、概念与分类

评价要素的动态化是动态评价区别于静态评价的核心内容。Black(1958)认为评价流程的关联性和评价时间的关联性是动态评价的重要特征。其中，评价流程的关联性是指上一阶段的评价与后续阶段的评价是直接关联的；评价时间的关联性是指评价要素存在时变特征，在不同的时间节点上，评价要素可能发生质的变化。

在群组评价与动态评价交叉的情形下，根据是否存在信息反馈环节，可按组织方式将动态群组评价分为无反馈的多阶段群组评价、有反馈的交互式群组评价这两大类。其中，无反馈的多阶段群组评价过程需要划分为多个阶段，且评价个体并不知道上一阶段的评价结论。由于包含多个阶段，具有时间上的关联性。同时，各评价阶段组成的集合实际上是一个持续的过程，随着该过程的推进，评价个体的评价意见或结论有可能发生改变，因此具有前后关联性。有反馈的交互式群组评价的特点在于评价个体在某一特定的时间节点或特定的条件下可以获得评价的过程信息，并以此为参考调整其随后的评价行为或者评价意见。在此过程中，评价个体的信息会随着反馈环节的变动而调整和变化，因此具有时间关联性、前后关联性。不难看出，以上两类情形属于典型的动态群组评价问题。

此外，基于动态多属性决策的群组评价也受到广泛关注，并在许多情景中得到应用。现实生活中，大部分群组决策问题并不是一次性完成的，而是需要经过多轮、多阶段的迭代和计算才能得到最终结果(Xie et al., 2021; Zhou et al., 2023)。在这些场合中，动态群组评价往往涉及多个阶段的众多决策者(Jana et al., 2022)，而在不同阶段，决策者、评价指标甚至备选方案都可能因各种原因而发生变化。相应地，随着这些评价要素的变化，信息集成模型和评价方法设计等问题都需要采用动态的视角，开展进一步的讨论。

二、相关研究述评

无反馈的多阶段群组评价与有反馈的交互式群组评价属于两类典型的动态群组评价问题。先前的部分研究从动态多属性决策的视角出发，在群组评价中考虑动态聚合算子和共识调整，以解决动态群组评价的意见集成问题。下面将对相关研究现状进行总结梳理。

(一)无反馈的多阶段群组评价

在多阶段群组评价中，涉及权重分配的研究大致可分为两类：基于时间维度特征的构权法、特定目标下融入权重分配调整的动态群组评价方法。

前者主要解决阶段权重分配问题。较具代表性的研究如下：朱建军等(2008)基于多阶段、多形式的偏好信息，在个体权重分配中提出了利用评价先验信息进行权重分配的方法和模型；张发明等(2010)结合评价的多阶段，利用密度算子，提出了纵向信息与横向信息集结的方法；彭怡(2006)结合偏好信息的类型，设计了一种能体现评价个体满意偏好的方法；郑文婷等(2008)则基于图论提出了一种多阶段群组评价满意策略的优化模型。

后者主要解决含有激励功能的动态综合评价问题。较具代表性的研究如下：易平涛等(2015)提出了基于时序增益激励的信息集结办法；郝晶晶等(2016)提出了一类具有双重信息特征的多阶段群组评价方法；苏为华等(2015)针对具有时间、评价个体双重动态特征的群组评价问题，从时间效应、基础效应、个体效应与冲突效应的角度，研究了个体意见的集成方法。

(二)有反馈的交互式群组评价

目前交互式群组评价研究主要聚焦两类：一类是基于群组交互过程，对评价个体权重的确定进行研究；另一类是关注反馈式动态群组的评价交互机制问题研究。

前者的逻辑是在群组评价过程中，当评价个体权重分配后，通常以固定的方式存在并使用；但在具有信息反馈过程的评价中，由于评价信息量会伴随着交互过程而发生变化，权重分配方案也需要进行动态优化。刘鹏等（2007）认为在群组评价中，个体动态权重的分配应考虑评价信息的一致性与相似性，并通过凸组合实现两者的综合；周宏安（2009）提出了一种同时考虑贴近度和方案满意度的交互式评价方法；杜娟和霍佳震（2016）认为群组中的个体、评价对象也是参与权重分配的独立单元，在此前提下，提出了一种交互式迭代算法来模拟权重分配。

后者则关注讨论如何构造评价环境，并以交互反馈的方式促成群组一致性。Muysken（2000）讨论了人机交互方式与评价的结合；金伟和付超（2009）基于二元语义信息和有序加权平均算子，在群组评价中构建了多阶段反馈式交互过程；杜元伟（2011）提出了和谐评价思想，从最大化系统和则度和最小化认知分歧的角度分别设计了谐则模型与和则模型。

（三）基于动态聚合算子的群组评价研究

动态聚合算子是在静态聚合算子的基础上，通过结合时间和阶段因素来解决动态多属性评价问题，从而得到最终的动态决策结果的一类综合算子。代表性成果包括动态加权平均算子（Yin et al.，2018）、动态加权几何聚集算子和混合几何聚集算子（Jamil et al.，2020）等。其中，Xu 和 Yager（2008）将直觉模糊集应用于动态多属性评价问题，提出了动态直觉模糊加权平均算子和不确定动态直觉模糊加权平均算子。Wang 等（2013）也将直觉模糊集应用于动态多属性评价问题，提出了动态直觉模糊加权几何算子和不确定动态直觉模糊加权几何算子。这些研究适用于动态多属性评价问题，由于决策信息甚至决策结果都是在不同阶段产生的，通过整合不同阶段的决策信息可以得到多准则妥协解排序法（visekriterijumska optimizacija i kompromisno resenje，VIKOR）的结果（Athar Farid et al.，2023）。

（四）基于共识调整的群组评价研究

在共识调整的研究中，决策者在知识背景、资历和认知视角上的差异导致了对同一备选方案的决策结果不一致（Tang and Liao，2021；Zhang et al.，2018）。因此，决策者主要对决策信息、决策者的权重及两者的组合进行修改，以减少动态多属性评价过程中的冲突，获得可接受的解决方案，促进决策过程（Dong et al.，2017；Zhang et al.，2023；Zhang et al.，2013）。

在决策信息修改过程中，这些方法首先假设决策者接受对原有决策信息的修改。在此基础上，将不满足一致性水平的决策信息与满足一致性水平的决策信息进行比较，通过设置调整系数进行迭代，进而达成群体一致性结果（Cabrerizo et al., 2017；Wang et al., 2022；Wu and Xu, 2016)。此类方法可以通过多次迭代得到满足一致性要求的结果，但其缺点较为明显，即没有考虑部分决策者不愿意修改自己的意见。这种缺陷有可能导致决策信息在决策过程中有被忽略的倾向(Zhao et al., 2018；Wu et al., 2015)。

另外，在决策者权重调整方面，此类方法隐含另一个假设：不符合一致性水平的决策者坚持拒绝原始意见。在这一前提下，只有通过降低这部分决策者的权重，迫使其在群体中的主导地位被削弱，才有可能最终达成群体共识(Dong and Cooper, 2016；Dong et al., 2016)。显然，这种方法可以回避决策者坚持己见的问题。但是，降低权重的处理方式还需要在调整方向、幅度及内在逻辑和效果评判方面进一步完善。

考虑到上述两种方法的缺陷，一些研究讨论了决策信息和权重的调整问题，将信息集成的前置场景进一步扩展至决策者愿意修改原始意见和不愿意修改原始意见并存，主要路径是通过咨询决策者并对其进行分类来实施不同的调整(Dong et al., 2017；Su et al., 2022)。

(五)简要述评

梳理上述文献可以发现，现有研究仍然有需要进一步关注和讨论的问题，主要包括以下四个方面。

(1)各评价阶段的评价过程信息并没有很好地得到应用。例如，无反馈的多阶段群组评价主要关注评价信息的简单综合，但这种做法不能体现评价信息的演变特征。

(2)以个体与群组的一致性为依据，开展权重分配的思路有待进一步完善。事实上，此类权重分配思路只能反映效用的一致性程度，不能衡量评价个体的能力或水平。由于影响群组效用的因素包括评价值、权重和综合方法，仅用个体的权重并不足以整体上解释效用。

(3)大部分文献中的个体权重修正处理仅停留在个体的能力上，且较多采用静态化处理。但由于评价交互的动态化，评价个体的权重分配也需要保持同步。因此，在权重分配方案中，需要同时考虑评价信息的调整、在不同的交互轮次上评价信息是否发生变化。

(4)在基于动态多属性决策的研究中，部分研究者采用动态聚合算子对评价个体的偏好进行集结，也有部分研究者通过共识调整来实现动态群组评价与决策。但是这些研究普遍假定评价个体之间的关系是静态的，并未考虑这种关系的动态变化。因此，在动态多属性决策过程中应该充分考虑评价个体之间动态演化关系对群组评价结果产生的影响。

三、动态变权处理机制的设计思路

在动态评价的框架下，变权处理机制可结合评价过程的阶段性分解、多轮次组织、动态信任网络等方式开展。下面将逐一阐述其主要的研究思路。

（一）多阶段动态变权处理

无反馈的多阶段群组评价中的大部分成果采用两阶段的处理思路：先在阶段内将个体的评价信息集成；再将各阶段的结果集成。在此过程中所得的评价个体信息较难保证其真实性。

虽然多阶段群组评价过程是无反馈的，但在动态评价中，评价个体有可能根据自身所掌握的信息来修改评价意见，实际上，这种意见修改的偏好信息体现了评价个体在多阶段评价过程中的行为。因此，更为合理的处理方式是先对各阶段评价个体的满意偏好进行集结，再将评价个体的满意偏好进行集成，形成群组满意偏好。

确定阶段权重是获取评价个体在多阶段满意偏好的关键。在多个评价过程中，评价信息具有动态紊乱性，故可用"熵"的概念来衡量。鉴于此，熵权法可被用于阶段权重的分配。与主观构权法相比，熵权法具有客观性更强、精度更高的特点。因此，下面将采用相对熵、阶段熵等工具，结合各阶段中每位评价个体的评价信息，形成满足多阶段满意偏好的权重分配方案。

针对此问题，本节的思路如下：以各评价个体在多阶段评价中的信息稳定性为依据，在评价个体初始权重分配的基础上，进行变权处理。显然，评价信息的稳定性越高，该评价个体的可信度越大，故可提高其权重。

（二）多轮次动态变权处理

实现群组评价意见集中的一种重要方式是采用类似德尔菲法的多轮次组织过程。此时，在多轮次情形下的变权需要解决三大核心问题：一是如何实现多轮次意见征询及确定意见征询的终止判断条件；二是如何对个体评价意见进行综合集成；三是如何将各轮次的结果合并为综合的判断。

本节的思路如下：首先，以个体修改意见为轮次驱动力，从而描述动态群组评价过程，将各轮次之间的评价信息变动和轮次内部的评价信息进行综合考虑，不仅从纵向考察个体的影响力，而且从横向分析个体的关联度，通过权重变权处理对某一轮次的评价信息进行综合；其次，设定群组共识度为控制交互终止条件；最后，测算各阶段评价结论的一致性程度，以确定各交互轮次的权重，并对相应结果进行集成。

显然，变权处理可以结合评价个体在评价过程中的表现，动态地调整个体权重分配，从而使得个体权重的分配更为合理，避免在对个体意见进行集成时出现群组评价的杠杆效应。

(三) 动态信任网络变权处理

在群组评价过程中，评价个体之间的网络关系是会发生动态变化的。现有研究假设评价群体之间的信任关系是静态的，没有考虑信任关系和信任水平的动态特征，这可能影响最终的评价结果。

本节的思路如下：首先，基于评价个体之间的社交关系构建信任网络；其次，基于页面排序(PageRank)算法来计算信任网络中每位评价个体的信任度，从而计算得到评价个体的初始信任度；最后，提出一种基于动态决策的信任网络动态调整机制，通过测量群组冲突度和群体共识度，动态更新信任网络中评价个体的信任度。

通过上述的双重共识机制，对评价个体的权重进行动态调整：一方面，对于愿意修改上一阶段决策信息的评价个体，调整其模糊偏好信息；另一方面，对于不愿修改上一阶段决策信息的评价个体，由于决策信息缺乏足够的代表性和说服力，为了尽快达成共识、降低决策成本，可调整其信任度，从而避免在对个体意见进行群组集成时产生杠杆效应。

第二节 基于满意偏好的多阶段动态变权群组评价方法

无反馈的多阶段群组评价融合了动态评价与群组评价两种组织形式的特点，是多阶段评价问题的一般形态，在应用中较为常见。多阶段的评价活动所得的结果能够体现整个评价过程的最优决策，而不仅是某一环节的最优决策。根据这一特点，本节将提出基于满意偏好的多阶段动态变权群组评价方法，以此来弱化杠杆效应的影响。

一、问题描述

满意偏好可定义为评价个体所表达的多阶段评价信息中包含的真实评价信息。在此情形下，测算评价个体的满意偏好并将其汇总为群组的满意偏好是无反馈的多阶段群组评价问题的关键。

记评价单元集为 $F=\{f_1,f_2,\cdots,f_m\}$，评价个体集为 $D=\{d_1,d_2,\cdots,d_n\}$，评价过程可分为 k 个阶段，在第 $t(t=1,2,\cdots,k)$ 阶段中评价个体 $d_j(j=1,2,\cdots,n)$ 对评价单元 $f_i(i=1,2,\cdots,m)$ 的评价值可表示为 p_{ij}^t，则第 t 阶段的评价信息矩阵可表示为

$$P^t = (p_{ij}^t)_{m \times n} = \begin{bmatrix} p_{11}^t & p_{12}^t & \cdots & p_{1n}^t \\ p_{21}^t & p_{22}^t & \cdots & p_{2n}^t \\ \vdots & \vdots & & \vdots \\ p_{m1}^t & p_{m2}^t & \cdots & p_{mn}^t \end{bmatrix}$$

二、满意偏好的测算

(一)评价个体满意偏好计算

熵作为物质状态的一个函数,是对系统无序状态的衡量(邱菀华,2002)。令 $X = (x_1, x_2, \cdots, x_r)$ 为评价系统的 r 种状态水平,$p_z(z = 1, 2, \cdots, r)$ 为状态所对应的出现概率。若以 $I(X)$ 表示信息量,则其信息熵可表示为

$$E(X) = -\sum_{z=1}^{r} p(x_z) I(x_z) = -\sum_{z=1}^{r} p(x_z) \ln p(x_z) \tag{4.1}$$

在第 t 阶段,评价个体的信息熵为

$$\begin{cases} e_j^t = -\dfrac{1}{\ln m} \sum_{i=1}^{m} (f_{ij}^t \ln f_{ij}^t) \\ f_{ij}^t = \dfrac{p_{ij}^t}{\sum_{j=1}^{n} p_{ij}^t} \end{cases} \quad (i = 1, 2, \cdots, m; j = 1, 2, \cdots, n) \tag{4.2}$$

式中,评价个体 d_j 的信息熵为 e_j^t,该阶段的熵集为 $E^t = \{e_1^t, e_2^t, \cdots, e_n^t\}$。

进一步地,可计算评价个体权重 w_j^t:

$$w_j^t = \dfrac{1 - e_j^t}{\sum_{j=1}^{n}(1 - e_j^t)} \tag{4.3}$$

显然,有 $0 \leqslant w_j^t \leqslant 1$ 且 $\sum_{j=1}^{n} w_j^t = 1$ 成立。

当动态评价存在多个阶段时,需要确定各阶段的权重。为了体现阶段间的相似性特征对权重分配的影响,此处借助相对熵的概念,开展构权法设计。

假定 $X = \{x_1, x_2, \cdots, x_r\}$、$Y = \{y_1, y_2, \cdots, y_r\}$ 为两个离散变量的概率分布,其中,

$x_z, y_z \geqslant 0$ $(z=1,2,\cdots,r)$ 且 $1 = \sum_{z=1}^{r} x_z \geqslant \sum_{z=1}^{r} y_z$，则 $h(x,y)$ 称为 X 相对 Y 的相对熵（周宇峰和魏法杰，2006），可表示为

$$h(x,y) = \left| \sum_{z=1}^{r} x_z \ln \frac{x_z}{y_z} \right| \tag{4.4}$$

令 e_j^t 为第 t 阶段的信息熵，则在该阶段，所有评价个体的熵集为 $E^t = \{e_1^t, e_2^t, \cdots, e_n^t\}$，那么 $H(t)$ 称为第 t 阶段与其他某一阶段的相对熵，具体的计算公式为

$$H(t) = \sum_{l=1, l \neq t}^{k} \left| \sum_{j=1}^{n} e_j^t \ln \frac{e_j^t}{e_j^l} \right| \tag{4.5}$$

此时，第 t 阶段的相对熵权 η_t 可表示为

$$\eta_t = \frac{1 - H(t)}{\sum_{t=1}^{k}[1 - H(t)]} \tag{4.6}$$

显然，有 $\eta_t \geqslant 0$ 且 $\sum_{t=1}^{k} \eta_t = 1$。

利用相对熵权 η_t 对评价信息矩阵 P^t 进行加权，即 $a_{ij} = \sum_{t=1}^{k} p_{ij}^t \eta_t$，则可得各评价个体满意偏好矩阵 A_{ij}：

$$A_{ij} = \begin{bmatrix} a_{11} & a_{12} & \cdots & a_{1n} \\ a_{21} & a_{22} & \cdots & a_{2n} \\ \vdots & \vdots & & \vdots \\ a_{m1} & a_{m2} & \cdots & a_{mn} \end{bmatrix} \tag{4.7}$$

（二）群组满意偏好的计算

根据上述方法，多阶段可以转化为单阶段。因此，分配评价个体的权重成为取得群组满意偏好的关键，而考虑个体稳定性是一个有效的思路。

通过对评价个体初始权重进行变权处理，可以测算评价个体的稳定性。对于上述多阶段群组评价问题，令 P^t 为第 t 阶段的评价信息矩阵，则评价个体 j 的稳定性指标 φ_{ij} 可表示为

$$\varphi_{ij} = \frac{1}{k-1}\sqrt{\sum_{t=1}^{k}\left(p_{ij}^t - \bar{p}_{ij}\right)^2} \qquad (4.8)$$

式中，$\bar{p}_{ij} = \frac{1}{k}\sum_{t=1}^{k} p_{ij}^t$。$\varphi_{ij}$ 衡量了评价个体 j 在各阶段对评价单元 i 的评价信息值 p_{ij}^t 的波动程度，可据之开展个体权重的变权调整。

(三) 变权综合

令 w_{ij} 为评价个体 j 在评价单元 i 上的权重调整幅度，其计算公式为

$$w_{ij} = \frac{\dfrac{1}{\varphi_{ij}+1}}{\sum_{j=1}^{n}\dfrac{1}{\varphi_{ij}+1}} \qquad (4.9)$$

权重调整满足条件：$0 < w_{ij} < 1$ 且 $\sum_{j=1}^{n} w_{ij} = 1$，则评价个体权重的变权向量 w_{ij}^* 为

$$w_{ij}^* = (1-\alpha)w_j + \alpha w_{ij} \qquad (4.10)$$

式中，$w_j (j=1,2,\cdots,n)$ 为评价个体的初始权重；α 为权重修正系数。

结合式 (4.9) 和式 (4.10) 可知，个体评价信息的波动 φ_{ij} 越小，则其变权后的权重 w_{ij}^* 越大。根据评价个体权重的变权向量 w_{ij}^* 和评价个体满意偏好矩阵 A_{ij}，可得各评价单元的群组满意偏好 $X = (x_1, x_2, \cdots, x_m)$，其中，

$$x_i = \sum_{j=1}^{n} a_{ij} w_{ij}^* \qquad (4.11)$$

三、应用案例

为了说明上述变权处理方法的应用特点，此处采用一个供应商筛选问题作为研究案例。简单的问题描述如下：某企业在一项应急物资的采购中，为了对四家潜在供应商 $C = \{c_1, c_2, c_3, c_4\}$ 进行选择，组织六名采购成员组成专家组 $D = \{d_1, d_2, d_3, d_4, d_5, d_6\}$，开展综合评估。按照事先给定的评价标准，专家组采用三阶段的讨论，按照 0~10 分的评分赋值规则，对四家潜在供应商进行评分，具体结果见表 4.1。

第四章 基于动态变权调整的杠杆效应处理机制

表 4.1 物资采购供应商评价信息

阶段	供应商	d_1	d_2	d_3	d_4	d_5	d_6
第一阶段	c_1	8	9	7	6.5	7.5	3.5
	c_2	3	3	5	5.5	4	5.5
	c_3	5	5	6	6.5	7	5.5
	c_4	6	7	8	8.5	5	7.5
第二阶段	c_1	8.5	7.5	9	8.5	8.5	8
	c_2	5	7	7	5	5	5.5
	c_3	7.5	5	5	7	4.5	7
	c_4	6	8	6.5	5	6.5	6.5
第三阶段	c_1	8.5	7.5	6.5	5.5	6.5	2.5
	c_2	7.5	7	6	7.5	6.5	3.5
	c_3	7.5	7.5	5.5	5.5	5.5	5
	c_4	2.5	3.5	3.5	3.5	3.5	7.5

(一) 评价结果的计算

主要步骤如下。

(1) 根据式(4.2)计算各阶段评价信息的熵值，结果为

$$E^1 = (0.9598, 0.9478, 0.9892, 0.9909, 0.9781, 0.9756)$$
$$E^2 = (0.9855, 0.9895, 0.9844, 0.9810, 0.9773, 0.9935)$$
$$E^3 = (0.9435, 0.9719, 0.9825, 0.9756, 0.9807, 0.9414)$$

(2) 利用式(4.5)和式(4.6)，得各阶段权重为

$$\eta = (0.3486, 0.3194, 0.3319)$$

(3) 计算评价个体的满意偏好。结合表4.1，可得各阶段评价个体的评价信息。以评价个体 d_1 为例，结果为

$$d_1 = \begin{pmatrix} 8.0 & 8.5 & 8.5 \\ 3.0 & 5.0 & 7.5 \\ 5.0 & 7.5 & 7.5 \\ 6.0 & 6.0 & 2.5 \end{pmatrix}$$

结合各阶段的评价信息和阶段权重，利用式(4.7)计算个体满意偏好信息，结果见表4.2。

(4) 计算各评价个体在多阶段的评价信息稳定性。假定评价个体的主观初始权重为 $w = (0.1636, 0.1181, 0.1756, 0.2141, 0.2557, 0.0730)$，令权重修正系数 $\alpha = 0.3$，利用式(4.8)~式(4.10)，可得评价个体在所有评价单元上的、经调整后的权重分配矩阵：

$$W = \begin{bmatrix} 0.2867 & 0.2249 & 0.1827 & 0.2129 & 0.2738 & 0.0689 \\ 0.1452 & 0.1220 & 0.2052 & 0.2263 & 0.2524 & 0.1240 \\ 0.1750 & 0.1634 & 0.2545 & 0.2826 & 0.2524 & 0.1328 \\ 0.1512 & 0.1205 & 0.1492 & 0.1776 & 0.2373 & 0.1787 \end{bmatrix}$$

表 4.2 物资采购过程评价个体的满意偏好

供应商	d_1	d_2	d_3	d_4	d_5	d_6
c_1	8.3248	8.0221	7.4721	6.8063	7.4867	4.6051
c_2	5.1320	5.6049	5.9702	6.0035	5.1487	4.8357
c_3	6.6278	5.8293	5.5141	6.3272	5.7029	5.8126
c_4	4.8377	6.157	6.0266	5.7218	4.9808	7.1799

(5) 根据表 4.2 的评价个体满意偏好和步骤 (4) 得到的权重分配矩阵，利用式 (4.11)，可得最终结果：

$$X = (9.3723, 5.9118, 7.5151, 5.8537)^T$$

因此，排序结果为 $c_1 \succ c_3 \succ c_2 \succ c_4$。

(二) 结果对比

为了进行对比，分别计算常权情形下的评价结果和变权情形下的评价结果。在常权情形下，第 t 阶段群组评价结果为 $X^t = \sum_{j=1}^{n} p_{ij}^t w_j$。各阶段的群组评价结果为

$$X^1 = (7.1658, 4.3249, 6.0452, 6.8590)^T$$

$$X^2 = (8.4341, 5.6244, 5.8559, 6.2748)^T$$

$$X^3 = (6.4398, 6.6306, 6.0275, 3.6287)^T$$

选择线性加权综合的方式，即 $X = \sum_{t=1}^{k} X^t \eta_t$，则有群组评价结果：

$$X = (7.3292, 5.5048, 5.9783, 5.5996)^T$$

因此，最终的排序结果为 $c_1 \succ c_3 \succ c_4 \succ c_2$。

根据结果的对比情况，两者的差异主要集中在 c_2 和 c_4 上。从求解过程来看，传统的多阶段动态群组评价方法是先计算各阶段的群组评价结果，再以简单线性加权合成的方式计算最终结果。但这种思路并不能真实反映各评价个体的偏好，无法得到最优的评价结果。

第三节 基于多轮次动态变权的群组评价方法

评价过程的阶段特征或者评价要素的可分离性是多阶段群组评价存在的基本依据。多个阶段的变权处理能够保证群组在各个阶段保持意见一致的同时，考虑个体特征变化，这是动态变权机制的基本逻辑。然而，并非所有的群组评价过程都存在这种可分离的阶段，部分研究从增加意见征询次数的角度，提出多轮次的评价机制。本节将针对基于多轮次动态变权的群组评价方法开展讨论。

一、多轮次变权的基本框架

（一）一般交互式群组评价

群组评价通过寻找合适的方式，将评价个体的评价信息综合为群组信息，同时确保群组的共识度最大。而在实际评价过程中，个体差异性等客观因素使得将个体评价结果综合为群组评价结果这种处理方式并非总是有效的。因此，组织者希望增加信息交互和反馈机制，从而引导个体达成共识。这也是交互式群组评价方法的核心优势。

一般交互式群组评价的流程框架如图 4.1 所示。首先，将个体信息集成为群组结果；其次，判断群组评价结果是否为满意解，并以此作为交互终止条件。若

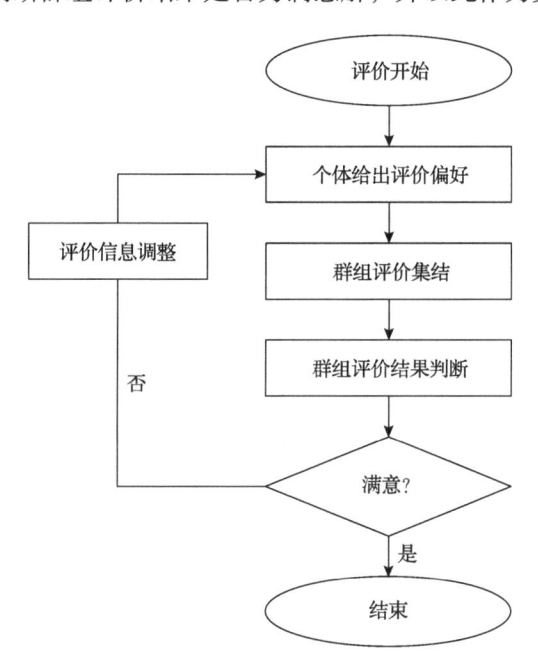

图 4.1 一般交互式群组评价流程框架

满足条件，则对群组评价的结果进行集成；若不满足条件，则要求各评价个体修改对应的评价意见，并再次判断交互终止条件是否成立。重复上述过程，直至条件满足。由图 4.1 可以发现两个重要问题：一是交互终止条件的客观性究竟如何；二是评价过程的动态性导致常权处理的方式是否有效。

一般交互式群组评价方法中对群组交互过程的各个环节的处理是割裂的。这导致评价信息综合、满意度判断和评价信息调整等缺乏联系，其本质上是将交互式动态群组评价作为群组评价的多次简单重复，在此过程中则有可能产生杠杆效应，故需要进一步的讨论。

(二) 改进思路

基于上述理解，可采用的改进思路如下：在群组评价过程中加入一个"控制器"，以判断群组交互是否可以终止。这个"控制器"可采用共识度作为评判指标，同时，考虑评价的动态过程，还可以通过变权处理来分配阶段、个体的权重，从而在交互过程中实现群组共识的达成。在评价共识目标的前提下，相关结果的交互可促使个体意见的合理调整，因此，引入反馈机制在交互式群组评价中有较好的效果。

可从两个方面对一般交互式群组评价方法进行修正：①设计一个群组共识度指标来定量反映个体对群组结果的满意程度；②引入变权思想来对各阶段、各评价个体的权重进行分配。在图 4.1 的基础上，改进的交互式群组评价框架流程如图 4.2 所示。

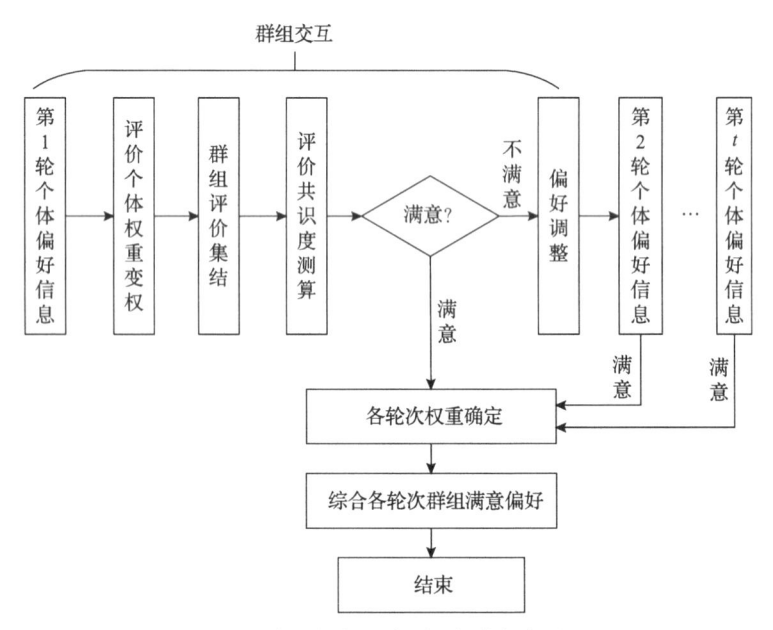

图 4.2 改进的交互式群组评价框架流程

由图 4.2 可知，改进的交互式群组评价的一个明显特点是在循环过程中都会调节个体权重。其基本思想如下：以控制循环的方式，在群组交互过程中寻找一组合适的阶段权重分配方案，并得到最终评价结果。

二、交互式变权群组评价方法

对于一个群组评价问题，为了便于描述，假定评价单元集为 $C = \{c_1, c_2, \cdots, c_m\}$，评价个体集为 $D = \{d_1, d_2, \cdots, d_n\}$。考虑到个体在评价过程中的差异性，可采用交互集成方法进行评价。若以 k 表示交互的轮次数，则在第 $t(t=0,1,2,\cdots,k)$ 轮的交互中，评价个体 $d_j(j=1,2,\cdots,n)$ 对评价单元 $c_i(i=1,2,\cdots,m)$ 的评价值可记为 p_{ij}^t。因此，有第 t 轮的评价信息矩阵：

$$p^t = (p_{ij}^t)_{m \times n} = \begin{bmatrix} p_{11}^t & p_{12}^t & \cdots & p_{1n}^t \\ p_{21}^t & p_{22}^t & \cdots & p_{2n}^t \\ \vdots & \vdots & & \vdots \\ p_{m1}^t & p_{m2}^t & \cdots & p_{mn}^t \end{bmatrix}$$

（一）评价个体的权重分配

在交互式动态群组评价中，若仅依据某一轮次中群组的一致性来分配权重，而不考虑不同轮次之间的变动和联系，则有可能无法有效体现群组交互的作用。为了解决这一问题，可从纵向来分析在交互过程中个体的影响能力，从横向来考察每位评价个体之间的联系程度，以交叉同步的变权处理过程来分配个体权重。

1. 纵向交互影响力的计算

对于交互过程的设计，可简要描述如下：在第 $t(t=0,1,2,\cdots,k)$ 轮交互过程中，评价个体 $d_j(j=1,2,\cdots,n)$ 根据交互公开的信息来修正自己在上一轮的评价意见 $p_j^{t-1}(t=1,2,\cdots,k)$，同时给出自己在本轮的评价结果 $p_j^t(t=1,2,\cdots,k)$。

虽然在不同交互轮次中，群组的评价结果都会影响个体意见的改变，但经过数次交互后，群组结果会趋于一致。具备反馈功能的群组评价提供了个体调整自身意见的机会，在此调整过程中——从 p_j^{t-1} 到 p_j^t，能够体现群组评价结果对个体的影响情况，也展现了评价个体对其他个体的影响力。

设 p_q^t 与 p_j^t 分别为群组中的任意两位评价个体 d_q 和 d_j 在第 $t(t=0,1,2,\cdots,k)$ 轮的评价值向量，此时，两者评价信息的相似度 S_{qj}^t 的计算公式为

$$S_{qj}^t = \cos\theta_{qj}^t = \frac{\sum_{i=1}^m p_{iq}^t p_{ij}^t}{\sqrt{\sum_{i=1}^m (p_{iq}^t)^2 \sum_{i=1}^m (p_{ij}^t)^2}} \tag{4.12}$$

某位评价个体在第 $t(t=0,1,2,\cdots,k)$ 次的交互过程中所产生的影响力(即交互影响力) γ_j^t (张发明等, 2009)为

$$\gamma_j^t = \frac{S_j^t}{S_j^{t-1}} \tag{4.13}$$

式中, $S_j^t = \frac{1}{n-1}\sum_{l=1, j\neq l}^{n-1} S_{jl}^t (j=1,2,\cdots,n)$ 为评价个体 d_j 与群组中其余 $(n-1)$ 位评价个体的意见相似度。

根据式(4.13),在第 t 轮交互中,评价个体 d_j 对群组结果的影响力越大,那么 γ_j^t 值越大,在综合评价信息时,该评价个体的说服力就应越大。然而,由于个体意见会修正,在交互反馈过程中,对其他个体的影响力会根据评价信息矩阵的变动而发生变动,其影响力具有时变效应。

2. 横向关联系数的计算

个体与群组意见的相似程度也是交互过程中个体权重分配的一个重要依据。若它们之间的关联度比较高,则个体评价信息与群组结果是比较接近的,应该给予相对较大的权重。

在灰色系统理论中,灰色关联度刻画了不同序列之间的关联程度。此处采用关联度继续进行讨论。若将群组结果视为参考序列,则在 $t(t=0,1,2,\cdots,k)$ 轮的交互反馈过程中,可计算关联系数 $\xi_j^t(i)$,相关计算步骤已在第三章第二节中详细论述,此处不再重复。

通过计算各轮次的交互影响力、评价个体和评价群组的关联系数,可计算变权向量 $w_j^t(i)$:

$$w_j^t(i) = \frac{w_j \xi_j^t(i) \gamma_j^t}{\sum_{j=1}^n w_j \xi_j^t(i) \gamma_j^t} \tag{4.14}$$

进一步,利用个体权重变权向量 $w_j^t(i)$,可得到各轮次的群组评价结果:

$$X^t = \sum_{j=1}^{n} p_{ij}^t w_j^t(i) \qquad (4.15)$$

(二)阶段权重的计算

为了考察不同评价阶段的重要性,以便在评价活动的关键环节进行有针对性的质量管理和控制,可调整分配各个阶段的权重。由于第 $t(t=0,1,2,\cdots,k)$ 轮的评价信息矩阵 P^t 会对最终的群组评价结果产生影响,根据 P^t 的动态变动特征可以发现个体评价意见及群组意见离散程度存在波动的情况,据此判断群组评价结果的可接受程度。

为了充分利用这种评价的过程信息,可考虑基于离散度的权重分配法。记第 $t(t=0,1,2,\cdots,k)$ 轮的群组意见离散度为

$$\mu_t = \sqrt{\sum_{\substack{i,j=1 \\ j>i}}^{m} \sum_{p=1}^{n} (a_{ip}^t - a_{jp}^t)^2} \qquad (4.16)$$

式中,μ_t 为群组意见离散度,其值越大,表明群组意见越发散,那么加权群组评价向量的可信度越小。

在 μ_t 的基础上,可以确定各交互轮次的权重 η_t:

$$\eta_t = \frac{1}{\mu_t} \bigg/ \sum_{t=1}^{k} \frac{1}{\mu_t} \qquad (4.17)$$

由于 $\mu_t > 0$,有 $0 < \eta_t < 1$ 且 $\sum_{t=1}^{k} \eta_t = 1$ 成立。μ_t 与 η_t 负相关。

利用各轮次的群组评价结果及权重,可得群组评价的综合评价值 X:

$$X = \sum_{t=1}^{k} X^t \eta^t \qquad (4.18)$$

三、方法步骤

上述方法的基本步骤可描述如下。

(1)测算各轮次的任意两位个体间的意见相似度:

$$S_{ij}^t = \cos\theta_{ij}^t = \frac{\text{vector}(A_i^t)\text{vector}(A_j^t)}{|\text{vector}(A_i^t)||\text{vector}(A_j^t)|} = \frac{\sum_{v=1}^{n} a_{iv}^t a_{jv}^t}{|A_i^t||A_j^t|} \qquad (4.19)$$

式中，$\left|A_i^t\right|=\sqrt{\sum_{v=1}^{n}(a_{iv}^t)^2}$ 为评价值向量的模；A_i 与 A_j 分别为评价个体 i 与 j 的评价值向量；S_{ij}^t 为相似度；t 为轮次。

(2)测算各轮次的群组评价共识度：

$$\delta^t = \frac{\sum_{i=1}^{n}\sum_{j=1,j\neq i}^{n}S_{ij}^t}{n(n-1)}$$

式中，δ^t 为第 t 轮次的群组评价共识度。

(3)设定初始交互影响力 γ^0，利用式(4.12)和式(4.13)计算各评价个体的纵向交互影响力，即在不同轮次的交互影响力。

(4)利用灰色关联系数法计算各轮次评价个体的关联系数[①]，并利用式(4.14)计算各轮次的评价个体权重变权向量 $w_j^t(i)$。

(5)利用式(4.15)，计算各轮次的群组评价结果 X^t。

(6)利用式(4.16)，计算各轮次的群组意见离散度 μ_t，利用式(4.17)，计算各轮次的权重 η_t。

(7)利用式(4.18)，计算群组评价的综合评价值 X。

四、应用案例

为了验证上述方法的应用情况和特点，此处采用一个简化的案例开展分析。为了满足进一步拓展省外市场的需求，某公司决定在某省建立一个分公司。为此，公司相关部门拟定了有关分公司选址的五个方案，记为 $C=\{c_1,c_2,c_3,c_4,c_5\}$。最终的选址方案需要由六位专家商讨决定，但各专家对最终方案的判断并不一致。

结合以往的经验，假定各专家的评价权重为 $w=(0.1730,0.1550,0.2130,0.097,0.1780,0.1840)$，在意见有较大不同时，可以推动他们进行意见交互反馈。设定共识阈值为 $\delta > 0.9$，在 $3(k=3)$ 轮的交互反馈评价中，各轮次的评价信息矩阵为

$$p^0 = \begin{bmatrix} 3 & 5 & 2 & 4 & 8 & 6 \\ 4 & 8 & 3 & 7 & 2 & 6 \\ 5 & 2 & 4 & 7 & 8 & 3 \\ 6 & 3 & 8 & 5 & 5 & 3 \\ 7 & 4 & 2 & 6 & 5 & 8 \end{bmatrix}, \quad p^1 = \begin{bmatrix} 4 & 5 & 3 & 4 & 8 & 9 \\ 2 & 8 & 4 & 7 & 2 & 6 \\ 5 & 4 & 7 & 7 & 9 & 3 \\ 6 & 3 & 8 & 3 & 5 & 3 \\ 7 & 4 & 9 & 6 & 5 & 6 \end{bmatrix}$$

[①] 可参阅第三章第二节"基于静态变权的效用函数评价法"的式(3.17)～式(3.19)。

$$p^2 = \begin{bmatrix} 5 & 4 & 8 & 3 & 6 & 5 \\ 8 & 6 & 3 & 6 & 7 & 3 \\ 3 & 6 & 7 & 4 & 5 & 7 \\ 7 & 8 & 4 & 3 & 6 & 5 \\ 3 & 5 & 5 & 8 & 3 & 1 \end{bmatrix}, \quad p^3 = \begin{bmatrix} 4 & 5 & 8 & 3 & 7 & 6 \\ 6 & 9 & 4 & 6 & 8 & 5 \\ 4 & 7 & 9 & 5 & 4 & 7 \\ 5 & 6 & 3 & 3 & 8 & 5 \\ 4 & 6 & 7 & 7 & 2 & 3 \end{bmatrix}$$

(一)群组评价结果的计算

主要的计算步骤如下

(1)计算评价共识度。利用式(4.19),计算得到各轮次的群组评价共识度为

$$\delta = (0.8305, 0.8637, 0.8739, 0.9109)$$

从这一结果中可知,各轮次的群组评价共识度逐渐得到提升,这表明交互反馈的机制有助于取得具有群组共识的意见。

(2)计算交互影响力。设定各阶段的初始交互影响力为 $\gamma^0 = (1,1,1,1,1,1)$,根据式(4.12)和式(4.13),可计算3轮信息交互过程中各成员的交互影响力:

$$\gamma^1 = (0.9947, 1.0468, 1.1454, 1.0239, 1.0464, 0.9971)$$

$$\gamma^2 = (1.0029, 1.0734, 1.0028, 0.9155, 1.0768, 1.0040)$$

$$\gamma^3 = (1.0747, 1.0340, 1.0140, 1.0980, 0.9531, 1.0899)$$

(3)计算关联系数及变权向量。以各轮次的群组评价结果为参考序列,根据式(3.17)~式(3.19)计算关联系数。将各轮次中各评价个体的关联系数、交互影响力及各评价个体的初始权重代入式(4.14),可得相应轮次各评价个体的变权结果:

$$w^0 = \begin{bmatrix} 0.1657 & 0.2407 & 0.1567 & 0.1330 & 0.1121 & 0.1919 \\ 0.2467 & 0.1064 & 0.2142 & 0.0833 & 0.1382 & 0.2112 \\ 0.2648 & 0.1087 & 0.2758 & 0.0742 & 0.1090 & 0.1674 \\ 0.1909 & 0.1294 & 0.1359 & 0.0810 & 0.3091 & 0.1537 \\ 0.1544 & 0.1671 & 0.1356 & 0.1215 & 0.2938 & 0.1276 \end{bmatrix}$$

$$w^1 = \begin{bmatrix} 0.1798 & 0.2437 & 0.1955 & 0.1038 & 0.1546 & 0.1226 \\ 0.1319 & 0.1039 & 0.3502 & 0.0789 & 0.1427 & 0.1923 \\ 0.2194 & 0.1481 & 0.2701 & 0.1099 & 0.1221 & 0.1304 \\ 0.1825 & 0.1306 & 0.1503 & 0.0800 & 0.3089 & 0.1477 \\ 0.1958 & 0.1092 & 0.1511 & 0.1325 & 0.1667 & 0.2448 \end{bmatrix}$$

$$w^2 = \begin{bmatrix} 0.2085 & 0.1435 & 0.1417 & 0.0597 & 0.2247 & 0.2220 \\ 0.1349 & 0.2237 & 0.1786 & 0.1194 & 0.1888 & 0.1545 \\ 0.1209 & 0.2067 & 0.1910 & 0.0791 & 0.2371 & 0.1652 \\ 0.1599 & 0.1192 & 0.1880 & 0.0614 & 0.2476 & 0.2239 \\ 0.2013 & 0.1754 & 0.2252 & 0.0485 & 0.2224 & 0.1273 \end{bmatrix}$$

$$w^3 = \begin{bmatrix} 0.1431 & 0.1776 & 0.1492 & 0.0628 & 0.1613 & 0.3060 \\ 0.2787 & 0.0947 & 0.1476 & 0.1597 & 0.1310 & 0.1883 \\ 0.1474 & 0.2026 & 0.1456 & 0.1164 & 0.1345 & 0.2535 \\ 0.2701 & 0.1491 & 0.1362 & 0.0672 & 0.0860 & 0.2914 \\ 0.2574 & 0.1738 & 0.1720 & 0.0848 & 0.1221 & 0.1900 \end{bmatrix}$$

(4)计算各轮次的群组评价结果。利用式(4.15)，可得各轮次的群组评价结果：

$$X^0 = (4.5942, 4.6073, 4.5382, 4.8704, 5.2392)^{\mathrm{T}}$$

$$X^1 = (5.2796, 4.4873, 5.8395, 4.9168, 6.2646)^{\mathrm{T}}$$

$$X^2 = (5.3874, 5.4587, 5.5982, 5.6142, 3.7894)^{\mathrm{T}}$$

$$X^3 = (5.8075, 6.0626, 6.2127, 5.0003, 4.6842)^{\mathrm{T}}$$

(5)计算各轮次的权重。根据式(4.16)，计算各轮次的群组意见离散度：

$$\mu_0 = 6.8557, \quad \mu_1 = 7.9373, \quad \mu_2 = 7.2111, \quad \mu_3 = 4.6904$$

利用式(4.17)，计算各轮次的权重：

$$\eta_0 = 0.2339, \quad \eta_1 = 0.2020, \quad \eta_2 = 0.2223, \quad \eta_3 = 0.3418$$

(6)计算群组评价的综合评价值。利用式(4.18)，可得群组评价的综合评价值：

$$X = (5.3237, 5.2697, 5.6090, 5.0895, 4.9343)^{\mathrm{T}}$$

根据结果，方案排序为 $c_3 \succ c_1 \succ c_2 \succ c_4 \succ c_5$，因此可优先选择方案 c_3。

(二)与常权综合方法的对比

如果以常权综合方式，即利用 $Y^t = \sum_{i=1}^{m} p_{ij}^t w_j$，对各轮次信息进行集成，那么交互轮次的群组评价结果为

$$Y^0 = (4.6360, 4.7100, 4.6820, 4.9400, 5.2010)^T$$

$$Y^1 = (5.5740, 4.5770, 5.8090, 4.9400, 6.3240)^T$$

$$Y^2 = (5.4680, 5.3330, 5.5060, 5.5820, 3.8530)^T$$

$$Y^3 = (5.8120, 5.3330, 5.5060, 5.5820, 3.8530)^T$$

同样地，采用简单算术平均方法对各轮次结果进行综合，可得最终的群组评价结果为

$$Y = (5.3725, 5.2077, 5.5440, 5.1327, 5.0195)^T$$

因此，常权综合情形下的方案排序为 $c_3 \succ c_1 \succ c_2 \succ c_4 \succ c_5$。

对比变权评价和常权评价这两种方法，可以发现，尽管两者所得的排序结果并没有发生很大的变动，但改进的变权交互式群组评价方法增加了以评价共识度为群组交互终止的控制条件。

从相应步骤中可以看出，在经历了 3 轮的交互反馈后，各轮次中群组的共识度逐渐提高，而且在第 3 轮达到 0.9109，满足控制条件。因此，群组更容易得到满足一致性要求的结果。此外，各轮次权重分配都是根据群组评价的一致性程度而开展的，并将交互过程进行动态化处理。与常权情形相比，这种处理所得的评价结果更为合理。

第四节　基于动态信任网络的群组评价方法

在多轮次的动态群组评价活动中，评价个体之间往往存在意见差异，且这种差异并非总能趋向收敛。通过促进评价个体之间的信息交流，从而取得群组共识意见，成为普遍被采用的取得群组共识意见的思路之一。然而，在每一轮次的评价过程中，评价个体可能受到评价的组织方式、群组中其他评价个体的评价意见等因素的干扰。在此情形下，评价个体所给出的评价意见的可信度将会受到影响。事实上，评价个体与其他个体之间的这种评价意见的相互影响关系可表现为一个网状结构，即信任网络。因此，在考虑信任网络特征的基础上，对群组评价意见的集成进行可信度调整，特别是个体权重的分配问题，是值得进一步讨论的。

一、基本框架

与本章第三节不同，本节引入信任网络用以表征评价个体意见之间的信任关系。在此情形下，动态群组评价需要重点讨论信任网络的构建这一关键问题。虽然在构建评价个体之间的网络连接时存在多种可供选择的准则，但是在群组评价

中，评价个体在参考其他个体的评价意见时往往有一定的自主选择权，即选择何种程度的信任。

此时，如果出现不合理的舞弊现象或者个别评价个体对其他评价个体施加影响，进而使其评价意见发生偏离，那么可能造成杠杆效应。为了避免杠杆效应对评价结果的影响，本节将从偏好关系的角度，建立评价个体之间的信任关系。同时，为体现评价个体在信任判断上的模糊性，本节将利用模糊偏好关系进行描述，即通过对事物进行两两比较，从而给出评价个体自身的偏好程度。该方法在应用时所受限制因素较少，且更加契合评价个体在评价时所持有的对评价个体进行比较的心理过程。

除这一关键问题之外，与本章第三节所讨论的内容相似，群组评价过程还应包括基于动态信任网络的共识达成、方案排序等问题。基于动态信任网络的群组评价流程框架如图 4.3 所示。

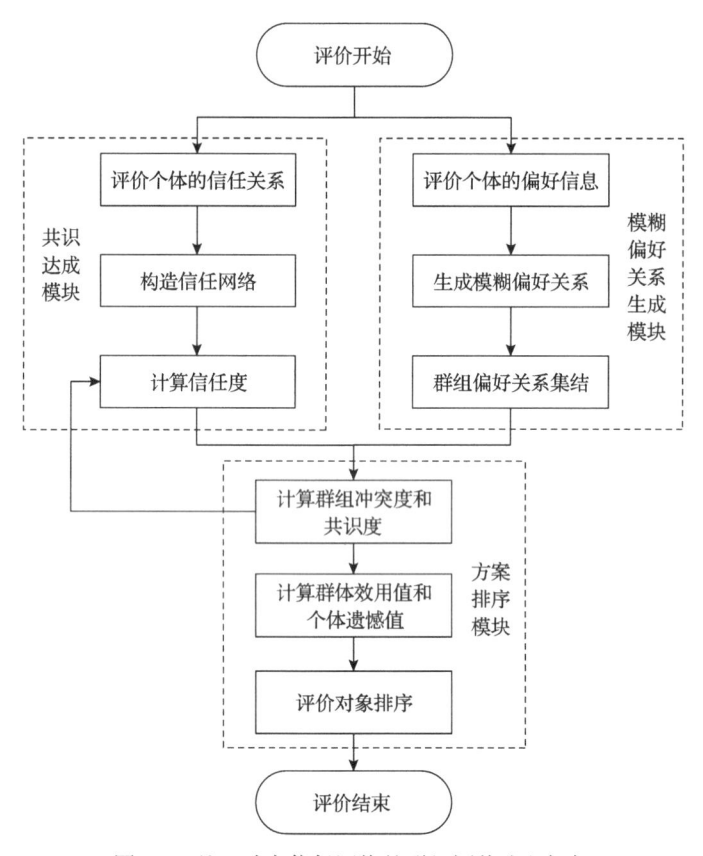

图 4.3 基于动态信任网络的群组评价流程框架

图 4.3 包括三个部分：模糊偏好关系生成模块、共识达成模块和方案排序模

块。在模糊偏好关系生成模块中,将评价个体初始偏好信息转换为模糊偏好关系,进而得到评价个体的模糊偏好关系矩阵。在方案排序模块中,基于群组模糊偏好关系矩阵,计算群体效用值和个体遗憾值,得到评价对象的最终排序结果。在共识达成模块中,通过构建信任网络,对评价个体之间的信任度进行动态计算;对个体模糊偏好关系矩阵进行聚合,得到群组模糊偏好关系矩阵;计算群组模糊偏好关系矩阵与个体模糊偏好关系矩阵之间的冲突度,得到共识度,从而更新评价个体的信任度。

为了便于表述,本节令 $U=\{u_1,u_2,\cdots,u_s\}$ 为 s 位评价个体,$A=\{a_1,a_2,\cdots,a_m\}$ 为 m 个评价单元,$W=\{w_1,w_2,\cdots,w_s\}$ 为个体的权重向量,且满足 $\sum_{i=1}^{s}w_i=1$,$C=\{c_1,c_2,\cdots,c_n\}$ 为评价属性集合,$T_p=\{t_p^{(1)},t_p^{(2)},\cdots,t_p^{(s)}\}$ 为各评价个体在第 p 轮意见征询时的信任度。显然,当 $p=0$ 时,$t_0^{(i)}$ 为评价个体 u_i 的初始信任度。ξ 为共识阈值,一般作为个体意见集成的控制参数。

对应图 4.3,评价过程的关键问题可进一步描述为:如何生成和集结 s 位评价个体的偏好;如何测度评价个体的信任度 $T_p=\{t_p^{(1)},t_p^{(2)},\cdots,t_p^{(s)}\}$;如何确定 m 个评价单元的最终排序。

二、主要模块

(一)模糊偏好关系生成模块

首先,评价个体 $u_i(i=1,2,\cdots,s)$ 根据自身对评价单元 $a_j(j=1,2,\cdots m)$ 在属性 $c_l(l=1,2,\cdots,n)$ 下的偏好程度 $r_{kl}^{(i)}$,形成评价信息矩阵 $R^{(i)}$:

$$R^{(i)}=r_{jl}^{(i)}=\begin{bmatrix} r_{11}^{(i)} & r_{12}^{(i)} & \cdots & r_{1n}^{(i)} \\ r_{21}^{(i)} & r_{22}^{(i)} & \cdots & r_{2n}^{(i)} \\ \vdots & \vdots & & \vdots \\ r_{m1}^{(i)} & r_{m2}^{(i)} & \cdots & r_{mn}^{(i)} \end{bmatrix} \quad (4.20)$$

基于评价信息矩阵 $R^{(i)}$,利用式(4.21)计算评价个体 u_i 在属性 c_l 下对于评价单元 a_j 和 a_k 的偏好 $\mathrm{cp}_{jkl}^{(i)}$,从而得到模糊偏好关系矩阵 $\mathrm{CP}_l^{(i)}$:

$$\mathrm{cp}_{jkl}^{(i)}=\frac{r_{jl}^{(i)}}{r_{jl}^{(i)}+r_{kl}^{(i)}} \quad (4.21)$$

$$\mathrm{CP}_l^{(i)} = \begin{pmatrix} \mathrm{cp}_{11l}^{(i)} & \mathrm{cp}_{12l}^{(i)} & \cdots & \mathrm{cp}_{1ml}^{(i)} \\ \mathrm{cp}_{21l}^{(i)} & \mathrm{cp}_{22l}^{(i)} & \cdots & \mathrm{cp}_{2ml}^{(i)} \\ \vdots & \vdots & & \vdots \\ \mathrm{cp}_{n1l}^{(i)} & \mathrm{cp}_{n2l}^{(i)} & \cdots & \mathrm{cp}_{nml}^{(i)} \end{pmatrix} \qquad (4.22)$$

式中，$0 \leqslant \mathrm{cp}_{jkl}^{(i)} \leqslant 1$，$\mathrm{cp}_{jkl}^{(i)} + \mathrm{cp}_{kjl}^{(i)} = 1$，$\mathrm{cp}_{jjl}^{(i)} = 1$。$0.5 < \mathrm{cp}_{jkl}^{(i)} < 1$ 表示在属性 c_l 下，对比 a_j 和 a_k，评价个体 u_i 更偏好 a_j；$\mathrm{cp}_{jkl}^{(i)} = 0.5$ 表示评价个体 u_i 在属性 c_l 下对 a_j 和 a_k 的偏好程度相同；$0 < \mathrm{cp}_{jkl}^{(i)} < 0.5$ 表示评价个体在属性 c_l 下更偏好 a_k (Orlovsky, 1978)。

此处介绍的模糊偏好关系是较基本的表达方式。除此之外，还有其他形式的模糊偏好关系。Tanino(1984)提出了加性模糊偏好关系和乘性模糊偏好关系；Xu 等(2001, 2003)提出了区间数模糊偏好关系、三角模糊数互补偏好关系；Szmidt 和 Kacprzyk(2003)基于直觉模糊集的概念，提出了直觉模糊偏好关系；Zhu 和 Xu(2014)将犹豫模糊集的概念推广至模糊偏好关系，提出了犹豫模糊偏好关系。在实际应用中，可根据实际情况，采用不同形式的模糊偏好关系来表征评价个体的偏好信息。

(二)基于动态信任网络的共识达成模块

1. 初始信任度的计算

本节评价个体之间的信任度的计算对于最终群组评价结果的合理性是至关重要的。目前已有大量的关于信任度计算方法的研究成果，如基于贝叶斯网络(Josang and Haller, 2007)、概率语言(金飞飞等, 2021)、信任传递算子(Ries, 2007; Guha et al., 2004)、PageRank 算法(宋客和巩在武, 2023)等。其中，PageRank 算法不仅可以充分利用信任网络中评价个体之间的信任关系和网络特征，还可以衡量评价个体的权威值(Brin and Page, 1998)，这就使得该方法在计算信任度时更加简捷，也更加合理。

PageRank 算法的主要思想如下：若信任网络中评价个体 u_i 被广泛信任，则 u_i 很可能是必不可少的；若评价个体 u_f 没有被广泛信任，但被 u_i 信任，则 u_f 也可能是信任网络中至关重要的个体(Boubekraoui et al., 2023)。基于这一思想，PageRank 算法可定义为

$$\mathrm{PR}(u_i) = \frac{1-d}{s} + d \times \sum_{u_f \in B(u_i)} \frac{\mathrm{PR}(u_f)}{T(u_f)} \qquad (4.23)$$

式中，s 为评价个体的数量；$B(u_i)$ 为信任评价个体 u_i 的评价个体集合；$\mathrm{PR}(u_i)$、$\mathrm{PR}(u_f)$ 分别为 u_i 和 u_f 的权威值；$T(u_f)$ 为 u_f 的信任人数；d 为抑制因子，通常设为 0.85。

利用 PageRank 算法度量信任网络中评价个体的权威值 PR_p，并对 PR_p 进行归一化，可得评价个体 u_i 的初始信任度 $t_0^{(i)}$：

$$\mathrm{PR}_p = M \times \mathrm{PR}_{p-1} = \begin{bmatrix} M_{11} & M_{12} & \cdots & M_{1s} \\ M_{21} & M_{22} & \cdots & M_{2s} \\ \vdots & \vdots & & \vdots \\ M_{s1} & M_{s2} & \cdots & M_{ss} \end{bmatrix} \times \begin{bmatrix} \mathrm{PR}_{p-1}^{(1)} \\ \mathrm{PR}_{p-1}^{(2)} \\ \vdots \\ \mathrm{PR}_{p-1}^{(s)} \end{bmatrix} = \begin{bmatrix} \mathrm{PR}_p^{(1)} \\ \mathrm{PR}_p^{(2)} \\ \vdots \\ \mathrm{PR}_p^{(s)} \end{bmatrix} \quad (4.24)$$

$$t_0^{(i)} = \frac{\mathrm{PR}_p^{(i)}}{\sum_{i=1}^{s} \mathrm{PR}_p^{(i)}} \quad (4.25)$$

式中，M 为评价个体之间的状态转移矩阵；PR_{p-1} 为上一轮迭代的权威值，$\mathrm{PR}_0 = \{1/s, 1/s, \cdots, 1/s\}$ 表示 s 位评价个体的初始权威值，经过若干次迭代后，PageRank 算法会趋于稳态，此时可以得到最后一次迭代的权威值 PR_p；$\mathrm{PR}_p^{(i)}$ 为评价个体 u_i 经过 p 次迭代后的权威值；$t_0^{(i)}$ 为评价个体 u_i 经过归一化后的初始信任度。

本节采用 PageRank 算法计算评价个体的初始信任度（具体代码见附录 3），这并非唯一可采用的方法。在具体应用时，读者可根据实际需要，采用合适的方法计算评价个体的初始信任度。

2. 双重共识调整机制

为了刻画群组评价中有关共识形成的机制，本节提出一种双重共识调整机制。在此机制中，对于愿意修改上一阶段决策信息的评价个体，调整其模糊偏好信息；对于不愿修改上一阶段决策信息的评价个体，由于决策信息缺乏足够的代表性和说服力，为尽快达成共识，降低决策成本，调整其信任度。

记各评价个体的初始信任度为 $T_0 = (t_0^{(1)}, t_0^{(2)}, \cdots, t_0^{(s)})$，模糊偏好关系矩阵为 $\mathrm{CP}_l^{(i)}$，则双重共识调整机制的步骤如下。

(1) 构建群组模糊偏好关系矩阵。根据式(4.26)，对评价个体 u_i 的模糊偏好关系矩阵 $\mathrm{CP}_l^{(i)}$ 进行加权集成，汇总为群组模糊偏好关系矩阵 $\mathrm{CP}_l^{(g)}$。

$$\mathrm{CP}_l^{(g)} = \sum_{i=1}^{s} t_0^{(i)} \mathrm{CP}_l^{(i)} \quad (4.26)$$

式中，$t_0^{(i)}$ 为 u_i 的初始信任度，且 $0 \leqslant t_0^{(i)} \leqslant 1$。

(2) 共识测度及识别。依次计算评价个体 u_i 的模糊偏好关系矩阵 $\mathrm{CP}_l^{(i)}$ 与群组模糊偏好关系矩阵 $\mathrm{CP}_l^{(g)}$ 之间的冲突矢量 $\Delta^{(i)}$：

$$\Delta^{(i)} = 1 - \frac{1}{\sqrt{2}} \sum_{l=1}^{n} \frac{\left\| \mathrm{CP}_l^{(i)} + \mathrm{CP}_l^{(g)} \right\|_2}{\left\| \mathrm{CP}_l^{(i)} \right\|_2 + \left\| \mathrm{CP}_l^{(i)} \right\|_2} \quad (4.27)$$

式中，冲突矢量 $\Delta^{(i)}$ 表示评价个体 u_i 与群组整体意见之间的冲突度，$\Delta^{(i)}$ 越大，说明评价个体 u_i 与群组意见的冲突越大，越需要开展共识调整处理。另外，$\|\mathrm{CP}\|_2 = \left[\rho(\mathrm{CP}^\mathrm{T} \times \mathrm{CP})\right]^{\frac{1}{2}}$，其中，$\rho(\mathrm{CP}^\mathrm{T} \times \mathrm{CP})$ 为 $\mathrm{CP}^\mathrm{T} \times \mathrm{CP}$ 的谱半径，即矩阵 $\mathrm{CP}^\mathrm{T} \times \mathrm{CP}$ 特征值中绝对值的最大者。进一步，计算群组冲突度 φ 及群组共识度 μ：

$$\begin{cases} \varphi = \dfrac{1}{s} \sum_{i=1}^{s} \Delta^{(i)} \\ \mu = 1 - \varphi \end{cases} \quad (4.28)$$

显然，当按照一定的规则确定共识阈值 $\xi(0 \leqslant \xi \leqslant 1)$ 时，若 $\varphi \geqslant \xi$，则群组冲突度过大，不满足共识要求，需要对部分评价个体进行共识调整；反之，则需要退出共识调整过程。此外，为了识别出需要进行意见调整的评价个体，可考察评价个体 u_i 的冲突矢量 $\Delta^{(i)}$ 与共识阈值，按照 $\Delta^{(i)} \geqslant \xi$ 的条件进行筛选并进行共识调整。

假设经共识识别之后，共有 $i'(i' \leqslant s)$ 位评价个体不满足共识阈值，记为 $U^{i'} = \{u^{(1)}, u^{(2)}, \cdots, u^{(i')}\}$，确定这 i' 位评价个体是否愿意修改原始信息：如果愿意，那么进入步骤(3)；否则，进入步骤(4)。

(3) 共识调整参数的测算。对于愿意修改自身原始信息的评价个体，根据其评价信息的冲突度来确定对应的共识调整参数 $\vartheta^{(i')}$：

$$\vartheta^{(i')} = \frac{\Delta^{(i')}}{\varphi} \quad (4.29)$$

评价个体的冲突度越大，则其共识调整参数应越大。

(4)基于共识调整参数，修改评价个体的偏好信息或者信任度，并重复上述步骤，直至群组冲突度满足给定的共识阈值。

3. 动态信任网络的构建

一般来说，信任度的调整主要有两种类型。第一种是以共识调整参数 $\vartheta^{(i')}$ 为基础，对超出共识阈值的评价个体的原始信任度进行缩减：

$$t_1^{(i')} = \left(1 + \vartheta^{(i')}\eta_1\right)t_0^{(i')} \tag{4.30}$$

由于共识调整的目的在于缩小评价个体之间的意见分歧，应选择惩罚型策略，令学习率 $\eta_1 < 0$。

第二种是对低于共识阈值的评价个体信任度进行增加。记此部分的评价个体冲突矢量为 $\Delta^{(i')}$。此时应采用激励型策略，令学习率 $\eta_2 > 0$。进一步地，按照式(4.31)进行信任度调整：

$$t_1^{(i')} = \left[1 + \left(1 - \vartheta^{(i')}\right)\eta_2\right]t_0^{(i')} \tag{4.31}$$

当信任度调整结束之后，对所有评价个体的信任度进行归一化处理，可得到第一轮调整之后的评价个体信任度 $T_1 = (t_1^{(1)}, t_1^{(2)}, \cdots, t_1^{(s)})$。信任调整过程需要迭代这一环节，直至满足共识阈值或者事先确定的调整阶段数量，此时可得到评价个体最终的信任度 $T_p = (t_p^{(1)}, t_p^{(2)}, \cdots, t_p^{(s)})$。

(三)方案排序模块

经过共识调整，可得群组模糊偏好关系矩阵 $\mathrm{CP}_l^{(g)}$：

$$\mathrm{CP}_l^{(g)} = \begin{pmatrix} \mathrm{cp}_{11l}^{(g)} & \mathrm{cp}_{12l}^{(g)} & \cdots & \mathrm{cp}_{1ml}^{(g)} \\ \mathrm{cp}_{21l}^{(g)} & \mathrm{cp}_{22l}^{(g)} & \cdots & \mathrm{cp}_{2ml}^{(g)} \\ \vdots & \vdots & & \vdots \\ \mathrm{cp}_{m1l}^{(g)} & \mathrm{cp}_{m2l}^{(g)} & \cdots & \mathrm{cp}_{mml}^{(g)} \end{pmatrix} \tag{4.32}$$

此时，可根据群组模糊偏好关系矩阵对各评价对象进行排序。具体步骤可概括如下。

(1)计算评价单元 a_j 在属性 c_l 下的优势值 $h_{jl}^{(g)}$：

$$h_{jl}^{(g)} = \frac{1}{\sum_{k=1}^{m} \mathrm{cp}_{jkl}^{(g)} - 1} \tag{4.33}$$

(2)确定各评价对象的正理想解 h_l^+ 和负理想解 h_l^-。具体定义如下：

$$h_l^+ = \left[\left(\max_j h_{jl}^{(g)} | l \in \Omega_b\right), \left(\min_j h_{jl}^{(g)} | l \in \Omega_c\right)\right] \\ h_l^- = \left[\left(\min_j h_{jl}^{(g)} | l \in \Omega_b\right), \left(\max_j h_{jl}^{(g)} | l \in \Omega_c\right)\right] \tag{4.34}$$

式中，h_{jl} 为评价单元 a_j 对于属性 c_l 的评价值；Ω_b 为效益类指标的总集合；Ω_c 为成本类指标的总集合。

(3)计算各评价单元的群体效用值 S_j 和个体遗憾值 R_j。对于效益型指标，则有

$$S_j = \sum_{l=1}^{n} w_l(h_l^+ - h_{jl})/(h_l^+ - h_l^-) \\ R_j = \max_l \left[w_l(h_l^+ - h_{jl})/(h_l^+ - h_l^-)\right] \tag{4.35}$$

对于成本类指标，则有

$$S_j = \sum_{l=1}^{n} w_l(h_{jl} - h_l^-)/(h_l^+ - h_l^-) \\ R_j = \max_l \left[w_l(h_{jl} - h_l^-)/(h_l^+ - h_l^-)\right] \tag{4.36}$$

(4)计算各评价对象与理想解的总接近程度，即总评价值 Q_j：

$$Q_j = \lambda \frac{S_j - S^-}{S^+ - S^-} + (1-\lambda) \frac{R_j - R^-}{R^+ - R^-} \tag{4.37}$$

式中，$S^- = \min_j S_j$，$S^+ = \max_j S_j$，$R^- = \min_j R_j$，$R^+ = \max_j R_j$；λ 为满足[0,1]的任意实数，当 $\lambda > 0.5$ 时，评价个体按照群体效用值最大化的原则进行评价；当 $\lambda < 0.5$ 时，评价个体按照个体遗憾值最小化的原则进行评价；当 $\lambda = 0.5$ 时，评价个体需要同时妥协这两类原则。

(5)根据 Q_j、S_j、R_j 值，对评价对象按照从小到大的顺序进行排序。其中，Q_j 值代表评价对象与理想解之间的距离，其值越小，评价结果越趋于理想。

三、方法步骤

基于动态信任网络的群组评价方法的具体实施步骤归纳如下。

(1)构造模糊偏好关系矩阵。根据评价个体对评价对象的偏好信息，得到每位评价个体对评价单元的模糊偏好关系矩阵。

(2) 计算初始信任度。根据评价个体之间的信任关系，构造信任网络，并计算得到每位评价个体的初始信任度。

(3) 模糊偏好关系集结。基于单一评价个体的模糊偏好关系矩阵和初始信任度，集结得到群组的模糊偏好关系矩阵。

(4) 共识度量和反馈调整。将评价个体的模糊偏好关系矩阵与群组模糊偏好关系矩阵进行比较，计算每位评价个体的冲突矢量和共识度。对于不满足共识阈值的评价个体，进行步骤(5)所示的共识调整；否则，执行步骤(6)。

(5) 共识调整。根据本节提出的双重共识调整机制对偏好信息和信任度进行调整。在一轮迭代调整之后，继续到步骤(5)进行共识度量。直到满足共识阈值，继续执行步骤(6)。

(6) 评价对象排序。基于群组模糊偏好关系矩阵，对评价单元进行排序，得到最终排序结果。

四、应用案例

(一) 问题描述

为了提高员工的工作热情和效率，提升员工的满意度和幸福感，位于中国上海的某公司决定组织一次团队建设活动，为员工开展一次中国杭州的集体短途旅行。根据大众点评网的景点介绍，选取位于浙江省杭州市的评分数量较高的 6 个旅游景点作为候选方案，分别为杭州宋城景区、杭州乐园、西溪湿地公园、杭州动物园、烂苹果乐园、杭州极地海洋世界。参与活动的员工个人信息见表 4.3。

表 4.3　20 名员工的个人信息

评价个体	年龄/岁	学历	职位	工作经验/年	评价个体	年龄/岁	学历	职位	工作经验/年
u_{01}	26	硕士	工程师	1	u_{11}	37	硕士	销售	10
u_{02}	28	本科	销售	5	u_{12}	26	本科	销售	2
u_{03}	31	博士	研发	2	u_{13}	28	博士	研发	1
u_{04}	30	博士	工程师	2	u_{14}	29	硕士	工程师	4
u_{05}	27	硕士	工程师	3	u_{15}	45	本科	经理	20
u_{06}	30	本科	销售	7	u_{16}	33	博士	工程师	2
u_{07}	41	本科	经理	17	u_{17}	32	硕士	工程师	10
u_{08}	25	本科	销售	2	u_{18}	32	硕士	工程师	6
u_{09}	34	硕士	工程师	8	u_{19}	29	本科	销售	5
u_{10}	35	博士	研发	3	u_{20}	31	本科	销售	7

可以看出，这 20 名员工的个人信息存在显著差异。本节参考 Seo 等（2013）的做法，根据年龄、职位、学历、工作经验等个人资料，构建这 20 名员工之间基于个人资料的信任网络，如图 4.4 所示。

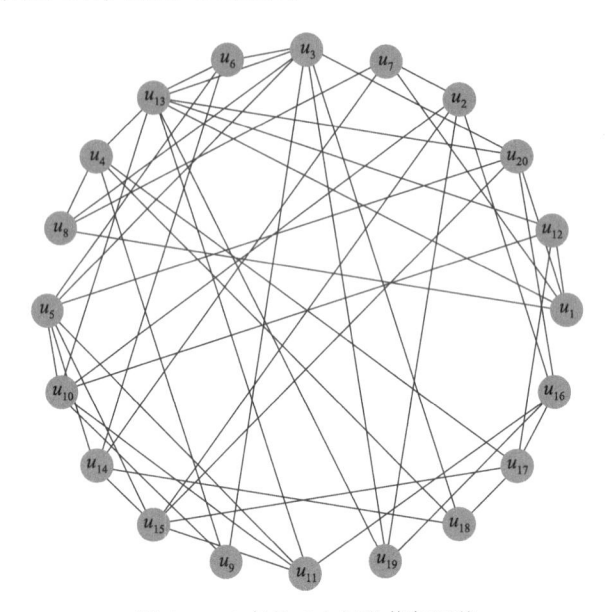

图 4.4　20 名员工之间的信任网络

(二) 实验结果

1. 构建模糊偏好关系矩阵

表 4.4 给出了 20 位评价个体对六大景点的评分，评分取值范围为 1～5 分。基于式(4.21)和式(4.22)，可得个体的模糊偏好关系矩阵，详见附录 4。

表 4.4　旅游景点评价信息矩阵

评价个体	a_1	a_2	a_3	a_4	a_5	a_6
u_{01}	5	5	3	2	2	2
u_{02}	2	2	1	2	3	4
u_{03}	2	4	2	4	3	5
u_{04}	2	3	1	4	2	3
u_{05}	3	2	2	2	2	3
u_{06}	3	3	2	2	2	3
u_{07}	3	3	3	3	3	4
u_{08}	2	4	2	3	2	5
u_{09}	4	3	2	2	2	2

评价个体	a_1	a_2	a_3	a_4	a_5	a_6
u_{10}	2	2	2	2	3	3
u_{11}	4	2	2	2	3	2
u_{12}	2	2	2	2	2	3
u_{13}	4	5	1	5	2	4
u_{14}	2	2	2	1	3	2
u_{15}	5	2	2	2	2	2
u_{16}	4	2	4	4	2	2
u_{17}	4	2	2	2	2	2
u_{18}	3	2	2	2	1	3
u_{19}	1	1	2	2	1	1
u_{20}	3	2	2	2	3	2

2. 计算初始信任度

进一步，基于如图 4.4 所示的评价个体之间的信任网络，利用式(4.23)～式(4.25)，对各评价个体的权威值进行测度并进行归一化，得到评价个体的初始信任度。由表 4.5 可知，信任度最高的是评价个体 u_{03}，其信任度为 0.102；其次是评价个体 u_{13}，其信任度为 0.101；最低的是评价个体 u_{19}，其信任度为 0.018。

表 4.5 评价个体的初始信任度

评价个体	信任度	评价个体	信任度	评价个体	信任度	评价个体	信任度
u_{01}	0.065	u_{06}	0.068	u_{11}	0.046	u_{16}	0.051
u_{02}	0.034	u_{07}	0.048	u_{12}	0.035	u_{17}	0.042
u_{03}	0.102	u_{08}	0.045	u_{13}	0.101	u_{18}	0.030
u_{04}	0.038	u_{09}	0.030	u_{14}	0.043	u_{19}	0.018
u_{05}	0.078	u_{10}	0.029	u_{15}	0.035	u_{20}	0.059

3. 偏好集结、共识测度与调整

通过对个体的模糊偏好关系矩阵进行集结，得到群组的模糊偏好关系矩阵。计算个体模糊偏好关系矩阵与群组模糊偏好关系矩阵之间的冲突矢量，并进行归一化处理，得到各评价个体的共识度。

如表 4.6 所示，u_{19} 的共识度最低，为 0.7627；u_{13} 和 u_{03} 的共识度最高，分别为 1.2334 和 1.2018。给定共识阈值[0.8,1.1]，可以推断这些评价个体的共识度不满足共识阈值要求。因此，他们的信任度应该进行调整。

表 4.6　评价个体的冲突矢量和共识度

评价个体	冲突矢量	共识度	评价个体	冲突矢量	共识度
u_{01}	0.288	0.9816	u_{11}	0.291	0.9923
u_{02}	0.287	0.9770	u_{12}	0.292	0.9937
u_{03}	0.353	1.2018	u_{13}	0.362	1.2334
u_{04}	0.287	0.9775	u_{14}	0.288	0.9821
u_{05}	0.292	0.9966	u_{15}	0.291	0.9906
u_{06}	0.292	0.9967	u_{16}	0.287	0.9774
u_{07}	0.292	0.9949	u_{17}	0.292	0.9947
u_{08}	0.286	0.9756	u_{18}	0.293	0.9977
u_{09}	0.292	0.9936	u_{19}	0.224	0.7627
u_{10}	0.289	0.9867	u_{20}	0.291	0.9935

由于 u_{19} 的共识度低于给定的共识阈值，采用激励型策略对其信任度进行调整。同时，由于评价个体 u_{13} 和 u_{03} 的共识度高于给定的共识阈值，采用惩罚型策略来调整他们的信任度。在 $\eta_1 = -0.5$ 和 $\eta_2 = 0.5$ 的学习率下，u_{19}、u_{13} 和 u_{03} 的更新信任度分别为 0.025、0.039 和 0.041。表 4.7 汇总了第一次迭代后的评价个体的冲突矢量和共识度。

表 4.7　第一次迭代后的评价个体的冲突矢量和共识度

评价个体	冲突矢量	共识度	评价个体	冲突矢量	共识度
u_{01}	0.074	0.9939	u_{11}	0.053	1.0044
u_{02}	0.039	0.9905	u_{12}	0.040	1.0065
u_{03}	0.041	1.0096	u_{13}	0.039	1.0412
u_{04}	0.043	0.9914	u_{14}	0.050	0.9945
u_{05}	0.090	1.0093	u_{15}	0.041	1.0026
u_{06}	0.079	1.0095	u_{16}	0.059	0.9883
u_{07}	0.056	1.0076	u_{17}	0.048	1.0068
u_{08}	0.052	0.9892	u_{18}	0.035	1.0103
u_{09}	0.034	1.0061	u_{19}	0.025	0.9327
u_{10}	0.033	0.9998	u_{20}	0.068	1.0058

从表 4.7 中可以看出，所有评价个体的共识度都满足给定的共识阈值，因此，集结后的群组模糊偏好关系矩阵为

$$\mathrm{CP}^{(g)} = \begin{bmatrix} & 0.5549 & 0.5852 & 0.5968 & 0.5825 & 0.5398 \\ 0.4441 & & 0.5294 & 0.5410 & 0.5271 & 0.4841 \\ 0.4138 & 0.4696 & & 0.5117 & 0.4980 & 0.4563 \\ 0.4022 & 0.4580 & 0.4873 & & 0.4855 & 0.4430 \\ 0.4165 & 0.4719 & 0.5010 & 0.5135 & & 0.4568 \\ 0.4592 & 0.5149 & 0.5247 & 0.5560 & 0.5542 & \end{bmatrix}$$

4. 排名与推荐

表 4.8 给出了基于 VIKOR 的评价对象排序结果。从表 4.8 中可以看出，评价单元 a_4 的 Q_j 值最低，这意味着其排名最高，评价单元 a_3 排在次位，评价单元 a_1 的 Q_j 值最高。因此，a_4 是该公司团建的首选目的地。

表 4.8 相关评价指标与结果

指标	a_1	a_2	a_3	a_4	a_5	a_6
S_j	0.7241	0.6394	0.5917	0.5811	0.5924	0.6793
R_j	0.5728	0.5218	0.5099	0.4979	0.5145	0.5673
Q_j	1.0000	0.4479	0.1624	0.0000	0.1867	0.6133
排名	6	4	2	1	3	5

(三) 敏感性分析

本例中动态信任网络调整中的学习率 η 和 VIKOR 模型中的参数 λ 是主观确定的，因此，本节通过敏感性分析，进一步验证不同取值的 η 和 λ 是否会对模型结果产生影响。

1. 学习率 η 对评价个体信任度的影响分析

假设 $\eta_1 = [-0.1, -0.2, -0.3, -0.4, -0.5]$，$\eta_2 = [0.1, 0.2, 0.3, 0.4, 0.5]$，验证不同学习率对评价个体信任度的影响。

从图 4.5(a) 中可以看出不同学习率下信任度的变化情况。随着学习率绝对值的增大，评价个体 u_{03} 和 u_{13} 的信任度大幅降低，u_{19} 的信任度也呈现较为明显的下降趋势。图 4.5(b) 显示了这三位评价个体的共识度变化，可以看出，只有当 $\eta_1 = -0.5$ 和 $\eta_2 = 0.5$ 时，各评价个体的共识度才满足给定的共识阈值。主要原因是在 t_0 阶段，这三位评价个体与群组之间的冲突矢量差距较大，导致在共识调整阶段需要较高的学习率来调整他们的信任度，从而进一步降低了评价个体的共识水平。

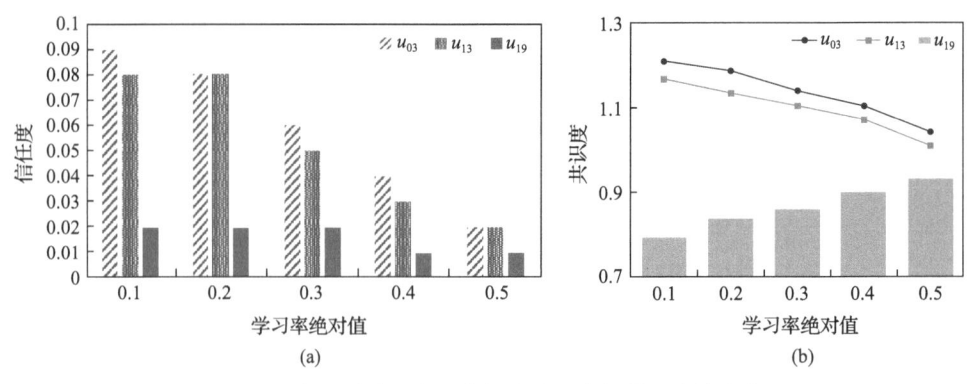

图 4.5 在不同学习率下信任度的变化与共识度的变化

值得说明的是,本例的共识阈值为[0.8,1.1],此取值区间由主观确定。若设置共识阈值为[0.8,1.2],则当学习率绝对值大于 0.1 时,评价个体的共识度即可满足共识阈值。

2. 参数 λ 对群体推荐模型的鲁棒性分析

为了分析参数 λ 对评价个体的信任度和群组评价排名结果的影响,假设 $\lambda=[0.1,0.2,0.3,0.4,0.5,0.6,0.7,0.8,0.9]$。由表 4.9 可以看出,在 λ 取不同的值时,每个评价单元对应的 VIKOR 值不同,但最终的评价单元排名结果保持不变,这意味着 λ 的变化不影响群组评价结果。

表 4.9 在不同 λ 情况下群组评价的排名结果

评价单元	0.1	0.2	0.3	0.4	0.5	0.6	0.7	0.8	0.9	排名
a_1	0.384	0.484	0.584	0.684	0.784	0.884	0.984	1.084	1.184	6
a_2	0.223	0.266	0.309	0.351	0.394	0.437	0.480	0.523	0.566	4
a_3	0.104	0.117	0.130	0.142	0.155	0.167	0.180	0.193	0.205	2
a_4	0	0	0	0	0	0	0	0	0	1
a_5	0.112	0.127	0.141	0.155	0.170	0.184	0.199	0.213	0.227	3
a_6	0.275	0.333	0.391	0.449	0.507	0.565	0.623	0.681	0.740	5

(四)对比分析

此外,为了验证基于动态信任网络的群组评价方法的有效性,此处将其与基于犹豫模糊偏好关系的社会网络群组决策方法(hesitant fuzzy preference relations-based social network group decision making,HFPR-SNGDM)(Wu et al., 2020)、基于直觉模糊偏好关系的群组决策方法(intuitionistic fuzzy preference relations-based group decision making,IFPR-GDM)(Chen and Lin,2014)、基于判断调整与反馈机制的大规模群组决策方法(judgment adjustment and feedback mechanism-based large-scale group decision making，JAFC-LSGDM)(Gai et al.，2020)、基于模糊偏好关系与社会网络的大规模群组决策方法(large-scale group decision making with fuzzy preference relations and social network，LSGDM-FPRSN)(Chu et al.，2020)、基于信任关系与动态演化的群组决策方法(trust-based group decision making with evolutionary updating，TGDM-EU)(Taghavi et al.，2020)等方法进行比较。

之所以选择以上六种方法进行对比，主要原因是这些方法既具有相似之处，也有差异。相似之处如下：①这些模型都是基于模糊偏好关系构建的，这使得模型更具可比性，避免了数据形式不同导致的各种结果之间的偏差；②这些模型都对群组共识度进行了测度。

差异主要表现如下：首先，模糊偏好关系矩阵是否完整，在 LSGDM-FPRSN 和 TGDM-EU 中，模糊偏好关系矩阵是缺失的、不完整的，它们各提出了一种填补缺失值的方法，以获得完整的模糊偏好关系矩阵；其次，信任网络是否融入群组评价过程，IFPR-GDM 没有考虑评价个体之间的信任网络对群组评价结果的影响；最后，是否存在反馈调节机制，IFPR-GDM 和 HFPR-SNGDM 均不存在反馈机制，其他方法考虑了反馈机制，这使得群组评价活动能够迅速达成共识。表4.10列出了这些方法之间的具体差异。

表 4.10 不同群组评价方法的对比

方法	偏好方式	信任网络	决策矩阵	共识达成	反馈机制
HFPR-SNGDM	犹豫模糊偏好关系	有	完整	有	无
IFPR-GDM	区间模糊偏好关系	无	完整	有	无
JAFC-LSGDM	互惠偏好关系	有	完整	有	有
LSGDM-FPRSN	模糊偏好关系	有	残缺	有	有
TGDM-EU	模糊偏好关系	有	残缺	有	有
本节所提方法	模糊偏好关系	有	完整	有	有

表4.11 显示了六种群组评价方法的结果。从表4.11中可以看出，LSGDM-

表 4.11 不同群组评价方法结果的对比

方法	a_1	a_2	a_3	a_4	a_5	a_6	共识度
HFPR-SNGDM	6	5	2	1	3	4	0.815
IFPR-GDM	6	5	2	1	3	4	0.792
JAFC-LSGDM	5	4	2	1	3	6	0.849
LSGDM-FPRSN	6	4	2	1	3	5	0.847
TGDM-EU	6	4	2	1	3	5	0.854
本节所提方法	6	4	2	1	3	5	0.891

FPRSN、TGDM-EU 和本节提出的基于动态信任网络的群组评价方法的评价对象的排序结果保持一致，但本节提出的基于动态信任网络的群组评价方法的群组共识度(0.891)高于 LSGDM-FPRSN(0.847)和 TGDM-EU(0.854)。这是因为这三种方法都基于模糊偏好关系矩阵，并将群组评价过程中的信任关系和反馈调节机制整合到模型中。

由于本节提出的基于动态信任网络的群组评价方法考虑了信任网络的动态特性，评价结果更加可信。从结果来看，HFPR-SNGDM、IFPR-GDM 和 JAFC-LSGDM 的群组评价结果和群组共识度与本节提出的基于动态信任网络的群组评价方法不一致。主要原因如下：①IFPR-GDM 没有考虑评价个体之间的信任关系，因此，它不能有效地反映评价个体之间的信任关系；②HFPR-SNGDM 和 IFPR-GDM 都没有考虑群组评价的反馈机制，这使得其在群组评价过程中难以达到令人满意的共识度。

本 章 小 结

本章在动态评价的框架下讨论了变权综合方式处理杠杆效应的机制，提出了多阶段动态变权和多轮次动态变权两类评价方法。

对于多阶段动态变权群组评价问题，首先测算个体在各阶段的满意偏好，引入个体稳定性的测度，并以此为基础进行了变权综合处理，从而得出群组的满意偏好。

针对多轮次动态变权群组评价问题，考虑评价信息在各轮次的变动及同一轮次内的评价信息分布。从横向方面，分析同一个轮次中各评价个体评价信息的关联；从纵向方面，测评各评价个体的影响力在不同轮次间的波动，结合群组共识的一致性约束条件，进行变权分配。

从应用案例的结果来看，动态变权处理可以利用评价过程信息，体现个体变化特征，避免杠杆效应，并达到个体意见的一致性。

针对动态信任网络群组评价问题，本章还提出了一种基于动态信任网络的群组评价方法。在该框架中，提出了一种基于动态决策的信任网络动态调整机制：一方面，对于愿意修改上一阶段决策信息的评价个体，调整其模糊偏好信息；另一方面，对于不愿修改上一阶段决策信息的评价个体，由于决策信息缺乏足够的代表性和说服力，为尽快达成共识，降低决策成本，应调整其信任度，从而避免在对个体意见进行集成时出现群组评价的杠杆效应。

第五章　基于静态信念网络的杠杆效应处理机制

第三章和第四章主要针对综合评价的权重要素，分别采用了静态和动态的视角，通过个体变权，以实现对群组评价杠杆效应的有效处理。该思路是一种"柔性"的评价处理方式，基于评价个体的特征变化而开展。评价个体之间在评价观点上存在相互影响，如权威影响、跟随评价等行为。因此，在评价过程中，考察评价个体之间的依赖关系，适当形成合理的关系网络以消除杠杆效应是十分必要的。本章将利用个体信念网络关系，以个体信念为交互动力讨论评价机制的设计问题。

第一节　群组评价中的个体信念与网络

在群组评价中，个体往往依据自身判断和参考他人观点的综合方式给出量化判断。在给出量化判断的过程中，自身判断往往是有自信度的；在参考他人观点时，也存在他人观点的可信度。显然，这些带有信任程度的评价观点在群组内会存在一种网络结构。如果要在这种网络结构下，通过个体间交互的方式，实现群组意见的集中，避免群组评价的杠杆效应，就需要研究网络特征与群组交互方式、网络结构与个体权重分配等问题。

一、群组评价中的信念

在综合评价中，评价信息往往通过两种方式给出：一种是主观判断；另一种是基于客观指标。当需要个体参与评价信息的量化时，无论这些信息的来源是主观还是客观，都会由于评价个体之间存在异质性，可能给出有分歧的结论，这也是杠杆效应的表现。

群组评价中的评价个体在专业知识背景、对评价标准的把握能力等方面的差异性较大。群组评价观点出现分歧，甚至产生杠杆效应，也是较为常见的。实际上，这些因素的综合作用使得评价个体对自身所给的评价值有着不同的确信程度，称为信念的差异。

在群组评价中，个体的信念包括两类：自信信念和依赖信念。前者是指评价个体对自身所持观点的认同度；后者是指评价个体对群组中其他个体观点的认同度。显然，个体对自己的经验、知识与评价能力越自信，其给出的评价信息越不容易受到其他个体的影响。同时，个体的观点与其他个体观点的分歧程度也会影响对自身所持观点的确信程度。

因此，自信信念与依赖信念均可从自信度、群组中他人观点与自身观点的相似度这两个方面开展测度。自信信念与依赖信念相互影响、相互作用，形成一套完整的信念系统并作用于群组评价活动中。由于评价个体之间的信念关系错综复杂，本节欲构建信念网络，对群组评价方法进行研究。

二、信念网络及其表示方式

(一) 基本定义

个体的信念主要受自信度、自身与他人观点的相似度这两方面的影响。群组评价中评价个体之间的信念关系可形成一个信念网络，记为 $G=(V,E)$，其中，V 为信念网络中的节点，由参与评价的所有评价个体组成；E 为信念网络中节点之间的边，表示个体信念之间的联系。根据前面的分析，信念网络中每条边的特征值可通过结合自信度、自身与他人观点的相似度进行测算。

假定有 n 位评价个体参与群组评价问题，个体在给出评价值的同时，也可给出一个自信度向量，记为 $T=[t_1,t_2,\cdots,t_i,\cdots,t_n]$，其中，$t_i$ 为第 i 位评价个体的自信度。同时，依据评价信息矩阵，可得到评价个体之间的观点相似度矩阵，记为 $R=\left[r_{ij}\right]_{n\times n}$，其中，$r_{ij}$ 为评价个体 i、j 之间的观点相似度。

结合自信度向量 $T=[t_1,t_2,\cdots,t_i,\cdots,t_n]$ 和观点相似度矩阵 $R=\left[r_{ij}\right]_{n\times n}$，可计算评价个体 i 的自信信念 (b_{ii})、评价个体 i 对评价个体 $j(j=1,2,\cdots,n;\ j\neq i)$ 的依赖信念 (b_{ij}):

$$b_{ii} = \alpha t_i + \beta \left(t_i \frac{\sum_{j=1,j\neq i}^{n} r_{ij}}{n-1} \right) \tag{5.1}$$

$$b_{ij} = \alpha(1-t_i) + \beta(t_i r_{ij}) \tag{5.2}$$

式中，α 为自信度对信念的影响力系数；β 为观点相似度对信念的影响力系数，且满足条件 $\alpha+\beta=1$。

评价个体之间的信念关系由自信信念 b_{ii} 和依赖信念 b_{ij} 来综合度量，表示为矩阵 $B=\left[b_{ij}\right]_{n\times n}$。评价个体 i 除具有自信信念 b_{ii} 以外，还会对其他个体产生依赖信念 $b_{ij}(j=1,2,\cdots,n;\ j\neq i)$。评价个体之间可能存在量纲差异，因此，需要进行归一化处理，由此可得信念网络关系矩阵 $B' = \left[b'_{ij} \right]_{n \times n}$，其中，信念度 b'_{ij} 为

$$b'_{ij} = \frac{b_{ij}}{b_{ii} + \sum_{j=1, j \neq i}^{n} b_{ij}} \tag{5.3}$$

显然，有 $b'_{ij} + \sum_{j=1, j \neq i}^{n} b'_{ij} = 1$ 成立。

(二) 表示方法

在社会网络分析方法中，通常采用邻接矩阵法和图示法来描述网络（刘军，2009）。此处采用类似的方式来表示群组评价中的信念网络。

1. 信念矩阵法

信念矩阵与邻接矩阵类似，是将信念网络中各个节点对之间的信念关系以矩阵的形式展现出来。矩阵中的数值表示两节点对之间的信念关系，具体形式如下：

$$B' = \begin{bmatrix} b'_{11} & b'_{12} & \cdots & b'_{1n} \\ b'_{21} & b'_{22} & \cdots & b'_{2n} \\ \vdots & \vdots & & \vdots \\ b'_{n1} & b'_{n2} & \cdots & b'_{nn} \end{bmatrix}$$

式中，b'_{ij} 为个体 i 对个体 j 的依赖信念；b'_{ii} 为个体 i 的自信信念。当 $b'_{ij} = b'_{ii}$ 时，信念网络关系矩阵 B' 为对称矩阵。若 $B'^t = \left[b'^t_{ij} \right]_{n \times n}$ 随动态因素 t 变化，则可形成一个动态网络。

2. 图示法

图示法是以个体为节点，将个体之间的信念关系以连线的方式进行表示。假设现有 4 位评价个体 (e_1, e_2, e_3, e_4)，其信念度为 $b'_{ij} (i, j = 1, 2, 3, 4)$，其信念网络的具体形式见图 5.1。

在图 5.1(a) 所示的无向信念网络中，任意两位评价个体的信念关系是相互的；在图 5.1(b) 所示的有向信念网络中，这种关系则是单向的。当 $b'_{ij} = 0$ 时，节点 i 与节点 j 之间无连线，表示两者没有联系；当 $b'_{ij} \neq 0$ 时，节点 j 与节点 i 之间有连线，且其边的长度为 $1/b'_{ij}$。

在动态信念网络中，由于评价个体的观点会发生更新，个体之间的信念关系也会发生变化。网络中边的值会随评价值的更新而不断变化。

(a) 无向信念网络　　　　　　　　(b) 有向信念网络

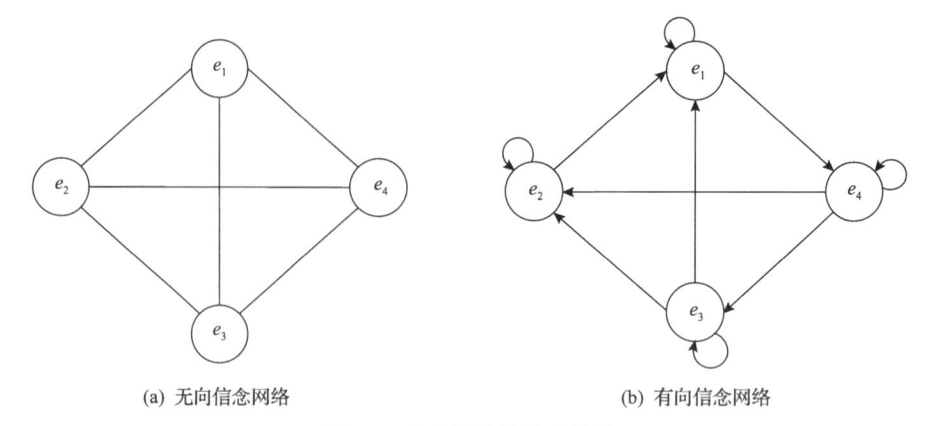

图 5.1　信念网络的基本分类

当评价个体的数量较少时，图示法是一个十分直观的表示方法；在大规模的群组评价情形中，信念矩阵法更为合适。例如，四位评价个体 e_1, e_2, e_3, e_4 的自信度向量为 $T = [0.3, 0.6, 0.4, 0.8]$，经计算，个体间的观点相似度矩阵如表 5.1 所示。不失一般性，将影响力系数 α 和 β 均设为 0.5。利用式(5.1)~式(5.3)，可得到个体间的信念网络关系矩阵，见表 5.2。

表 5.1　个体间的观点相似度矩阵 R

评价个体	e_1	e_2	e_3	e_4
e_1	1.0	0.6	0.7	0.5
e_2	0.6	1.0	0.5	0.9
e_3	0.7	0.5	1.0	0.6
e_4	0.5	0.9	0.6	1.0

表 5.2　个体间的信念网络关系矩阵 B'

评价个体	e_1	e_2	e_3	e_4
e_1	0.15	0.28	0.29	0.27
e_2	0.22	0.29	0.21	0.28
e_3	0.28	0.25	0.20	0.27
e_4	0.17	0.26	0.19	0.38

除可以用表 5.2 中的矩阵表示之外，还可以用图示法展示四位评价个体之间的信念网络。具体步骤如下：首先，对信念度 b'_{ij} 进行取倒数处理，可得依赖度，见表 5.3；其次，根据表 5.3 可得信念网络结构，如图 5.2 所示。

表 5.3　个体间的信念依赖度

评价个体	e_1	e_2	e_3	e_4
e_1	6.50	3.55	3.43	3.67
e_2	4.47	3.40	4.86	3.62
e_3	3.59	3.95	4.94	3.76
e_4	5.89	3.85	5.20	2.65

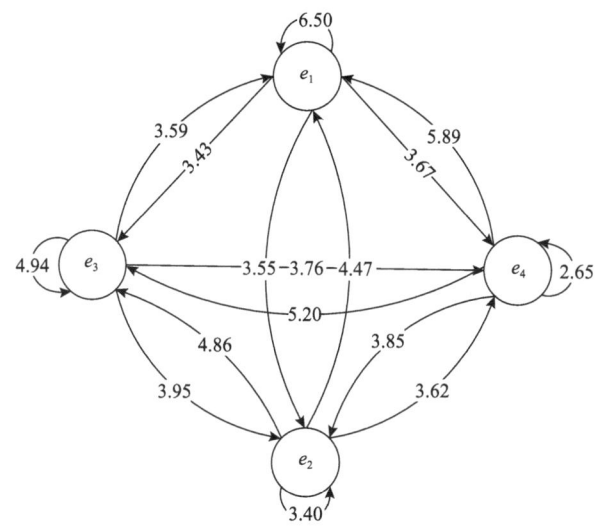

图 5.2　信念网络结构图例

从图 5.2 中可以看出，个体 e_2 和 e_4 的自信信念较强，同时，其他个体对其的依赖信念也较强。就自信信念较弱的个体 e_1 和 e_3 而言，虽然个体 e_3 与 e_1 的观点相似度高，但个体 e_3 对 e_1 的依赖信念较强。

三、信念的测算

评价个体之间的信念关系是群组评价的重要影响因素，合理地考虑信念关系，将有助于提升群组评价的科学性。根据前面所述，信念是通过对自信度和观点相似度的综合计算而得出的。因此，本节将重点对自信度的获取途径、观点相似度的测算方法进行介绍。

（一）基于自信度的信念

群组中的每位个体均会受到其他个体的影响。当个体之间相互了解时，其他个体的专业水平、学术影响力等先验信息会影响个体的自信度。当个体之间相互不了解时，个体只能在评价过程中搜寻相关信息，以便调整其自信度。此处将设计两种情形：静态评价和动态评价，分别讨论自信度的构建。

1. 静态评价情形下的自信度构建

在静态评价情形下，评价个体的自信度的获取方式主要为个体自评。进一步地，根据自评结果的确信度，又可以分为两类：简单自评和不确信自评。在评价环境较为简单时，由于个体之间较为了解，个体自评方式给出自信度的可靠性较高，个体往往用实数的形式给出评价值，同时给出自信度。

然而，在复杂情形下（如评价个体规模较大、对其他评价个体不熟悉等），个体无法给出精确的自信度，往往会提供一类非精确的数值来表示这种自信，常见的有区间数（interval number）（程砚秋，2015；达庆利和徐泽水，2002，2003）、语言数（李海涛等，2017）、直觉模糊数（intuitionistic fuzzy number，IFN）（Wang，2008）、区间值直觉模糊数（interval-valued intuitionistic fuzzy number，IVIFN）（Wang et al.，2013）等。其中，区间数（值）形式在日常生活中较为常见且容易理解，基于此，下面将讨论不确定情形下的信念网络评价问题。

2. 动态评价情形下的自信度构建

在动态评价情形下，信念网络并非一次性取得的。但由于可能存在动态交互、多阶段或者多个时间点下的多次评价行为，信念网络的构建较为复杂，有可能需要经历多次调整和优化的过程。因此，在评价过程中需要建立控制机制，以判断信念网络的关系是否达到预期的要求。

在动态评价过程中，个体间评价观点的差异程度会发生变化，因此，也需要建立评价观点的循环修正、个体观点分歧的控制和动态网络的综合集成机制。

（二）基于相似度的测算

为了确定评价个体之间的信念关系，需要测算个体间的观点相似度。常见的测度方法主要有两类：距离测度法、相似性函数法（张宇等，2009）。

1. 距离测度法

距离测度法直观简单，常用于测度评价个体之间的相似性（袁洪芳等，2014；张延吉等，2017）。对于距离测度，常用的有闵可夫斯基距离（Minkowski distance）、欧氏距离、马哈拉诺比斯距离（Mahalanobis distance）等，其中，欧氏距离应用最为广泛。

两位个体 i 与 j 的评价值序列分别记为 $p_i = (p_{i1}, p_{i2}, \cdots, p_{im})$ 和 $p_j = (p_{j1}, p_{j2}, \cdots, p_{jm})$，那么两位个体 i、j 间的欧氏距离 d_{ij} 可表示为

$$d_{ij} = \left[\sum_{k=1}^{m}(p_{ik}-p_{jk})^2\right]^{\frac{1}{2}} \tag{5.4}$$

基于距离 d_{ij}，可计算个体的观点相似度 r_{ij}：

$$r_{ij} = 1 - d_{ij} \tag{5.5}$$

2. 相似性函数法

除了距离测度法，另一种测度评价个体之间相似性的常见思路是相似性函数法，主要有夹角余弦法(孙晓东和冯学钢，2014；万树平，2008)、相关系数法(郭鹏等，2016)等。

当采用夹角余弦法时，两位个体 i、j 的观点相似度可表示为

$$r_{ij} = \cos(p_i, p_j) = \frac{\sum_{k=1}^{m} p_{ik} p_{jk}}{\sqrt{\sum_{k=1}^{m} p_{ik}^2 \sum_{k=1}^{m} p_{jk}^2}} \tag{5.6}$$

若采用相关系数法，则有

$$r_{ij} = \frac{\text{cov}(p_i, p_j)}{\sqrt{\text{cov}(p_i, p_i)\text{cov}(p_j, p_j)}} \tag{5.7}$$

式中，$\text{cov}(p_i, p_i) = \frac{1}{n-1}\sum_{k=1}^{m}(p_{ik}-\bar{p}_i)^2$，$\text{cov}(p_j, p_j) = \frac{1}{n-1}\sum_{k=1}^{m}(p_{jk}-\bar{p}_j)^2$，$\text{cov}(p_i, p_j) = \frac{1}{n-1}\sum_{k=1}^{m}(p_{ik}-\bar{p}_i)(p_{jk}-\bar{p}_j)$。因此，有简洁计算公式：

$$r_{ij} = \frac{\sum_{k=1}^{m}(p_{ik}-\bar{p}_i)(p_{jk}-\bar{p}_j)}{\sqrt{\sum_{k=1}^{m}(p_{ik}-\bar{p}_i)^2 \sum_{k=1}^{m}(p_{jk}-\bar{p}_j)^2}} \tag{5.8}$$

由式(5.4)、式(5.6)和式(5.8)可知，欧氏距离测度法易受极端值的影响，而夹角余弦法与相关系数法都能较好地度量向量之间的相似度，故本节采用夹角余弦法对观点相似度进行测度。

第二节 基于确定型信念网络的杠杆效应处理方法

个体在给出评价判断时可能采用精确的数值，也可能采用较为模糊的数值，由此产生了两类评价信念。本节将讨论基于精确型数值来表示评价信息，进而形成确定型信念网络的情形。

一、问题概述

假设在一个群组评价问题中，记评价个体集为 $E = [e_1, e_2, \cdots, e_i, \cdots, e_n]$，其中，$e_i$ 为第 i 位评价个体，$W = [\omega_1, \omega_2, \cdots, \omega_i, \cdots, \omega_n]$ 为个体权重集合且满足 $\sum_{i=1}^{n} \omega_i = 1$，评价单元集为 $O = [o_1, o_2, \cdots, o_j, \cdots, o_m]$。任意一位评价个体 e_i 对评价单元 o_j 开展评分，记为 $p_{ij}(i=1,2,\cdots,n; j=1,2,\cdots,m)$。此时，有评价信息矩阵：

$$P = \begin{bmatrix} p_{11} & p_{12} & \cdots & p_{1m} \\ p_{21} & p_{22} & \cdots & p_{2m} \\ \vdots & \vdots & & \vdots \\ p_{n1} & p_{n2} & \cdots & p_{nm} \end{bmatrix}$$

一般而言，涉及个体定量判断的研究往往可根据判断给出的定量程度分为确定型群组评价和不确定型群组评价。其中，确定型群组评价是指评价个体以实数形式给出信念量化相关信息的情形。评价个体在给出评价值的同时，要求其提供辅助信息，即评价结论的自信度向量。例如，给出实数形式的自信度向量 $T = [t_1, t_2, \cdots, t_i, \cdots, t_n]$，其中，$t_i$ 的取值范围为 $[0,1]$，其值越接近 1，表示个体 e_i 越自信。

二、确定型静态信念网络的构建思路

自信信念与依赖信念是构成评价个体信念网络的基础内容。对于确定型静态信念网络的构建，可从个体之间的观点相似度出发进行讨论。这里采用夹角余弦法计算个体间的观点相似度矩阵 R：

$$R = \begin{bmatrix} r_{11} & r_{12} & \cdots & r_{1n} \\ r_{21} & r_{22} & \cdots & r_{2n} \\ \vdots & \vdots & & \vdots \\ r_{n1} & r_{n2} & \cdots & r_{nn} \end{bmatrix}$$

式中，r_{ij} 为个体 e_i、e_j 的观点相似度，计算式为

$$r_{ij} = \frac{\sum_{k=1}^{m} p_{ik} p_{jk}}{\sqrt{\sum_{k=1}^{m} p_{ik}^2 \sum_{k=1}^{m} p_{jk}^2}}$$

在观点相似度矩阵 R 的基础上，结合自信度向量 T，可计算自信信念 b_{ii} 和依赖信念 b_{ij}。其中，b_{ii}、b_{ij} 分别利用式(5.1)和式(5.2)计算。在构建信念关系矩阵 $B = [b_{ij}]_{n \times n}$ 后，按列对其进行归一化处理，可得到信念网络关系矩阵 $B' = [b'_{ij}]_{n \times n}$，具体计算可采用式(5.3)。

三、评价机制设计与方法步骤

在确定型静态信念网络的情形下，评价方法的设计需要重点解决个体权重的分配、个体观点的综合及效率评价等问题。由于信念既包含评价个体的先验信息——自信，也包含评价过程中的评价信息——观点相似度，研究思路如下：从评价个体之间的信念关系出发，结合社会网络分析技术来分配评价个体的权重并计算综合评价值。通过考虑个体间的信念关系来弱化评价个体的观点分歧，进而更为全面地兼顾全体评价个体的观点，最终提高评价结果的有效性和科学性。

（一）基于信念网络的个体权重分配

群组评价中，评价个体在持有自信信念的同时，又通过依赖信念与其他个体发生关联。若某个体在网络中处于中心位置，即该个体与其他大部分个体具有紧密的联系特征，则可以认为该个体的重要性较高。这种特征可通过个体中心度来进行反映，其定义如下。

定义 5.1：在个体集合 $E = [e_1, e_2, \cdots, e_i, \cdots, e_n]$ 中，定义个体 e_i 的中心度为

$$C_D(e_i) = \frac{\sum_{j=1}^{n} b'_{ij}}{n} \tag{5.9}$$

实际上，个体中心度综合地表现了某些节点与其他节点的联系程度。由于信念受自信信念和依赖信念的影响，$C_D(e_i)$ 值越大，其自信度越高，个体 e_i 对其他个体的信念依赖也将越强。因此，个体中心度能较好地反映个体在群组中的位置，可以作为个体权重的赋权依据。

在遍历地计算所有的个体中心度后，经归一化处理，个体 e_i 的权重可表示为

$$\omega_i = \frac{C_D(e_i)}{\sum_{i=1}^{n} C_D(e_i)} \tag{5.10}$$

满足 $0 \leqslant \omega_i \leqslant 1$，且 $\sum_{i=1}^{n} \omega_i = 1$。

由于进行了归一化处理，在信念网络中，有关系式 $b'_{ii} + \sum_{j=1, j \neq i}^{n} b'_{ij} = 1$ 成立，即 $\sum_{i=1}^{n} \sum_{j=1}^{n} b'_{ij} = n$，从而可得 $\frac{\sum_{i=1}^{n} \sum_{j=1}^{n} b'_{ij}}{n} = 1$。由式 (5.9) 可知，$C_D(e_i) = \frac{\sum_{j=1}^{n} b'_{ij}}{n}$，故有 $\sum_{i=1}^{n} C_D(e_i) = \frac{\sum_{i=1}^{n} \sum_{j=1}^{n} b'_{ij}}{n} = 1$ 成立，即有 $\omega_i = \frac{C_D(e_i)}{\sum_{i=1}^{n} C_D(e_i)} = C_D(e_i)$。

(二) 个体信息的综合

利用评价个体的权重向量 $W = [\omega_1, \omega_2, \cdots, \omega_i, \cdots, \omega_n]$，采用简单加权平均方法将评价信息矩阵 $P = [p_{ij}]_{n \times m}$ 进行综合，可计算综合评价值向量 $P' = [p_1, p_2, \cdots, p_i, \cdots, p_n]$。评价单元 o_j 的综合评价值 p_j 的计算式为

$$p_j = \sum_{i=1}^{n} \omega_i p_{ij} = \omega_1 p_{1j} + \omega_2 p_{2j} + \cdots + \omega_i p_{ij} + \cdots + \omega_n p_{nj} \tag{5.11}$$

(三) 评价效率的衡量

虽然群组的综合评价值与个体的评价观点之间往往存在差异，但如果两者较为相似，那么评价个体对群组的最终评价结论较为满意。因此，在具有网络结构的情形下，评估群组评价方法的效率究竟如何，需要测算群组对综合评价值的满意度。作者的思路如下：逐一计算各评价个体与群组综合评价值的相似度，利用总相似度的均值进行判断。

首先，利用个体评价值向量和综合评价值向量 P'，遍历地计算评价个体 e_i 与群组评价观点的相似度：

$$r_i = \frac{\sum_{k=1}^{m} p_{ik} p_k}{\sqrt{\sum_{k=1}^{m} p_{ik}^2 \sum_{k=1}^{m} p_k^2}} \tag{5.12}$$

从而可以得到相似度向量 $R' = [r_1, r_2, \cdots, r_i, \cdots, r_n]$。

其次，计算相似度的均值，采用如下定义进行计算。

定义 5.2：设各评价个体的评价值与群组综合评价值之间的相似度向量为 $R' = [r_1, r_2, \cdots, r_i, \cdots, r_n]$，则群组综合满意度 δ 为

$$\delta = \frac{\sum_{i=1}^{n} r_i}{n} \tag{5.13}$$

（四）方法步骤

基于确定型信念网络的群组评价方法的步骤归纳如下。

(1) 要求评价个体给出评价信息矩阵 $P = [p_{ij}]_{n \times m}$，同时提供自信度向量 $T = [t_i]_{1 \times n}$。

(2) 利用式(5.6)，计算评价个体间的观点相似度矩阵 $R = [r_{ij}]_{n \times n}$。

(3) 分别利用式(5.1)和式(5.2)，计算各评价个体的自信信念 b_{ii} 与依赖信念 b_{ij}，构建个体间的信念关系矩阵 $B = [b_{ij}]_{n \times n}$。

(4) 利用式(5.3)，对信念关系矩阵 $B = [b_{ij}]_{n \times n}$ 进行归一化处理，得到评价个体之间的信念网络关系矩阵 $B' = [b'_{ij}]_{n \times n}$。

(5) 利用式(5.9)和式(5.10)，计算各评价个体的中心度 $C_D(e_i)$，并分配个体权重 $\omega_i = C_D(e_i)$。

(6) 利用式(5.11)，计算群组对于各评价单元的综合评价值 p_j。

(7) 利用式(5.12)和式(5.13)，计算群组综合满意度，以评估评价效率。

四、应用案例

（一）问题描述与研究设计

某学院根据年度学生科技计划，欲评选 5 个项目立项资助。现有 10 位学生申报了项目 $o_j (j = 1, 2, \cdots, 10)$，为保证立项资助的公平、公正，邀请 5 位教师代表

(e_1,e_2,e_3,e_4,e_5)和 5 位学生代表(e_6,e_7,e_8,e_9,e_{10})组成评审组开展评价。学院要求评委根据评价标准对所有候选人进行评分,且分值区间为[0,1]。评价个体评分信息见表 5.4。

表 5.4 学科科技项目立项评审评分信息

评价个体	o_1	o_2	o_3	o_4	o_5	o_6	o_7	o_8	o_9	o_{10}
e_1	0.4	0.5	0.7	0.9	0.8	0.4	0.8	0.6	0.5	0.5
e_2	0.3	0.7	0.8	0.3	0.5	0.6	0.9	0.8	0.6	0.3
e_3	0.5	0.6	0.6	0.7	0.4	0.7	0.6	0.9	0.5	0.6
e_4	0.5	0.9	0.8	0.9	0.6	0.5	0.7	0.5	0.7	0.5
e_5	0.2	0.7	0.8	0.8	0.2	0.7	0.6	0.7	0.6	0.7
e_6	0.8	0.2	0.4	0.5	0.3	0.9	0.4	0.1	0.2	0.9
e_7	0.4	0.7	0.7	0.8	0.5	0.9	0.4	0.6	0.7	0.6
e_8	0.6	0.6	0.6	0.6	0.4	0.7	0.6	0.8	0.7	0.3
e_9	0.8	0.6	0.8	0.9	0.8	0.2	0.7	0.3	0.2	0.5
e_{10}	0.7	0.6	0.5	0.7	0.6	0.8	0.8	0.9	0.6	0.8

在实际应用中,群组中可能存在偏执个体,其特点是在很多情况下固执己见,也称盲目自信。即使该个体自身专业知识并不丰富,其给出的评价不完全符合客观实际,也会给出较高的自信度。因此,为了说明现实问题,此处设计了存在偏执个体、不存在偏执个体两种情形,并分别进行计算和分析。

对于这两种情形,在利用自信度向量 T 和观点相似度矩阵 R 进行信息集成时,影响力系数 α 和 β 的设定应有所差异,可采用的赋值标准如下:①对于不存在偏执个体的情形,将 α 和 β 均设定为 0.5;②对于存在偏执个体的情形,将 α 和 β 分别设为 0.2 和 0.8。

之所以采用上述赋值规则,是因为偏执个体的典型特征是盲目自信,对于自身判断,往往会给出较高的自信度,在一定程度上会驱动群组评价值偏向于自身的评价值,从而产生杠杆效应。但实际上,偏执个体在群组中的中心度并不高,在此情形下,如果将其自信度的影响力系数 α 设置为一个较大的值,那么显然是不合理的。

另外,为了进行两类情形下评价结果的对比,下面将采用相同的案例开展计算。计算过程借助 MATLAB 软件,具体代码见附录 5。

(二)不存在偏执个体的情形

按照前面的计算步骤,案例应用的计算过程可归纳如下。

(1)学院在收集10位评价个体的评价打分时,要求评价个体也提供各自的自信度,见表5.5。从表5.5中可以发现,教师代表的自信度较高,而学生代表的自信度相对较低。

表 5.5　不存在偏执个体情形下的个体自信度

评价个体	自信度	评价个体	自信度
e_1	0.6	e_6	0.2
e_2	0.7	e_7	0.3
e_3	0.6	e_8	0.4
e_4	0.5	e_9	0.3
e_5	0.6	e_{10}	0.4

(2)利用式(5.6),可得到评价个体间的观点相似度矩阵 R,具体结果见表5.6。从表5.6中可以发现,评价个体 e_6、e_9 与其他评价个体的观点相似度均较低;评价个体 e_3、e_{10} 与其他评价个体的观点相似度较高。同时,结合表5.5的数据可以发现,评价个体 e_3 的自信度较高,因此评价个体 e_3 的观点能够被其他评价个体认同。

表 5.6　不存在偏执个体情形下的观点相似度矩阵

评价个体	e_1	e_2	e_3	e_4	e_5	e_6	e_7	e_8	e_9	e_{10}
e_1	1.0000	0.9173	0.9419	0.9686	0.9194	0.7714	0.9273	0.8950	0.9488	0.9431
e_2	0.9173	1.0000	0.9391	0.9280	0.9188	0.6989	0.9077	0.9271	0.8263	0.9253
e_3	0.9419	0.9391	1.0000	0.9480	0.9693	0.8270	0.9687	0.9438	0.8670	0.9869
e_4	0.9686	0.9280	0.9480	1.0000	0.9478	0.7794	0.9612	0.9187	0.9325	0.9367
e_5	0.9194	0.9188	0.9693	0.9478	1.0000	0.7996	0.9662	0.8865	0.8374	0.9370
e_6	0.7714	0.6989	0.8270	0.7794	0.7996	1.0000	0.8427	0.7476	0.7925	0.8678
e_7	0.9273	0.9077	0.9687	0.9612	0.9662	0.8427	1.0000	0.9072	0.8529	0.9530
e_8	0.8950	0.9271	0.9438	0.9187	0.8865	0.7476	0.9072	1.0000	0.8119	0.9527
e_9	0.9488	0.8263	0.8670	0.9325	0.8374	0.7925	0.8529	0.8119	1.0000	0.8775
e_{10}	0.9431	0.9253	0.9869	0.9367	0.9370	0.8678	0.9530	0.9527	0.8775	1.0000

(3)根据式(5.1)和式(5.2),计算评价个体间的信念关系矩阵 $B = \left[b_{ij}\right]_{n \times n}$,具体结果见表5.7。

表 5.7 不存在偏执个体情形下的信念关系矩阵

个体	e_1	e_2	e_3	e_4	e_5	e_6	e_7	e_8	e_9	e_{10}
e_1	0.5744	0.4752	0.4826	0.4906	0.4758	0.4314	0.4782	0.4685	0.4846	0.4829
e_2	0.4710	0.6607	0.4787	0.4748	0.4716	0.3946	0.4677	0.4745	0.4392	0.4739
e_3	0.4826	0.4817	0.5797	0.4844	0.4908	0.4481	0.4906	0.4831	0.4601	0.4961
e_4	0.4921	0.4820	0.4870	0.4811	0.4870	0.4448	0.4903	0.4797	0.4831	0.4842
e_5	0.4758	0.4756	0.4908	0.4843	0.5727	0.4399	0.4899	0.4660	0.4512	0.4811
e_6	0.4771	0.4699	0.4827	0.4779	0.4800	0.1792	0.4843	0.4748	0.4793	0.4868
e_7	0.4891	0.4862	0.4953	0.4942	0.4949	0.4764	0.2881	0.4861	0.4779	0.4930
e_8	0.4790	0.4854	0.4888	0.4837	0.4773	0.4495	0.4814	0.3776	0.4624	0.4905
e_9	0.4923	0.4739	0.4801	0.4899	0.4756	0.4689	0.4779	0.4718	0.2791	0.4816
e_{10}	0.4886	0.4851	0.4974	0.4873	0.4874	0.4736	0.4906	0.4905	0.4755	0.3862

(4)对信念关系矩阵进行归一化处理后,可得到评价个体之间的信念网络关系矩阵 B',结果见表 5.8。从表 5.8 中可以发现,评价个体 e_2 在群组中的影响力较强,其评审意见应赋予更高的权重。

表 5.8 不存在偏执个体情形下的信念网络关系矩阵

评价个体	e_1	e_2	e_3	e_4	e_5	e_6	e_7	e_8	e_9	e_{10}
e_1	0.1186	0.0981	0.0996	0.1013	0.0982	0.0891	0.0987	0.0967	0.1000	0.0997
e_2	0.0980	0.1374	0.0996	0.0988	0.0981	0.0821	0.0973	0.0987	0.0914	0.0986
e_3	0.0985	0.0984	0.1184	0.0989	0.1002	0.0915	0.1002	0.0987	0.0940	0.1013
e_4	0.1023	0.1002	0.1012	0.1000	0.1012	0.0925	0.1019	0.0997	0.1004	0.1006
e_5	0.0986	0.0985	0.1017	0.1003	0.1186	0.0911	0.1015	0.0965	0.0935	0.0997
e_6	0.1062	0.1046	0.1075	0.1064	0.1068	0.0399	0.1078	0.1057	0.1067	0.1084
e_7	0.1045	0.1039	0.1058	0.1056	0.1057	0.1018	0.0615	0.1038	0.1021	0.1053
e_8	0.1024	0.1038	0.1045	0.1035	0.1021	0.0961	0.1030	0.0808	0.0989	0.1049
e_9	0.1072	0.1032	0.1046	0.1067	0.1036	0.1021	0.1041	0.1028	0.0608	0.1049
e_{10}	0.1026	0.1019	0.1044	0.1023	0.1023	0.0994	0.1030	0.1030	0.0998	0.0811

(5)利用式(5.9)，可计算各位评价个体的中心度，结果为

$C_D(e_1) = 0.1039$，$C_D(e_2) = 0.1050$，$C_D(e_3) = 0.1047$，$C_D(e_4) = 0.1024$
$C_D(e_5) = 0.1037$，$C_D(e_6) = 0.0886$，$C_D(e_7) = 0.0979$，$C_D(e_8) = 0.0986$
$C_D(e_9) = 0.0948$，$C_D(e_{10}) = 0.1004$

由于以上个体中心度满足归一化条件，可将其作为个体权重的分配结果。其中，评价个体e_2的权重较大，表明依据个体中心度来分配个体权重较具合理性。

(6)利用式(5.11)，分别计算10个申报项目的综合评价值，结果为

$p_1 = 0.5127$，$p_2 = 0.6353$，$p_3 = 0.6341$，$p_4 = 0.7108$，$p_5 = 0.5107$
$p_6 = 0.6278$，$p_7 = 0.6844$，$p_8 = 0.6297$，$p_9 = 0.5253$，$p_{10} = 0.5658$

最终评价结果排序如下：$o_4 \succ o_7 \succ o_2 \succ o_3 \succ o_8 \succ o_6 \succ o_{10} \succ o_9 \succ o_1 \succ o_5$，由此可选择项目$o_4$、$o_7$、$o_2$、$o_3$、$o_8$作为候选方案。

(7)利用式(5.12)和式(5.13)，可计算各评价个体观点的相似度向量为

$R' = [0.9709, 0.9471, 0.9870, 0.9802, 0.9653, 0.8461, 0.9753, 0.9461, 0.9174, 0.9847]$

群组综合满意度为

$$\delta = 0.95199$$

(三)存在偏执个体的情形

如果评价个体中存在偏执个体，那么该方法的计算过程可归纳如下。

(1)收集10位评价个体的评分，同时要求他们提供各自的自信度，见表5.9。从表5.9中可知，评价个体e_6的自信度为1.0，可判断其为偏执个体。而其他9位评价个体的自信度与不存在偏执个体情形的案例保持一致。

表5.9 存在偏执个体情形下的个体自信度

评价个体	自信度	评价个体	自信度
e_1	0.6	e_6	1.0
e_2	0.7	e_7	0.3
e_3	0.6	e_8	0.4
e_4	0.5	e_9	0.3
e_5	0.6	e_{10}	0.4

(2) 利用式(5.6)，计算各评价个体之间的观点相似度矩阵 R。由于个体评价得分并未发生变化，观点相似度矩阵的计算结果与表 5.6 完全一致。

(3) 根据式(5.1)和式(5.2)，计算评价个体间的信念关系矩阵 $B = \left[b_{ij}\right]_{n \times n}$，具体结果见表 5.10。

表 5.10　存在偏执个体情形下的信念关系矩阵

评价个体	e_1	e_2	e_3	e_4	e_5	e_6	e_7	e_8	e_9	e_{10}
e_1	0.5591	0.5203	0.5321	0.5449	0.5213	0.4503	0.5251	0.5096	0.5354	0.5327
e_2	0.5737	0.6371	0.5859	0.5797	0.5745	0.4514	0.5683	0.5792	0.5227	0.5782
e_3	0.5321	0.5308	0.5676	0.5350	0.5453	0.4770	0.5450	0.5330	0.4962	0.5537
e_4	0.4874	0.4712	0.4792	0.4698	0.4791	0.4117	0.4845	0.4675	0.4730	0.4747
e_5	0.5213	0.5210	0.5453	0.5350	0.5564	0.4638	0.5438	0.5055	0.4819	0.5297
e_6	0.6171	0.5591	0.6616	0.6235	0.6397	0.8335	0.6742	0.5981	0.6340	0.6942
e_7	0.3625	0.3578	0.3725	0.3707	0.3719	0.3423	0.2810	0.3577	0.3447	0.3687
e_8	0.4064	0.4167	0.4220	0.4140	0.4037	0.3592	0.4103	0.3641	0.3798	0.4249
e_9	0.3677	0.3383	0.3481	0.3638	0.3410	0.3302	0.3447	0.3349	0.2666	0.3506
e_{10}	0.4218	0.4161	0.4358	0.4197	0.4198	0.3977	0.4250	0.4249	0.4008	0.3780

(4) 对信念关系矩阵进行归一化处理后，可得到评价个体间的信念网络关系矩阵 B'，具体结果见表 5.11。

表 5.11　存在偏执个体情形下的信念网络关系矩阵

评价个体	e_1	e_2	e_3	e_4	e_5	e_6	e_7	e_8	e_9	e_{10}
e_1	0.1069	0.0995	0.1017	0.1042	0.0997	0.0861	0.1004	0.0974	0.1024	0.1018
e_2	0.1015	0.1127	0.1037	0.1026	0.1017	0.0799	0.1006	0.1025	0.0925	0.1023
e_3	0.1001	0.0998	0.1068	0.1007	0.1026	0.0897	0.1025	0.1003	0.0933	0.1042
e_4	0.1038	0.1003	0.1020	0.1000	0.1020	0.0876	0.1031	0.0995	0.1007	0.1010
e_5	0.1002	0.1001	0.1048	0.1028	0.1069	0.0891	0.1045	0.0971	0.0926	0.1018
e_6	0.0944	0.0856	0.1012	0.0954	0.0979	0.1275	0.1032	0.0915	0.0970	0.1062
e_7	0.1027	0.1014	0.1055	0.1050	0.1054	0.0970	0.0796	0.1013	0.0977	0.1045
e_8	0.1016	0.1041	0.1055	0.1035	0.1009	0.0898	0.1026	0.0910	0.0949	0.1062
e_9	0.1086	0.0999	0.1028	0.1074	0.1007	0.0975	0.1018	0.0989	0.0787	0.1035
e_{10}	0.1019	0.1005	0.1053	0.1014	0.1014	0.0961	0.1027	0.1026	0.0968	0.0913

(5) 利用式(5.9)，可计算各位评价个体的中心度，结果为

$C_D(e_1) = 0.1022$ ， $C_D(e_2) = 0.1004$ ， $C_D(e_3) = 0.1039$ ， $C_D(e_4) = 0.1023$
$C_D(e_5) = 0.1019$ ， $C_D(e_6) = 0.0940$ ， $C_D(e_7) = 0.1001$ ， $C_D(e_8) = 0.0982$
$C_D(e_9) = 0.0947$ ， $C_D(e_{10}) = 0.1023$

由于以上个体中心度已满足归一化条件，可作为个体权重的分配结果。

(6) 利用式(5.11)，分别计算 10 个申报项目的综合评价值，结果为

$p_1 = 0.5160$ ， $p_2 = 0.6327$ ， $p_3 = 0.6318$ ， $p_4 = 0.7112$ ， $p_5 = 0.5099$
$p_6 = 0.6406$ ， $p_7 = 0.6813$ ， $p_8 = 0.6261$ ， $p_9 = 0.5238$ ， $p_{10} = 0.5694$

最终评价结果排序为 $o_4 \succ o_7 \succ o_6 \succ o_2 \succ o_3 \succ o_8 \succ o_{10} \succ o_9 \succ o_1 \succ o_5$，由此可选择项目 o_4、o_7、o_6、o_2 和 o_3 优先资助。

(7) 利用式(5.12)和式(5.13)，计算可得各评价个体观点的相似度向量为

$R' = [0.9705, 0.9460, 0.9870, 0.9798, 0.9651, 0.8482, 0.9755, 0.9457, 0.9175, 0.9849]$

群组综合满意度为

$$\delta = 0.95203$$

(四) 两类情形的结果比较

以上两个应用案例的区别仅在存在偏执个体的情形中(评价个体 e_6 为偏执个体)，除此之外，其余信息均完全一致。从观点相似度矩阵中可以看出，评价个体 e_6 与其他评价个体的观点相似度是最低的，如果仍分配以较大的权重，那么有可能产生杠杆效应，即导致群组的观点结果与评价个体 e_6 接近。

为了避免这一问题，在存在偏执个体的情形这一案例中，将两个影响力系数 α 和 β 依次调整为 0.2 和 0.8。这种参数设置削弱了偏执个体对群组评价结论的影响。与不存在偏执个体的情形相比，群组评价结果的影响将会发生较大变化。这表明当群组中存在偏执个体时，杠杆效应的负面作用将会显现，也意味着依据信念网络来考察个体特征，进而调整评价组织方式，是有助于弱化杠杆效应的。

第三节 基于不确定型信念网络的杠杆效应处理方法

与确定型群组评价相比，当评价个体无法进行精确的定量判断时，往往会采取模糊的定性方式进行量化，以非实数形式(如区间值)来描述数据。在此数据类

型下，群组评价同样可能涉及杠杆效应问题。因此，本节针对具有不确定特征的静态信念网络讨论其评价机制。

一、不确定信息与不确定型信念网络

(一)不确定型评价信息的描述

由 Zadeh(1965)提出的模糊集合理论在各个领域得到了广泛的应用。在面对复杂问题的评价与决策时，由于时间、成本及评价个体能力等多重因素的影响，评价个体往往无法做出看似精确的评价或结论。此时，以一种模糊、非精确的方式来表达观点是可行且符合实际需要的，区间值便是其中的一种形式。区间值可看作实数的集合，且在统计角度容易与变量的分布、置信程度相结合，因此，许多学者开展了基于区间值的评价方法研究(陈俊良等，2011；张尧和樊治平，2006)。

区间值以变量取值的上限和下限为基本形式来展现其信息。徐泽水和孙在东(2002)定义了区间相离度，构建了不确定型数据的属性权重分配方法，并定义了区间数排序的可能度。王秋萍等(2006)定义了区间相似函数，据此测算专家观点一致性并分配专家权重。许瑞丽和徐泽水(2007)定义了一种新的区间数相似度并证明其相反性、对称性等性质。Wu 和 Chiclana(2014)借助社会网络分析方法，提出了一种基于区间值偏好关系的群组决策方法。上述文献介绍了区间值变量的概念及其运算法则，可整理如下。

定义5.3(阎小妍等，2006)：若 $a=[a^L,a^U]=\{x\mid a^L \leqslant x \leqslant a^U\}$，则 a 称为一个区间数，其中，a^L 和 a^U 分别表示区间数的上限和下限。当 $a^L=a^U$ 时，区间数等价于实数。

定义5.4(陈骥，2010)：对于任意两个区间值 $a=[a^L,a^U]$ 和 $b=[b^L,b^U]$，以及取值为正的常数 c，基本运算规则如下。

加法：
$$a+b=\left[a^L,a^U\right]+\left[b^L,b^U\right]=\left[a^L+b^L,a^U+b^U\right] \quad (5.14)$$

$$a+c=\left[a^L,a^U\right]+c=\left[a^L+c,a^U+c\right] \quad (5.15)$$

减法：
$$a-b=\left[a^L,a^U\right]-\left[b^L,b^U\right]=\left[a^L-b^L,a^U-b^U\right] \quad (5.16)$$

$$a-c=\left[a^L,a^U\right]-c=\left[a^L-c,a^U-c\right] \quad (5.17)$$

乘法：
$$a\times b=\left[a^L,a^U\right]\times\left[b^L,b^U\right]=\left[a^Lb^L,a^Ub^U\right] \quad (5.18)$$

$$a\times c=\left[a^L,a^U\right]\times c=\left[ca^L,ca^U\right] \quad (5.19)$$

除法：
$$a \div b = \left[a^L, a^U\right] \div \left[b^L, b^U\right] = \left[\frac{a^L}{b^L}, \frac{a^U}{b^U}\right] \tag{5.20}$$

$$a \div c = \left[a^L, a^U\right] \div c = \left[\frac{a^L}{c}, \frac{a^U}{c}\right] \tag{5.21}$$

定义 5.5（徐泽水和孙在东，2002）：对于两个区间值 $a = [a^L, a^U]$ 和 $b = [b^L, b^U]$，设 $L(a) = a^U - a^L$，$L(b) = b^U - b^L$，则

$$P(a \geqslant b) = \frac{\max\{0, L(a) + L(b) - \max(b^U - a^L, 0)\}}{L(a) + L(b)} \tag{5.22}$$

称为 $a \geqslant b$ 的可能度。

定义 5.6（万树平，2008）：若存在两个区间值向量 $A = (a_1, a_2, \cdots, a_i, \cdots, a_n)$ 和 $B = (b_1, b_2, \cdots, b_i, \cdots, b_n)$，其中，$a_i = [a_i^L, a_i^U]$，$b_i = [b_i^L, b_i^U]$。向量 A 与 B 的内积 $\langle A, B \rangle$ 为

$$\langle A, B \rangle = \sum_{i=1}^{n}(a_i^L b_i^L + a_i^U b_i^U) \tag{5.23}$$

（二）不确定型个体判断的自信度

在一项由 n 位评价个体参与的评价活动中，评价个体集为 $E = [e_1, e_2, \cdots, e_i, \cdots, e_n]$；评价个体权重向量 $W = [\omega_1, \omega_2, \cdots, \omega_i, \cdots, \omega_n]$，满足条件 $\sum_{i=1}^{n} \omega_i = 1$；评价单元集为 $O = [o_1, o_2, \cdots, o_j, \cdots, o_n]$。评价个体 e_i 在评价单元 j 上的评价值为 $p_{ij} = [p_{ij}^L, p_{ij}^U](i = 1, 2, \cdots, n; j = 1, 2, \cdots, m)$，其中，$0 \leqslant p_{ij}^L \leqslant p_{ij}^U \leqslant 1$。群组的评价信息矩阵为

$$P = \begin{bmatrix} [p_{11}^L, p_{11}^U] & [p_{12}^L, p_{12}^U] & \cdots & [p_{1m}^L, p_{1m}^U] \\ [p_{21}^L, p_{21}^U] & [p_{22}^L, p_{22}^U] & \cdots & [p_{2m}^L, p_{2m}^U] \\ \vdots & \vdots & & \vdots \\ [p_{n1}^L, p_{n1}^U] & [p_{n2}^L, p_{n2}^U] & \cdots & [p_{nm}^L, p_{nm}^U] \end{bmatrix} \tag{5.24}$$

一般而言，当评价个体的专业知识、评价经验较丰富时，其自信度相对较高，所给出的评价区间值 $p_{ij} = [p_{ij}^L, p_{ij}^U]$ 的范围越小，即区间值的长度之和 $\sum_{j=1}^{m}\left|p_{ij}^U - p_{ij}^L\right|$

越小；反之，则越大。因此，可将不确定情形下的个体自信度定义如下。

定义 5.7：在区间值的决策矩阵中，评价个体 $e_i(i=1,2,\cdots,n)$ 的自信度 t_i 为

$$t_i = \frac{[1-(p_{i1}^U - p_{i1}^L)]+[1-(p_{i2}^U - p_{i2}^L)]+\cdots+[1-(p_{ij}^U - p_{ij}^L)]+\cdots+[1-(p_{im}^U - p_{im}^L)]}{m}$$

$$= \frac{\sum_{j=1}^{m}(1-p_{ij}^U - p_{ij}^L)}{m}$$

(5.25)

利用式(5.25)，可计算每位评价个体的自信度，并得到个体自信度向量 $T=[t_1,t_2,\cdots,t_n]$。

(三) 不确定型静态信念网络的构建

在不确定型环境下，评价个体间的观点相似度同样也是构建信念网络关系的出发点。在区间值情形下，记评价个体给出的评价值序列为 $p_i = ([p_{i1}^L,p_{i1}^U],[p_{i2}^L,p_{i2}^U],\cdots,[p_{ik}^L,p_{ik}^U],\cdots,[p_{in}^L,p_{in}^U])$，利用夹角余弦法来测算个体间的观点相似度矩阵 R：

$$R = \begin{bmatrix} r_{11} & r_{12} & \cdots & r_{1n} \\ r_{21} & r_{22} & \cdots & r_{2n} \\ \vdots & \vdots & & \vdots \\ r_{n1} & r_{n2} & \cdots & r_{nn} \end{bmatrix}$$

式中，r_{ij} 为评价个体 e_i 与 e_j 之间的观点相似度，计算公式为

$$r_{ij} = \frac{p_i, p_j}{\sqrt{p_i,p_i p_j,p_j}} = \frac{\sum_{k=1}^{m}(p_{ik}^L p_{jk}^L + p_{ik}^U p_{jk}^U)}{\sqrt{\sum_{k=1}^{m}(p_{ik}^{L2}+p_{ik}^{U2})\sum_{k=1}^{m}(p_{jk}^{L2}+p_{jk}^{U2})}}$$

(5.26)

根据观点相似度矩阵 $R=[r_{ij}]_{n\times n}$，以及不确定型自信度向量 $T=[t_1,t_2,\cdots,t_n]$，可分别计算个体的自信信念 b_{ii}、个体间的依赖信念 b_{ij}，从而构建信念关系矩阵 $B=[b_{ij}]_{n\times n}$。经归一化处理后，可得信念网络关系矩阵 $B'=[b'_{ij}]_{n\times n}$，其中，$b'_{ij} = \frac{b_{ij}}{b_{ii}+\sum_{j=1,j\neq i}^{n} b_{ij}}$。

二、机制设计

与确定型静态信念网络的机制设计类似，不确定型静态信念网络也需要讨论权重分配、评价值的集成方法、结果排序等内容。下面将对相关问题进行介绍。

（一）权重的分配

个体权重的分配方法与第五章第二节的确定型静态交互信念网络相同。在构建评价个体之间信念网络的基础上，按照式(5.9)计算各评价个体在信念网络中的中心度 $C_D(e_i)$；根据式(5.10)，可确定各评价个体的权重。

（二）模拟植物生长算法概述

与遗传算法、蚁群算法、粒子群算法等相似，模拟植物生长算法(plant growth simulation algorithm，PGSA)的本质是仿生类随机算法。其基本思想如下：采用系统优化的方法，通过模拟植物向光生长的机制解决管理、经济、科学等领域的各类优化问题(李彤等，2005)。主要计算步骤可归纳如下(李彤，2016)。

(1) 选择初始点 $x_0 \in X_I$，确定步长 λ^0（取值为正的一个整数）并求 $f(x^0)$，令 $X_{\min} = x^0$，$f_{\min} = f(x^0)$。

(2) 经过 x_0 点确定平行于数轴的线段，即树干，其满足 $a_1 \leq x_1^0 \leq b_1, a_2 \leq x_2^0 \leq b_2, \cdots, a_n \leq x_n^0 \leq b_n$。以 x_0 为中心，向正、负两个方向，以 λ^0 为步长，在树干上搜寻可能的树枝生长点 $S_{i_1 j_1}^0$（$i_1 = 1, 2, \cdots, n; j_1 = 1, 2, \cdots, m_{i_1}$）。$S_{i_1 j_1}^0$ 为树干 i_1 上的生长点 j_1 的坐标位置，m_{i_1} 为树干 i_1 上的最多可能的生长点数量。

(3) 求解初始点、树干 i_1 可能的树枝生长点的函数值 $f(x^0)$、$f\left(S_{i_1 j_1}^0\right)$ 及其生长概率 $p_{i_1 j_1}$。若 $f(x^0) \leq f\left(S_{i_1 j_1}^0\right)$，则有 $p_{i_1 j_1} = 0$；若 $f(x^0) > f\left(S_{i_1 j_1}^0\right)$，则有 $p_{i_1 j_1} = \dfrac{f(x^0) - f(S_{i_1 j_1}^0)}{\sum_{i_1=1}^{n} \sum_{j_1=1}^{m_{i_1}} \left[f(x^0) - f(S_{i_1 j_1}^0) \right]}$。显然，$\sum_{i_1=1}^{n} \sum_{j_1=1}^{m_{i_1}} p_{i_1 j_1} = 1$。

(4) 以生长概率判断是否产生新的生长点。在[0,1]内随机产生一个数值 η_0，若 η_0 满足条件 $\sum_{i_1=1}^{l_1} \sum_{j_1=1}^{\mu_1 - 1} p_{i_1 j_1} < \eta_0 \leq \sum_{i_1=1}^{l_1} \sum_{j_1=1}^{\mu_1} p_{i_1 j_1}$，则以 $S_{i_1 j_1}^0$ 为新的生长点。

(5) 利用新的生长点 $S_{i_1 j_1}^0$，重复步骤(2)~步骤(4)，判断是否会产生第二层的生长点。

设定步长 $\lambda^1 (\lambda^1 < \lambda^0)$，搜寻可能生长点 $S^1_{i_2 j_2}$ ($i_2 = 1, 2, \cdots, n; j_2 = 1, 2, \cdots, m_{i_2}$)。求解 $f(S^1_{i_2 j_2})$ 及其生长概率。由于在第一阶段已经产生树干和树枝，需要分别进行判断。

①求解树干上的各生长点的生长概率。若 $f(x^0) \leqslant f(S^0_{i_1 j_1})$，则 $p_{i_1 j_1} = 0$；若 $f(x^0) > f(S^0_{i_1 j_1})$，则有 $p_{i_1 j_1} = \dfrac{f(x^0) - f(S^0_{i_1 j_1})}{\Delta_1 + \Delta_2}$，其中，$\Delta_1 = \sum_{i_1=1}^{n}\sum_{j_1=1}^{m_{i_1}}[f(x^0) - f(S^0_{i_1 j_1})]$，$\Delta_2 = \sum_{i_2=1}^{n}\sum_{j_2=1}^{m_{i_2}}[f(x^0) - f(S^1_{i_2 j_2})]$。

②求解树枝上所有生长点的概率。若 $f(x^0) \leqslant f(S^1_{i_2 j_2})$，则 $p_{i_2 j_2} = 0$；若 $f(x^0) > f(S^1_{i_2 j_2})$，则有 $p_{i_2 j_2} = \dfrac{f(x^0) - f(S^1_{i_2 j_2})}{\Delta_1 + \Delta_2}$。显然，$\sum_{i_1=1}^{n}\sum_{j_1=1}^{m_{i_1}} p_{i_1 j_1} + \sum_{i_2=1}^{n}\sum_{j_2=1}^{m_{i_2}} p_{i_2 j_2} = 1$ 成立。

(6) 类似步骤(4)，利用各可能生长点的生长概率判断新的生长点是否有效。在 (0,1] 内取一个随机数 η_1，若满足 $\sum_{i_1=1}^{l_2}\sum_{j_1=1}^{\mu_2-1} p_{i_1 j_1} < \eta_1 \leqslant \sum_{i_1=1}^{l_2}\sum_{j_1=1}^{\mu_2} p_{i_1 j_1}$，且其位于树干上，则取 $S^0_{l_2 \mu_2}$ 为新的基点。若 $\sum_{i_1=1}^{n}\sum_{j_1=1}^{m_{i_1}} p_{i_1 j_1} + \sum_{i_2=1}^{l_2}\sum_{j_2=1}^{\mu_2-1} p_{i_2 j_2} < \eta_1 \leqslant \sum_{i_1=1}^{n}\sum_{j_1=1}^{m_{i_1}} p_{i_1 j_1} + \sum_{i_2=1}^{l_2}\sum_{j_2=1}^{\mu_2} p_{i_2 j_2}$，即落在树枝上，则选取 $S^1_{l_2 \mu_2}$ 为新的基点。统一记为 $S^{d-1}_{l_2 \mu_2}$ ($d = 1$ 或 2)。

(7) 重复步骤(2)~步骤(7)，若不再产生新的基点或达到迭代次数，结束循环。

(三) 基于 PGSA 的区间评价值集成方法

现有的面向区间数的群组评价相关研究大多采用算术平均或几何平均等方式对个体信息进行综合(尚战伟等，2017；李秉焱等，2013)。但这种方法容易受到杠杆效应的影响。为消除此类影响，本节引入 PGSA 对区间评价值进行集结。

1. 区间值集成的目标函数

将区间评价值 $p_{ij} = [p^L_{ij}, p^U_{ij}]$ ($i = 1, 2, \cdots, n$) 视为一个二维坐标中的观测点，将下限、上限分别作为横坐标、纵坐标。通过 PGSA，将多个评价值进行综合，其基本思想是在二维空间中寻找一个点，使其与所有的区间评价值的距离最近。

假设 PGSA 中生长点往空间上的任意方向延伸并长出新的枝干，其长度为 $L_1 = 0.5$。令初始步长为 $\lambda^0 = \dfrac{L_1}{200}$，第 k 轮的搜索步长为 $\lambda^k = \dfrac{\lambda^{k-1}}{2}$。在群组情形

下，假设指标 j 存在一个值 $p_j=[p_j^L,p_j^U]$，其到所有个体的区间评价值 $p_{ij}=[p_{ij}^L,p_{ij}^U]$ 的加权总距离最小，即有目标函数 $\min D = \min \sum_{i=1}^{n} \omega_i d_i = \min \sum_{i=1}^{n} \omega_i \sqrt{(p_{ij}^L-p_j^L)^2 + (p_{ij}^U-p_j^U)^2}$ 成立。

在寻优的过程中，个体权重的分配是关键因素。评价个体 e_i 的权重 ω_i 越大，则目标点 $p_j=[p_j^L,p_j^U]$ 与评价个体 e_j 的评价值 $p_{ij}=[p_{ij}^L,p_{ij}^U]$ 的距离越小，目标函数值就越小，即经过 PGSA 求解的评价值与权重较大的评价个体的评价值最为接近。

2. 区间值的排序方法

对于评价单元的排序问题，借鉴徐泽水和孙在东(2002)提出的可能度计算公式。假定利用 PGSA 得到两个评价单元 o_i 和 o_j 的群组综合评价值分别为 $p_i=[p_i^L,p_i^U]$、$p_j=[p_j^L,p_j^U]$，利用式(5.22)计算其排序的可能度。通过遍历地两两比较，可构建可能度矩阵，据之对所有评价单元进行排序。

3. 群组满意度的测度

由于评价值以区间数的形式来表示，在此情形下，群组满意度的计算也需要重新定义。与确定型信念网络一致，不确定型信念网络满意度的计算也以各评价个体的评价值与综合评价值向量的相似度为依据，求出所有个体的满意度均值，并将其定义为群组综合满意度。其中，个体与群组观点相似度的计算公式为

$$r_i = \frac{\langle p_i, p' \rangle}{\sqrt{\langle p_i, p_i \rangle \langle p', p' \rangle}} = \frac{\sum_{j=1}^{m}(p_{ij}^L p_j^L + p_{ij}^U p_j^U)}{\sqrt{\sum_{j=1}^{m}(p_{ij}^{L2}+p_{ij}^{U2})\sum_{j=1}^{m}(p_j^{L2}+p_j^{U2})}} \quad (5.27)$$

同样地，利用式(5.13)，便可计算群组综合满意度。

三、步骤方法

在获得评价个体的区间评价信息矩阵 $P=\left[p_{ij}\right]_{n\times m}$（$p_{ij}=[p_{ij}^L,p_{ij}^U]$）的基础上，本节方法的步骤可归纳如下。

(1) 利用式(5.25)，分别计算评价个体的自信度，可得个体自信度向量 $T=(t_1,t_2,\cdots,t_n)$。

(2) 根据式(5.26)，可得到评价个体之间的观点相似度矩阵 $R = \left[r_{ij} \right]_{n \times n}$。

(3) 利用式(5.1)和式(5.2)，分别计算自信信念 b_{ii} 与依赖信念 b_{ij}，从而得到评价个体间的信念关系矩阵 $B = \left[b_{ij} \right]_{n \times n}$。

(4) 利用式(5.3)对信念关系矩阵进行归一化处理，可得到信念网络关系矩阵 $B' = \left[b'_{ij} \right]_{n \times n}$。

(5) 根据式(5.9)和式(5.10)，计算个体中心度 $C_D(e_i)$ 及个体权重。

(6) 引入 PGSA，借助 MATLAB 软件对各位评价个体给出的评价值进行集结，得到综合评价值 P'。

(7) 利用式(5.22)，计算评价单元的排序可能度，并最终确定排序。

(8) 利用式(5.27)和式(5.13)，最终计算群组综合满意度并进行合理性判断。

四、应用案例

(一)问题描述

某单位欲选拔优秀人员进行后备干部培养，现有 4 人(分别记为 o_1, o_2, o_3, o_4)符合基本条件，该单位邀请 4 位代表(e_1, e_2, e_3, e_4)对候选人进行民主测评。考虑到公正公平的因素，该部门要求 4 位代表给出区间评价值。评分信息见表 5.12。

表 5.12 后备干部民主测评的个体评分

评价个体	评价单元			
	o_1	o_2	o_3	o_4
e_1	[0.1,0.3]	[0.4,0.5]	[0.4,0.7]	[0.7,0.8]
e_2	[0.3,0.7]	[0.1,0.8]	[0.5,0.9]	[0.1,0.6]
e_3	[0.2,0.4]	[0.4,0.6]	[0.3,0.6]	[0.6,0.9]
e_4	[0.6,0.8]	[0.3,0.8]	[0.6,0.9]	[0.4,0.7]

利用本节所设计的评价方法，采用 MATLAB 软件进行计算(具体代码见附录6)。由于本案例中并不存在偏执个体，不失一般性，假设自信度向量 T 和观点相似度矩阵 R 对信念的影响力相同，即 $\alpha = \beta = 0.5$。

(二)案例过程

根据前面的方法步骤，具体的计算过程可表示如下。

(1) 利用式(5.25)极端评价个体的自信度向量 T。从表 5.13 所示的结果来看，

评价个体 e_1、e_3 的自信度较高，分别为 0.8250 和 0.7500。

表 5.13　区间值情形下的个体自信度

评价个体	自信度
e_1	0.8250
e_2	0.5000
e_3	0.7500
e_4	0.6750

(2) 根据式(5.26)，可得评价个体间的观点相似度矩阵 $R=\left[r_{ij}\right]_{n\times n}$。从表 5.14 所示的结果来看，评价个体 e_1 与 e_3 的观点相似度最高；而评价个体 e_2 与 e_1 的观点相似度只有 0.8347。

表 5.14　区间值情形下的个体观点相似度

评价个体	e_1	e_2	e_3	e_4
e_1	1.0000	0.8347	0.9849	0.8873
e_2	0.8347	1.0000	0.8618	0.9698
e_3	0.9849	0.8618	1.0000	0.9125
e_4	0.8873	0.9698	0.9125	1.0000

(3) 利用式(5.1)和式(5.2)，得到评价个体间的信念关系矩阵 $B=\left[b_{ij}\right]_{n\times n}$，结果见表 5.15。

表 5.15　区间值情形下的个体信念关系矩阵

评价个体	e_1	e_2	e_3	e_4
e_1	1.5291	0.4318	0.4938	0.4535
e_2	0.4587	0.9165	0.4654	0.4924
e_3	0.4944	0.4482	1.4097	0.4672
e_4	0.4620	0.4898	0.4705	1.2722

(4) 利用式(5.3)可得到信念网络关系矩阵。表 5.16 所示的结果表明评价个体 e_2 最不自信，该个体对其他三位评价个体有着较高的依赖信念。因此，应赋予评价个体 e_2 较低的权重。

表 5.16 区间值情形下的信念网络关系矩阵

评价个体	e_1	e_2	e_3	e_4
e_1	0.5258	0.1485	0.1698	0.1559
e_2	0.1966	0.3928	0.1995	0.2111
e_3	0.1753	0.1590	0.5000	0.1657
e_4	0.1715	0.1818	0.1746	0.4722

(5) 根据式 (5.9) 和式 (5.10)，计算个体中心度 $C_D(e_i)$ 及个体权重。结果为

$$C_D(e_1) = 0.2673, C_D(e_2) = 0.2205, C_D(e_3) = 0.2610, C_D(e_4) = 0.2512$$

由于以上个体中心度满足归一化条件，可将其作为个体权重。

(6) 利用 PGSA 求解综合评价值，结果为

$$P' = ([0.2, 0.4], [0.4, 0.6], [0.6, 0.7], [0.5, 0.8])$$

(7) 利用式 (5.22)，计算评价单元的排序可能度，结果见表 5.17。与可能度阈值 0.5 相比，可得 4 位候选人的排序结果：$o_4 \succ o_3 \succ o_2 \succ o_1$。

表 5.17 区间综合评价值的排序可能度

可能度	o_1	o_2	o_3	o_4
o_1	—	0	0	0
o_2	1	—	0.4	0.2
o_3	1	0.6	—	0.33
o_4	1	0.8	0.67	—

(8) 利用式 (5.27) 和式 (5.13)，最终可得群组综合满意度。同时，个体的观点相似度向量为 $R' = [0.9846, 0.9054, 0.9915, 0.9426]$，群组综合满意度为 $\delta = 0.9560$。

本 章 小 结

本章考虑评价个体的信念网络，结合静态群组评价问题，在个体网络关系的前提下，讨论了如何借助信念交互来优化个体权重，以达到弱化杠杆效应的目的。根据个体对信念量化过程中的数据类型，分别设计了确定型信念网络和不确定型信念网络两种情形。针对确定型信念网络，引入了社会网络分析方法，构建信念

交互驱动的评价机制；针对不确定型信念网络，借助 PGSA 进行了网络构建。在此框架下，应用相关案例开展计算，并对群组内的特殊个体的评价情况进行了对比分析。结果发现，在两类情形下，本章所提出的两种方法能有效地提升评价效率，较好地解决评价的杠杆效应问题。

第六章 基于动态信念网络的杠杆效应处理机制

在进行信息交互的过程中,除了由评价组织者开展的一次性信息交互这种方式,还存在另一种方式,即由评价组织者主导的多轮次信息交互,又称动态交互。结合信念网络的情况,通过动态调整的方式,由评价个体更新自身的评价意见(观点),从而达到消除群组评价中杠杆效应的目的。本章将围绕这一问题开展讨论:首先,介绍动态信念网络的基本问题;其次,在此基础上构建个体信念交互过程中的两种情形——存在权威个体和不存在权威个体的信念网络,并分别讨论相应的评价机制设计问题。

第一节 动态信念网络的基本问题

在动态群组评价中,通过"信息反馈—个体修正—信息集成"的方式,能够消除部分杠杆效应。但群组中可能存在多种特质的个体(如偏执个体或权威个体)[1],在此情形下,群组评价的效果将会受到很大的影响。部分学者就此问题开展了研究。徐迎军和李东(2010)提出一致化迭代算法,借助个体评价值的一致化控制过程,实现对个体信息的集成;张崇辉等(2017)设计了一个自组织评价机制,在群组评价的基础上引入领导者意见,利用自回归函数进行迭代计算和综合。本节将基于信念网络,围绕如何通过设计动态评价机制以弱化杠杆效应这一问题开展讨论。

一、问题描述

假定在一个动态群组评价问题中,评价个体集为 $E=(e_1,e_2,\cdots,e_i,\cdots,e_n)$,评价单元集为 $O=(o_1,o_2,\cdots,o_j,\cdots,o_m)$,评价个体可在评价过程中调整其评价意见。令 p_{ij}^1 ($i=1,2,\cdots,n;j=1,2,\cdots,m$) 为评价个体 e_i 对评价单元 o_j 的初始评价值,其取值范围为[0,1],越靠近 1,表示方案的状态水平越好。由此可得到初始评价信息矩阵 P^1:

---

[1] 偏执个体不愿意改变自己的观点,而权威个体对其他评价个体会产生较大影响,激发其从众心理,从而影响最终评价结果的合理性与公正性。

$$P^1 = \begin{bmatrix} p_{11}^1 & p_{12}^1 & \cdots & p_{1m}^1 \\ p_{21}^1 & p_{22}^1 & \cdots & p_{2m}^1 \\ \vdots & \vdots & & \vdots \\ p_{n1}^1 & p_{n2}^1 & \cdots & p_{nm}^1 \end{bmatrix}$$

评价个体的异质性及可能存在的意见不一致会导致杠杆效应。为了确保评价结论的可靠性，在得到评价信息矩阵 P^1 后，需要测算个体之间的观点相似度（如采用夹角余弦法计算），则有观点相似度矩阵 $R^1 = \left[r_{ij}^1 \right]_{n \times n}$。

通过将 P^1 和 R^1 反馈给评价个体，并要求其在观点修正后，再次汇总群组的评价信息矩阵 P^2，则有

$$P^2 = \begin{bmatrix} p_{11}^2 & p_{12}^2 & \cdots & p_{1m}^2 \\ p_{21}^2 & p_{22}^2 & \cdots & p_{2m}^2 \\ \vdots & \vdots & & \vdots \\ p_{n1}^2 & p_{n2}^2 & \cdots & p_{nm}^2 \end{bmatrix}$$

通过这种反馈机制，以消除杠杆效应为目标，可对群组评价值的修正过程进行控制。

二、动态信念网络的构建

（一）个体观点相似度

评价个体之间的观点相似度可采用下式测算：

$$r_{ij}^t = \frac{\sum_{k=1}^{m} p_{ik}^t p_{jk}^t}{\sqrt{\sum_{k=1}^{m} p_{ik}^{t\,2} \sum_{k=1}^{m} p_{jk}^{t\,2}}} \tag{6.1}$$

式中，r_{ij}^t 为 t 时刻两位评价个体 e_i、e_j 的观点相似度；p_{ik}^t 和 p_{jk}^t 分别为 t 时刻两位评价个体 e_i、e_j 对评价单元 o_k 的评价值。

与静态评价不同，动态评价中的评价个体可以通过信息交互来修正自身观点。结合第五章中提出的"自信"和"依赖"的概念，动态评价中的自信度可定义如下。

定义 6.1：假定评价个体 e_i 在 $(t-1)$ 时刻、t 时刻的评价值分别为 $p_i^{t-1} = (p_{i1}^{t-1},$

$p_{i2}^{t-1}, \cdots, p_{ij}^{t-1}, \cdots, p_{im}^{t-1})$ 和 $p_i^t = (p_{i1}^t, p_{i2}^t, \cdots, p_{ij}^t, \cdots, p_{im}^t)$，则其自信度 t_i^t 为

$$t_i^t = 1 - \frac{\sum_{j=1}^{m}\left|p_{ij}^t - p_{ij}^{t-1}\right|}{m} \tag{6.2}$$

式中，$t_i^t \in [0,1]$，其值越大，则评价个体越自信。若 $t_i^t = 1$，则评价个体 e_i 完全自信。

(二) 初始信念网络

当 $t = 2$ 时，利用式 (6.1) 和式 (6.2)，可计算评价个体 e_i 和 e_j 的观点相似度 r_{ij}^2 和个体自信度 t_i^2。同时，借助式 (6.1) 和式 (6.2)，可计算评价个体 e_i 的初始自信信念 b_{ii}^2 及其对评价个体 e_j 的初始依赖信念 b_{ij}^2。

在此基础上，可进一步计算个体间的初始信念关系矩阵 $B^2 = \left[b_{ij}^2\right]_{n \times n}$，经归一化处理后，可得初始信念网络关系矩阵 $B^{2'} = \left[b_{ij}^{2'}\right]_{n \times n}$，其中，$b_{ij}^{2'} = \dfrac{b_{ij}^2}{b_{ii}^2 + \sum_{j=1, j \neq i}^{n} b_{ij}^2}$。

(三) 动态信念网络的更新规则

由于采用了动态交互，个体的观点会随着交互时间发生变化。因此，在不同的时刻，个体间的观点相似度、自信信念和依赖信念的特征都会发生变动。自信信念 b_{ii}^t 和依赖信念 b_{ij}^t 可通过下式来确定：

$$b_{ii}^t = \alpha t_i^t + \beta \left(t_i^t \frac{\sum_{j=1, j \neq i}^{n} r_{ij}^t}{n-1} \right) \tag{6.3}$$

$$b_{ij}^t = \alpha(1 - t_i^t) + \beta(t_i^t r_{ij}^t) \tag{6.4}$$

在此基础上，可计算评价个体之间的初始信念网络关系矩阵 $B^{t'} = \left[b_{ij}^{t'}\right]_{n \times n}$。

三、动态信念网络的个体权威效应

根据成员的特征，群组可分为一般型群组和权威型群组 (陈骥和苏为华，2008)。前者的个体成员是普通层面上的个体，作为评价主体往往不被要求具有专

业知识或技能；后者对个体有特定的要求。因此，在讨论个体信念网络时存在三种类型：第一种是不考虑个体权威型的一般网络关系；第二种是由权威个体所构成的网络关系；第三种是处于两者之间的需要体现部分个体的权威影响的网络关系，例如，需要部分评价个体发挥权威影响或者适度控制个体的权威影响，以达到群体意见的集中，避免杠杆效应的产生。

为了便于讨论，下面分两种情况进行讨论：一般型动态信念交互和权威型动态信念交互。

(一)一般型动态信念交互

该评价机制针对的是评价个体全部为一般型个体或者全部为权威个体的情形，具体又可分为两种情况：正常个体和特殊个体。其中，特殊个体又包括两类：偏执个体或无主见个体。前者的特征是固执己见，即使评价意见明显不符合客观实际，也不愿意进行修改，往往表现为自信度极高。后者的特征是无条件地相信他人，即使自身的判断较为准确，也会跟随他人的意见进行修改，以保持与他人一致。

以上两种情况统称存在特殊个体的情形。该类情形将会对信念网络的结构产生影响，可能造成评价过程不公正，最终使评价结论偏离实际。

(二)权威型动态信念交互

在进行信息交互的过程中，评价个体往往存在从众心理或从权威现象，其评价偏好往往跟随他人意见而难以完全表达自身观点，权威个体的存在则加重了这一现象。因此，在动态信念网络的研究中，需要开展两种情形的讨论：一种是不存在个体权威效应；另一种是存在个体权威效应。

前者是一般化的动态信念网络，后者则需要将个体权威进行适当的处理，称为适度权威。在以保证适度权威为目标的情形下，需要在个体信念网络的动态交互过程中权衡一般个体与权威个体的区别，围绕权重分配、意见集成规则等重点内容开展研究。

第二节 基于一般型动态信念网络的评价机制

在一般型群组的情形下，从信念网络出发构建相应的评价方法，这一思路能够较好地体现评价个体间的异质性。借助社会网络分析、观点动力学等方面的相关方法，通过系统运行过程的描述来揭示个体观点的变化规律，有助于讨论评价方法的设计问题。本节将在观点动力学相关模型的基础上，讨论适用于一般型动态信念网络的评价方法。

一、基本模型

现有的观点动力学模型主要可分为离散模型和连续模型两大类。在离散模型中，较为典型的有伊辛(Ising)模型(Glauber, 1963)、投票者模型(Sood and Redner, 2005)、多数决定模型(Chen and Redner, 2005)和斯纳贾德(Sznajd)模型(Slanina and Lavicka, 2003)。在连续模型中，最具代表性的则是杜范安特-维斯布许(Deffuant-Weisbuch, D-W)模型(Deffuant et al., 2000)和赫吉瑟勒曼-克劳斯(Hegselmann-Krause, H-K)模型(Hegselmann and Krause, 2005)。

由于个体评价值具有连续性特征，且个体在动态调整其观点时会参考各个体的观点，此处主要采用 H-K 模型来模拟评价值动态更新过程。在此基础上，结合信念网络设计更为适用的可消除杠杆效应的评价方法。

H-K 模型是一类有界自信模型，个体往往与具有相近观点的其他个体进行交互。假设在 t 时刻，有个体评价值向量 $X^t = (x_1^t, x_2^t, \cdots, x_i^t, \cdots, x_n^t)$。$t$ 时刻的信息交互会影响个体 e_i 在 $(t+1)$ 时刻的观点，个体会参考其相邻的观点集合 $I(i, x^t)$ 进行修改：

$$I(i, x^t) = \left\{ 1 \leqslant j \leqslant n \,\middle|\, \left\| x_i^t - x_j^t \right\| \leqslant \varepsilon_i \right\} \tag{6.5}$$

式中，ε_i 为个体 e_i 的信任阈值。个体将不考虑超过信任阈值的其他个体的观点。

若以 $\#I(i, x^t)$ 表示相邻的观点集合 $I(i, x^t)$ 中的元素个数，则个体 e_i 在 $(t+1)$ 时刻的评价值可更新为

$$x^{t+1} = \frac{1}{\#I(i, x^t)} \sum_{j \in I(i, x^t)} x^t \tag{6.6}$$

由式(6.6)可知，对于处于信任阈值内的其他个体的评价值，该个体认为其影响力系数均为 $\frac{1}{\#I(i, x^t)}$。

二、融入信念网络的 H-K 模型修正思路

(一) H-K 模型的局限

基于前面的分析，在施加评价个体观点交互动力的过程中，H-K 模型的局限如下。

(1)将影响因素的来源进行了简化处理。H-K 模型以个体观点的差异程度来反映信任度，在观点修正时，假设只采纳观点相似的个体的观点。但事实上，个体

在修改其观点时，除了他人观点的影响，还受到个体自信的影响。

（2）将潜在影响个体进行了同质化处理。H-K 模型认为，在信任阈值内的所有个体都是相同的，因此进行简单加权平均处理。但事实上，不同个体对某一特点的个体的影响力是有差异的，以简单加权平均方式来考虑相关个体的观点是不妥当的。

（3）信任阈值的设置并不合理。H-K 模型认为，在交互过程中，评价个体只会受到与自身观点相似的个体的影响。但事实上，即使是两个观点完全存在分歧的个体，也会存在相互影响。以阈值为界限的交互范围是缺乏合理性的。

（二）改进思路

由于存在自信信念 b_{ii}^{t} 和依赖信念 b_{ij}^{t}，且在动态交互过程中，它们均会对个体的观点调整产生影响。在信念网络的前提下，可以改进 H-K 模型的参数设置及个体观点的动态修正机制，具体思路可归纳如下。

假设个体在 $t(t \geqslant 2)$ 时刻有评价信息矩阵 $P^{t}=\left[p_{ij}^{t}\right]_{n \times m}$，此时个体 e_i 对评价单元 o_j 的评价值为 $p_{ij}^{t}(i=1,2,\cdots,n; j=1,2,\cdots,m)$。个体间的信念网络关系矩阵记为 $B^{t}=\left[b_{ij}^{t}\right]_{n \times n}$，其中，$b_{ii}^{t}$ 为个体 e_i 的自信信念，b_{ij}^{t} 为个体 e_i 对其他个体 e_j 的依赖信念。那么，在 $(t+1)$ 时刻，个体 e_i 对评价单元 o_j 的评价值 p_{ij}^{t+1} 为

$$p_{ij}^{t+1} = b_{ii}^{t} p_{ij}^{t} + \sum_{k=1, k \neq i}^{n} b_{ik}^{t} p_{kj}^{t} \tag{6.7}$$

有 $b_{ii}^{t} + \sum_{k=1, k \neq i}^{n} b_{ik}^{t} = 1$ 成立。

三、模型设定与评价步骤

依据改进的 H-K 模型的基本思想，可设计相应的评价模型参数和控制条件。

（一）基本假设

在动态信念网络中，个体特征的差异性较大。为了保证讨论的可行性，设定以下基本假设成立。

假设 6.1：个体理性假设。在评价过程中，各个体以合理开展评价为目的，愿意通过交互，参考他人观点并对自身观点进行修改。

假设 6.2：个体客观性假设。个体能够客观公正地对所有的评价单元开展评价。

假设 6.3：个体异质性假设。个体在群组中的影响力是不同的，自信和对他人

的信念依赖程度均不相同。

(二)交互的控制条件

交互是促进群组形成共识观点的动力。考虑到评价成本及人员条件等,需要设定合理的交互控制条件。此处将群组评价的稳定性与一致性作为交互终止的条件。

1. 稳定性指标

稳定性指标从纵向角度,通过考察交互过程中群组意见的波动程度来反映整体的观点是否达到集中的程度。具体可通过选择任意两个时刻群组综合评价值的差异度来测算。

假设在 t 时刻和 $(t+1)$ 时刻,分别有群组综合评价值向量 $P'^t = \left(p_1^t, p_2^t, \cdots, p_m^t\right)$ 和 $P'^{(t+1)} = \left(p_1^{(t+1)}, p_2^{(t+1)}, \cdots, p_m^{(t+1)}\right)$,那么稳定性指标 ϕ^t 可表示为

$$\phi^t = 1 - \frac{\sum_{j=1}^{m}\left|p_j^{(t+1)} - p_j^t\right|}{m} \tag{6.8}$$

有 $0 \leqslant \phi^t \leqslant 1$ 成立。ϕ^t 越接近 1,表明群组的评价值越稳定。在进行具体判断时,也可以事先设置稳定性阈值 ϕ。若 $\phi^t \geqslant \phi$,则可认为群组意见具有稳定性。

2. 一致性指标

一致性指标主要从横向角度,考察个体之间的观点是否具有较高的共识程度。具体可以通过群组中个体观点的整体相似度来进行测度。

假设在 t 时刻,评价个体间的观点相似度矩阵为 $R^t = \left[r_{ij}^t\right]_{n \times n}$,那么一致性指标 ψ^t 可表示为

$$\psi^t = \frac{\sum_{i=1}^{n}\sum_{j=1}^{n} r_{ij}^t - n}{n(n-1)} \tag{6.9}$$

有 $0 \leqslant \psi^t \leqslant 1$ 成立。ψ^t 越接近 1,表明群组意见越集中。同样地,根据实际需要,也可设置一致性阈值 ψ。若 $\psi^t > \psi$,则认为群组意见的集中度较高。当稳定性条件、一致性条件同时得到满足时,便可以停止信息交互,给出综合评价的结论。

(三)评价步骤

利用改进的 H-K 模型,基于一般型动态信念网络的评价流程框图如图 6.1 所

示。具体步骤如下。

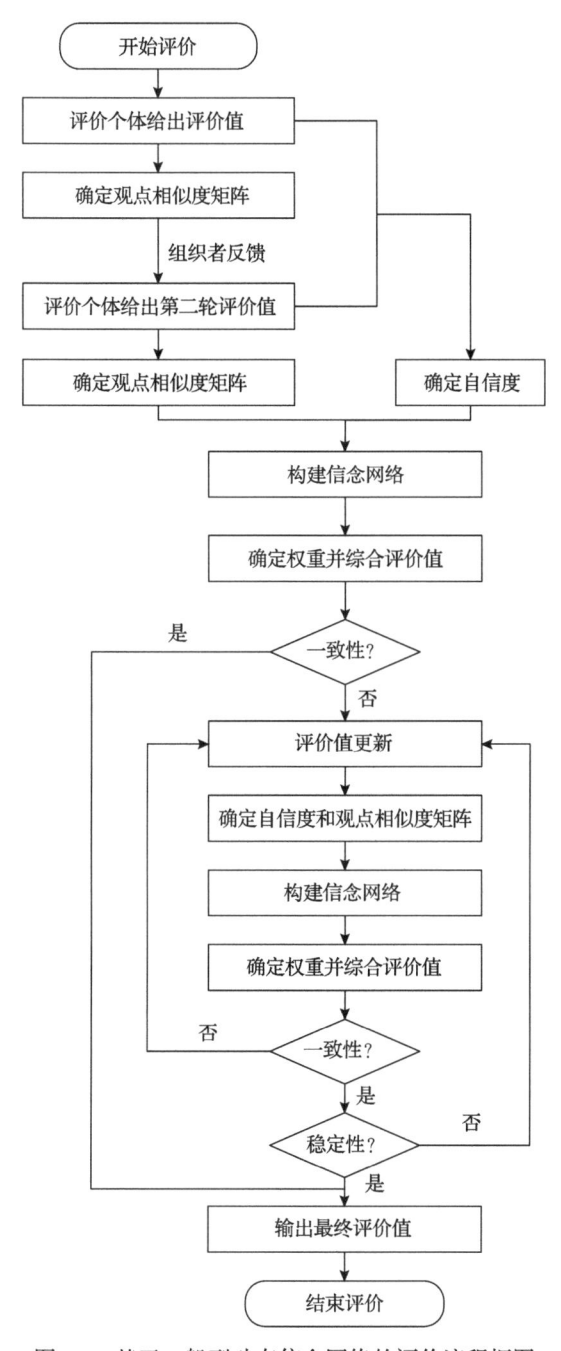

图 6.1 基于一般型动态信念网络的评价流程框图

(1) 构建初始评价信息矩阵 $P^1 = \left[p_{ij}^1 \right]_{n \times m}$，计算评价个体的观点相似度矩阵 $R^1 = \left[r_{ij}^1 \right]_{n \times n}$，并将相关信息反馈给各评价个体，要求评价个体修改自身观点并给出新的评价值，从而得到评价信息矩阵 $P^2 = \left[p_{ij}^2 \right]_{n \times m}$。

(2) 利用式(6.2)，计算个体的自信度向量 $T^2 = \left[t_i^2 \right]_{1 \times n}$。

(3) 根据式(6.1)，计算评价个体间的观点相似度矩阵 $R^2 = \left[r_{ij}^2 \right]_{n \times n}$。

(4) 利用式(6.3)和式(6.4)，构建初始信念关系矩阵 $B^2 = \left[b_{ij}^2 \right]_{n \times n}$，并经归一化处理后，得到初始信念网络关系矩阵 $B^{2'} = \left[b_{ij}^{2'} \right]_{n \times n}$。

(5) 利用式(5.10)分配个体权重，得到个体权重向量 W^2，同时对评价值进行综合，得到综合评价值 P'^2。

(6) 利用式(6.9)，计算得到一致性 ψ^2 并判断是否满足一致性阈值条件。若不满足一致性阈值条件，则执行步骤(7)；若满足一致性阈值条件，则执行步骤(8)。

(7) 利用式(6.7)对个体评价值进行更新，可得 t 时刻的评价信息矩阵 P^t ($t = 3, 4, \cdots, N$)。并重复步骤(2)~步骤(6)的计算过程。

(8) 根据式(6.8)，计算 t 时刻的稳定性 ϕ^t。若满足稳定性阈值条件，则可得到群组的综合评价值；若不满足稳定性阈值条件，则返回步骤(7)，直至稳定性满足稳定性阈值条件。

四、应用案例

(一)问题描述

某投资公司计划开展新研发产品的投产，即需要开展一项重大投资事项的决策。为此，公司在前期调研的基础制订了5个备选投资方案(o_1, o_2, o_3, o_4, o_5)，现邀请10位投资领域的专家($e_1, e_2, \cdots, e_{10}$)进行评估，希望能通过评估得到投资方案的排序建议。具体的投资方案评价信息矩阵 P^1 见表6.1。

表 6.1 投资方案的评价信息矩阵 P^1

评价个体	评价单元				
	o_1	o_2	o_3	o_4	o_5
e_1	0.4527	0.3635	0.7241	0.7349	0.2429
e_2	0.1258	0.2399	0.3454	0.4372	0.1064
e_3	0.1397	0.4453	0.1606	0.5625	0.7867

续表

评价个体	评价单元				
	o_1	o_2	o_3	o_4	o_5
e_4	0.0774	0.6423	0.6382	0.3246	0.3271
e_5	0.6184	0.3236	0.4463	0.5746	0.5145
e_6	0.4022	0.5558	0.2212	0.3989	0.6432
e_7	0.9823	0.7443	0.7499	0.4115	0.4139
e_8	0.4052	0.6924	0.8244	0.1831	0.3191
e_9	0.6521	0.4329	0.1275	0.2355	0.8146
e_{10}	0.1354	0.1425	0.5264	0.0321	0.4317

为了说明评价方法的适用性，此处设计不存在特殊个体、存在特殊个体两种情形。由于信念网络关系中包括自信信念和依赖信念，在此两种情形下，这些信念的影响力并不相同。对于不存在特殊个体的情形，设定自信信念和依赖信念在观点修正时是同等重要的，影响力系数均为0.5。对于存在特殊个体的情形，则设定影响力系数 $\alpha=0.2$，$\beta=0.8$。

为了便于开展案例结果的对比分析，上述两种情形将采用相同的初始评价值。借助 MATLAB 软件进行求解(代码见附录7)。一致性阈值 ψ 设定为 $1-10^{-4}$，稳定性阈值 ϕ 则设定为 $1-10^{-4}$。

(二)不存在特殊个体的情形

对于不存在特殊个体的情形，该案例的计算过程如下。

(1)计算评价个体观点相似度矩阵 R^1，通过信息反馈给评价个体，并要求个体修正其评价值后，得到评价信息矩阵 P^2。相关结果见表6.2和表6.3。

表 6.2 个体观点相似度矩阵 R^1

评价个体	e_1	e_2	e_3	e_4	e_5	e_6	e_7	e_8	e_9	e_{10}
e_1	1.0000	0.9760	0.7209	0.8516	0.9270	0.7867	0.8833	0.8524	0.6527	0.7264
e_2	0.9760	1.0000	0.7465	0.8758	0.8651	0.7658	0.8025	0.8112	0.5749	0.6571
e_3	0.7209	0.7465	1.0000	0.7586	0.8382	0.9425	0.6783	0.6492	0.8549	0.6811
e_4	0.8516	0.8758	0.7586	1.0000	0.7763	0.8161	0.8209	0.9476	0.6364	0.8158
e_5	0.9270	0.8651	0.8382	0.7763	1.0000	0.9192	0.9267	0.8134	0.8787	0.7540
e_6	0.7867	0.7658	0.9425	0.8161	0.9192	1.0000	0.8638	0.7989	0.9468	0.7291

续表

评价个体	e_1	e_2	e_3	e_4	e_5	e_6	e_7	e_8	e_9	e_{10}
e_7	0.8833	0.8025	0.6783	0.8209	0.9267	0.8638	1.0000	0.9253	0.8260	0.7480
e_8	0.8524	0.8112	0.6492	0.9476	0.8134	0.7989	0.9253	1.0000	0.6933	0.8535
e_9	0.6527	0.5749	0.8549	0.6364	0.8787	0.9468	0.8260	0.6933	1.0000	0.6998
e_{10}	0.7264	0.6571	0.6811	0.8158	0.7540	0.7291	0.7480	0.8535	0.6998	1.0000

表 6.3　第二轮($t=2$)时的评价信息矩阵 P^2（不存在特殊个体的情形）

评价个体	评价单元				
	o_1	o_2	o_3	o_4	o_5
e_1	0.3248	0.3156	0.6534	0.6321	0.3128
e_2	0.2167	0.4018	0.5032	0.5123	0.2254
e_3	0.2109	0.4478	0.1918	0.5145	0.7176
e_4	0.1867	0.6376	0.7143	0.2165	0.5867
e_5	0.6043	0.3957	0.5133	0.5344	0.4989
e_6	0.5988	0.3598	0.4798	0.2987	0.7063
e_7	0.5097	0.7004	0.7957	0.2887	0.3948
e_8	0.5826	0.7193	0.7199	0.2648	0.4094
e_9	0.5177	0.6145	0.3479	0.4827	0.6287
e_{10}	0.3879	0.3824	0.4226	0.6339	0.5187

(2) 利用式(6.2)，计算个体的自信度向量 $T^2 = \left[t_i^2 \right]_{1 \times n}$，结果见表6.4。

表 6.4　第二轮($t=2$)时的个体自信度向量 T^2（不存在特殊个体的情形）

评价个体	自信度	评价个体	自信度
e_1	0.9162	e_6	0.8371
e_2	0.8791	e_7	0.8592
e_3	0.9556	e_8	0.9038
e_4	0.8884	e_9	0.8061
e_5	0.9582	e_{10}	0.7430

(3) 根据式(6.1)，计算个体间的观点相似度矩阵 $R^2 = \left[r_{ij}^2 \right]_{n \times n}$，结果见表6.5。

表 6.5　第二轮($t=2$)时的个体观点相似度矩阵 R^2（不存在特殊个体的情形）

评价个体	e_1	e_2	e_3	e_4	e_5	e_6	e_7	e_8	e_9	e_{10}
e_1	1.0000	0.9760	0.7209	0.8516	0.9270	0.7867	0.8833	0.8524	0.6527	0.7264
e_2	0.9760	1.0000	0.7465	0.8758	0.8651	0.7658	0.8025	0.8112	0.5749	0.6571
e_3	0.7209	0.7465	1.0000	0.7586	0.8382	0.9425	0.6783	0.6492	0.8549	0.6811
e_4	0.8516	0.8758	0.7586	1.0000	0.7763	0.8161	0.8209	0.9476	0.6364	0.8158
e_5	0.9270	0.8651	0.8382	0.7763	1.0000	0.9192	0.9267	0.8134	0.8787	0.7540
e_6	0.7867	0.7658	0.9425	0.8161	0.9192	1.0000	0.8638	0.7989	0.9468	0.7291
e_7	0.8833	0.8025	0.6783	0.8209	0.9267	0.8638	1.0000	0.9253	0.8260	0.7480
e_8	0.8524	0.8112	0.6492	0.9476	0.8134	0.7989	0.9253	1.0000	0.6933	0.8535
e_9	0.6527	0.5749	0.8549	0.6364	0.8787	0.9468	0.8260	0.6933	1.0000	0.6998
e_{10}	0.7264	0.6571	0.6811	0.8158	0.7540	0.7291	0.7480	0.8535	0.6998	1.0000

(4) 利用式(6.3)和式(6.4)，构建初始信念关系矩阵 $B^2=\left[b_{ij}^2\right]_{n\times n}$，并经归一化处理后，得到初始信念网络关系矩阵 $B^{2'}=\left[b_{ij}^{2'}\right]_{n\times n}$，结果分别见表 6.6 和表 6.7。

表 6.6　第二轮($t=2$)时的初始信念关系矩阵（不存在特殊个体的情形）

评价个体	e_1	e_2	e_3	e_4	e_5	e_6	e_7	e_8	e_9	e_{10}
e_1	3.8373	0.4890	0.3721	0.4320	0.4665	0.4023	0.4465	0.4324	0.3409	0.3747
e_2	0.4894	3.5492	0.3886	0.4454	0.4407	0.3971	0.4132	0.4170	0.3132	0.3493
e_3	0.3666	0.3789	3.7604	0.3847	0.4227	0.4725	0.3463	0.3324	0.4307	0.3476
e_4	0.4341	0.4448	0.3928	3.6866	0.4006	0.4183	0.4204	0.4767	0.3385	0.4182
e_5	0.4650	0.4354	0.4225	0.3928	4.1674	0.4613	0.4649	0.4106	0.4419	0.3821
e_6	0.4107	0.4020	0.4759	0.4230	0.4662	3.5866	0.4430	0.4158	0.4778	0.3866
e_7	0.4499	0.4152	0.3618	0.4230	0.4685	0.4415	3.6406	0.4679	0.4253	0.3917
e_8	0.4333	0.4147	0.3415	0.4763	0.4157	0.4091	0.4662	3.7712	0.3614	0.4338
e_9	0.3600	0.3287	0.4415	0.3534	0.4511	0.4786	0.4299	0.3764	3.1291	0.3790
e_{10}	0.3984	0.3726	0.3815	0.4316	0.4086	0.3994	0.4064	0.4456	0.3885	2.8475

表 6.7　第二轮($t=2$)时的初始信念网络关系矩阵(不存在特殊个体的情形)

评价个体	e_1	e_2	e_3	e_4	e_5	e_6	e_7	e_8	e_9	e_{10}
e_1	0.5053	0.0644	0.0490	0.0569	0.0614	0.0530	0.0588	0.0569	0.0449	0.0493
e_2	0.0679	0.4927	0.0539	0.0618	0.0612	0.0551	0.0574	0.0579	0.0435	0.0485
e_3	0.0506	0.0523	0.5192	0.0531	0.0584	0.0652	0.0478	0.0459	0.0595	0.0480
e_4	0.0584	0.0599	0.0529	0.4961	0.0539	0.0563	0.0566	0.0642	0.0455	0.0563
e_5	0.0578	0.0541	0.0525	0.0488	0.5181	0.0573	0.0578	0.0510	0.0549	0.0475
e_6	0.0549	0.0537	0.0636	0.0565	0.0623	0.4790	0.0592	0.0555	0.0638	0.0516
e_7	0.0601	0.0555	0.0483	0.0565	0.0626	0.0590	0.4864	0.0625	0.0568	0.0523
e_8	0.0576	0.0551	0.0454	0.0633	0.0553	0.0544	0.0620	0.5013	0.0480	0.0577
e_9	0.0535	0.0489	0.0656	0.0525	0.0671	0.0711	0.0639	0.0559	0.4651	0.0563
e_{10}	0.0615	0.0575	0.0589	0.0666	0.0631	0.0616	0.0627	0.0688	0.0600	0.4394

(5)利用式(5.10)分配个体权重,得到个体权重向量W^2,结果见表6.8。同时,计算可得群组综合评价值向量$P'^2 = (0.4149, 0.4974, 0.5371, 0.4360, 0.4989)$。

表 6.8　第二轮($t=2$)时的个体权重向量(不存在特殊个体的情形)

评价个体	权重	评价个体	权重
e_1	0.1028	e_6	0.1012
e_2	0.0994	e_7	0.1012
e_3	0.1009	e_8	0.1020
e_4	0.1012	e_9	0.0942
e_5	0.1063	e_{10}	0.0907

(6)利用式(6.9),计算得到一致性$\psi^2 = 0.8042 < \psi$。因此,需要进一步迭代计算。

(7)利用 MATLAB 软件进行计算,结果发现,当$t=7$时,一致性和稳定性达到收敛,相关结果见表6.9。指数值与模拟轮次的动态变化关系见图6.2。

根据图 6.2 与表 6.9 可以发现,经过第三次交互后,一致性从 0.8042 提升至 0.9783。随着交互次数的增多,稳定性呈不断提升的趋势。这表明基于信念网络的评价意见改进机制有助于实现群组在评价结论上的收敛。

表 6.9　各轮次的一致性与稳定性指标(不存在特殊个体的情形)

轮次	一致性 ψ^t	稳定性 ϕ^t
第二轮($t=2$)	0.8042	—
第三轮($t=3$)	0.9783	0.999849
第四轮($t=4$)	0.9955	0.999973
第五轮($t=5$)	0.9990	0.999995
第六轮($t=6$)	0.9998	0.999999
第七轮($t=7$)	1.0000	1.000000

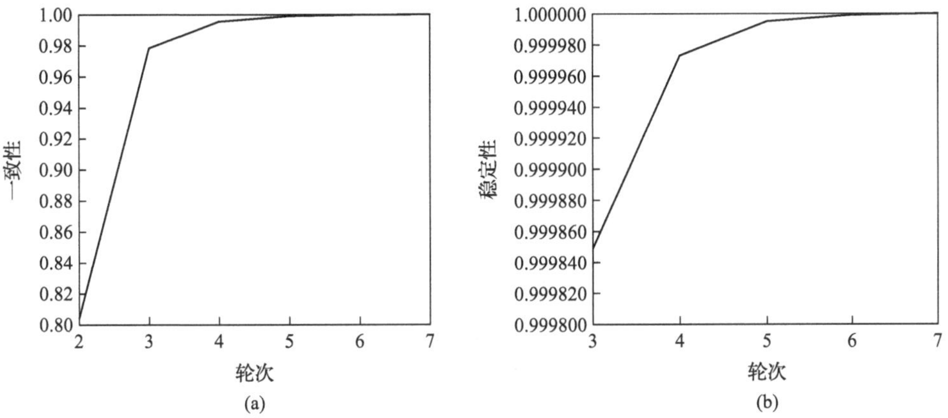

图 6.2　一致性与稳定性的动态变化(不存在特殊个体的情形)

(8)经 7 次交互后,可得动态调整后的群组评价信息矩阵 P^7。利用表 6.10 中的评价信息矩阵及个体权重向量 W^7,最终可计算得到群组的评价值向量:$P'^7 =$ (0.4152,0.4973,0.5370,0.4362,0.4988),排序结果为 $o_3 \succ o_5 \succ o_2 \succ o_4 \succ o_1$。

表 6.10　第七轮($t=7$)时的群组评价信息矩阵(不存在特殊个体的情形)

评价个体	o_1	o_2	o_3	o_4	o_5
e_1	0.4133	0.4935	0.5396	0.4403	0.4947
e_2	0.4111	0.4953	0.5366	0.4378	0.4930
e_3	0.4110	0.4961	0.5294	0.4379	0.5037
e_4	0.4106	0.5001	0.5407	0.4318	0.5004
e_5	0.4195	0.4950	0.5364	0.4385	0.4988
e_6	0.4189	0.4947	0.5356	0.4336	0.5031

续表

评价个体	评价单元				
	o_1	o_2	o_3	o_4	o_5
e_7	0.4173	0.5013	0.5423	0.4333	0.4967
e_8	0.4186	0.5019	0.5411	0.4326	0.4968
e_9	0.4175	0.4995	0.5331	0.4371	0.5017
e_{10}	0.4148	0.4953	0.5350	0.4397	0.4992

(三)存在特殊个体的情形

考虑存在偏执个体或无主见个体的情形。已知评价个体 e_5 和 e_{10} 为无主见个体，其表现为自信度较低；评价个体 e_5 和 e_9 为偏执个体，其表现为盲目自信(即自信度较高)。具体步骤如下。

(1)计算评价个体观点相似度矩阵 R^1。由于两种情形下评价个体的评价数据并未发生变化，评价个体观点相似度矩阵 R^1 同表 6.2。但在修正自身观点的过程中，由于个体特征的差异，其评分值发生变化。此时的评价信息矩阵 P^2 见表 6.11。

表 6.11 第二轮($t=2$)时的评价信息矩阵 P^2 (存在特殊个体的情形)

评价个体	评价单元				
	o_1	o_2	o_3	o_4	o_5
e_1	0.4527	0.3635	0.7241	0.7349	0.2429
e_2	0.1258	0.2399	0.3454	0.4372	0.1064
e_3	0.1397	0.4453	0.1606	0.5625	0.7867
e_4	0.0774	0.6423	0.6382	0.3246	0.3271
e_5	0.6184	0.3236	0.4463	0.5746	0.5145
e_6	0.4022	0.5558	0.2212	0.3989	0.6432
e_7	0.9823	0.7443	0.7499	0.4115	0.4139
e_8	0.4052	0.6924	0.8244	0.1831	0.3191
e_9	0.6521	0.4329	0.1275	0.2355	0.8146
e_{10}	0.1354	0.1425	0.5264	0.0321	0.4317

(2)利用式(6.2)，计算个体的自信度向量 $T^2 = \left[t_i^2 \right]_{1 \times n}$，结果见表 6.12。

表 6.12　第二轮($t=2$)时的个体自信度向量 T^2（存在特殊个体的情形）

评价个体	自信度	评价个体	自信度
e_1	0.9362	e_6	0.8223
e_2	0.8651	e_7	0.9440
e_3	0.9556	e_8	0.9509
e_4	0.8957	e_9	0.9140
e_5	0.7876	e_{10}	0.7578

(3) 根据式(6.1)，计算个体间的观点相似度矩阵 $R^2 = \left[r_{ij}^2 \right]_{n \times n}$，结果见表 6.13。

表 6.13　第二轮($t=2$)时的个体观点相似度矩阵 R^2（存在特殊个体的情形）

评价个体	e_1	e_2	e_3	e_4	e_5	e_6	e_7	e_8	e_9	e_{10}
e_1	1.0000	0.9852	0.8077	0.8866	0.7724	0.8945	0.8629	0.8515	0.6863	0.9685
e_2	0.9852	1.0000	0.8241	0.9163	0.7555	0.8862	0.8736	0.8943	0.6966	0.9654
e_3	0.8077	0.8241	1.0000	0.8752	0.7715	0.8397	0.7905	0.7517	0.9487	0.9090
e_4	0.8866	0.9163	0.8752	1.0000	0.9097	0.9128	0.8822	0.9509	0.8319	0.9017
e_5	0.7724	0.7555	0.7715	0.9097	1.0000	0.9280	0.8775	0.8821	0.8406	0.7990
e_6	0.8945	0.8862	0.8397	0.9128	0.9280	1.0000	0.9849	0.9272	0.8590	0.9375
e_7	0.8629	0.8736	0.7905	0.8822	0.8775	0.9849	1.0000	0.9430	0.8164	0.9127
e_8	0.8515	0.8943	0.7517	0.9509	0.8821	0.9272	0.9430	1.0000	0.7442	0.8607
e_9	0.6863	0.6966	0.9487	0.8319	0.8406	0.8590	0.8164	0.7442	1.0000	0.8252
e_{10}	0.9685	0.9654	0.9090	0.9017	0.7990	0.9375	0.9127	0.8607	0.8252	1.0000

(4) 利用式(6.3)和式(6.4)，构建初始信念关系矩阵 $B^2 = \left[b_{ij}^2 \right]_{n \times n}$，并经归一化处理后，得到初始信念网络关系矩阵 $B^{2'} = \left[b_{ij}^{2'} \right]_{n \times n}$，结果分别见表 6.14 和表 6.15。

表 6.14　第二轮($t=2$)时的初始信念关系矩阵（存在特殊个体的情形）

评价个体	e_1	e_2	e_3	e_4	e_5	e_6	e_7	e_8	e_9	e_{10}
e_1	5.7120	0.7437	0.5526	0.6506	0.7070	0.6019	0.6743	0.6512	0.5016	0.5568
e_2	0.7024	5.0692	0.5436	0.6331	0.6257	0.5570	0.5824	0.5884	0.4248	0.4818
e_3	0.5600	0.5796	5.4433	0.5888	0.6497	0.7294	0.5274	0.5052	0.6624	0.5296
e_4	0.6311	0.6484	0.5644	5.4092	0.5771	0.6057	0.6091	0.6998	0.4768	0.6054

续表

评价个体	e_1	e_2	e_3	e_4	e_5	e_6	e_7	e_8	e_9	e_{10}
e_5	0.6266	0.5876	0.5706	0.5316	5.0083	0.6216	0.6264	0.5550	0.5961	0.5175
e_6	0.5531	0.5394	0.6556	0.5724	0.6402	5.1439	0.6038	0.5611	0.6584	0.5152
e_7	0.6782	0.6173	0.5235	0.6311	0.7110	0.6635	5.8337	0.7100	0.6350	0.5761
e_8	0.6583	0.6269	0.5037	0.7307	0.6286	0.6176	0.7137	5.7776	0.5372	0.6591
e_9	0.4945	0.4376	0.6423	0.4825	0.6597	0.7095	0.6212	0.5242	5.1283	0.5289
e_{10}	0.4888	0.4468	0.4614	0.5430	0.5055	0.4905	0.5019	0.5658	0.4727	4.1921

表 6.15　第二轮($t=2$)时的初始信念网络关系矩阵(存在特殊个体的情形)

评价个体	e_1	e_2	e_3	e_4	e_5	e_6	e_7	e_8	e_9	e_{10}
e_1	0.5032	0.0655	0.0487	0.0573	0.0623	0.0530	0.0594	0.0574	0.0442	0.0491
e_2	0.0688	0.4966	0.0533	0.0620	0.0613	0.0546	0.0570	0.0576	0.0416	0.0472
e_3	0.0520	0.0538	0.5052	0.0546	0.0603	0.0677	0.0489	0.0469	0.0615	0.0491
e_4	0.0583	0.0599	0.0521	0.4996	0.0533	0.0559	0.0563	0.0646	0.0440	0.0559
e_5	0.0612	0.0574	0.0557	0.0519	0.4890	0.0607	0.0612	0.0542	0.0582	0.0505
e_6	0.0530	0.0516	0.0628	0.0548	0.0613	0.4926	0.0578	0.0537	0.0630	0.0493
e_7	0.0586	0.0533	0.0452	0.0545	0.0614	0.0573	0.5038	0.0613	0.0548	0.0498
e_8	0.0575	0.0547	0.0440	0.0638	0.0549	0.0539	0.0623	0.5044	0.0469	0.0575
e_9	0.0483	0.0428	0.0628	0.0472	0.0645	0.0694	0.0607	0.0512	0.5014	0.0517
e_{10}	0.0564	0.0515	0.0532	0.0626	0.0583	0.0566	0.0579	0.0653	0.0545	0.4836

(5)利用式(5.10)分配个体权重,得到个体权重向量 W^2,结果见表6.16。计算可得群组综合评价值向量 $P'^2 = (0.3779, 0.4701, 0.5083, 0.4148, 0.4756)$。

表 6.16　第二轮($t=2$)时的个体权重向量(存在特殊个体的情形)

评价个体	权重	评价个体	权重
e_1	0.1017	e_6	0.1022
e_2	0.0987	e_7	0.1025
e_3	0.0983	e_8	0.1017
e_4	0.1008	e_9	0.0970
e_5	0.1027	e_{10}	0.0944

(6) 利用式(6.9)，可得一致性 $\psi^2 = 0.8654 < \psi$。由于尚未达到事先设定的一致性条件，需要继续进行迭代优化。

(7) 利用 MATLAB 软件进行计算，结果发现，当 $t = 7$ 时，一致性和稳定性指标达到收敛，相关结果见表6.17。指数值与模拟轮次的动态变化关系见图6.3。

表 6.17　各轮次的一致性与稳定性指标(存在特殊个体的情形)

轮次	一致性 ψ^t	稳定性 ϕ^t
第二轮(t=2)	0.8654	—
第三轮(t=3)	0.9696	0.999880
第四轮(t=4)	0.9937	0.999985
第五轮(t=5)	0.9987	0.999998
第六轮(t=6)	0.9997	1.000000
第七轮(t=7)	0.9999	1.000000

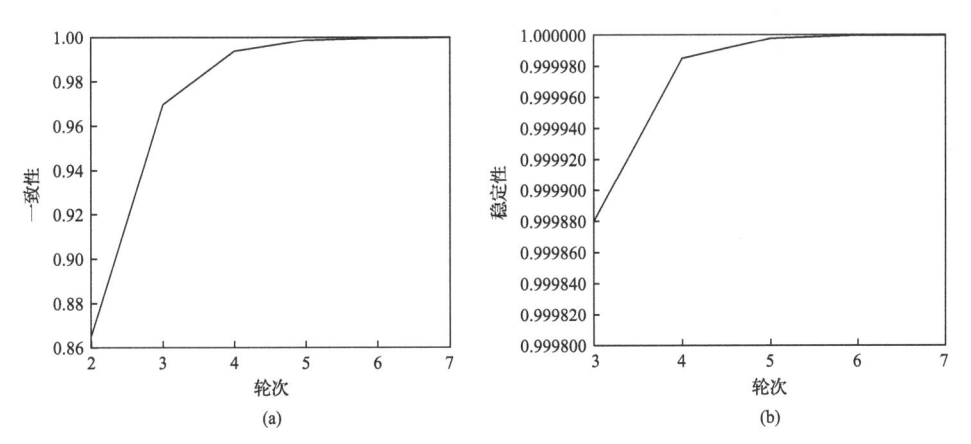

图 6.3　一致性与稳定性的动态变化(存在特殊个体的情形)

由图 6.3 与表 6.17 可知，经过一次交互后，一致性达到 0.8654；稳定性在第三次交互后达到 0.999880。因此，网络信念的交互对于实现群组意见的收敛具有显著的作用。

(8) 经第 7 次交互后，得到动态调整后的群组评价信息矩阵 P^7。利用表 6.18 中的评价信息矩阵和个体权重向量 W^7，最终可计算得到群组的评价值向量 $P'^7 =$ (0.3778, 0.4701, 0.5085, 0.4148, 0.4753)，排序结果为 $o_3 \succ o_5 \succ o_2 \succ o_4 \succ o_1$。

表 6.18　第七轮($t=7$)时的群组评价信息矩阵(存在特殊个体的情形)

评价个体	评价单元				
	o_1	o_2	o_3	o_4	o_5
e_1	0.3768	0.4673	0.5114	0.4207	0.4719
e_2	0.3748	0.4688	0.5088	0.4180	0.4704
e_3	0.3747	0.4694	0.5024	0.4165	0.4800
e_4	0.3743	0.4732	0.5125	0.4146	0.4770
e_5	0.3763	0.4659	0.5083	0.4084	0.4750
e_6	0.3800	0.4681	0.5077	0.4126	0.4743
e_7	0.3867	0.4745	0.5120	0.4150	0.4749
e_8	0.3781	0.4748	0.5128	0.4122	0.4720
e_9	0.3787	0.4702	0.5022	0.4118	0.4828
e_{10}	0.3780	0.4687	0.5071	0.4186	0.4742

(四)两种情形下评价结果的对比

前面分别针对两种情形(不存在特殊个体与存在特殊个体)进行了案例应用分析,可以发现两点规律:①当不存在特殊个体时,其一致性收敛较快,稳定性稳定上升,而当存在特殊个体时,其一致性的收敛速度相对较慢;②虽然收敛速度有所差异,但是总体趋势一致,随着交互的进行,一致性均有所提升。

本案例的群组规模较小(仅为 10 人);若群组规模进一步扩大,则群组意见的一致性收敛速度将会减慢。因此,在进行大规模群组评价活动时,有必要进一步讨论快速实现群组意见一致性收敛的评价方法,从而提高群组评价结果的执行效率。

第三节　基于适度权威型动态信念交互的评价机制

本章第二节主要围绕一般型群组评价的动态信念交互问题开展了讨论。由于群组可分为一般型群组和权威型群组,在信念交互的情况下,也就存在着两种模式。因此,本节将讨论权威型群组评价的动态信念交互机制设计。

一、群组评价中的权威效应

群组评价中的权威效应可能存在三种情况:过度权威、缺乏权威和适度权威。在不同的情形下,权威效应的作用机制并不完全相同。

(一)过度权威

当群组中存在权威个体时，往往会使其他个体产生从众心理，从而引发羊群效应，这就有可能造成评价结果失真，甚至在极端情况下，可能得到完全错误的评价结果。

为了应对此类问题，学者提出了综合集成研讨厅体系。该体系通过对评价个体、知识库及相关信息进行有效的整合，将评价过程划分为三个阶段：①准备阶段，针对具体问题设置评价环境，明确对象、内容及基本的初始参数；②个体研讨阶段，主要以群体一致为目标，寻找共识意见并进行集成；③整理输出评价结果阶段(戴汝为等，1995；Qian et al.，1990)。

由于个体存在异质性，个体的评价判断通常存在不同的标准，从而造成评价结论的差异。特别地，在动态评价过程中，个体间的交互行为将会使评价数据的差异性变得更为复杂。若个体的意见分歧差异较大，就产生了分散化的思维；若这种分散化超出一定范围，群组意见的集成将会变得异常困难，从而有可能产生评价杠杆效应。

(二)缺乏权威

然而，若在信息交互过程中没有权威个体的参与，则缺乏对评价过程的适当引导，往往导致个体间的意见分歧较大，也就难以达成共识。德尔菲法就是一个典型方法。该方法经过多次调查、汇总、修改，直至所有专家意见趋于统一，从而形成评价和预测的结果，故其应用范围十分广泛(Stauffer and de Oliveira, 2006)。近年来，该方法得到了不断创新，产生了模糊德尔菲法、策略德尔菲法(Billari et al.，2006；Warfield and Carol，1993)。

若没有权威个体进行适当的引导，组织者想借助德尔菲法取得较为一致的群组评价意见是难以实现的。其局限性主要体现在：首先，个体之间很难形成一致意见，为此需要时间达成共识；其次，在德尔菲法中，个体间通常不进行互相讨论，几乎没有交流；最后，即使存在一定的交互过程，也缺乏偏好调整机制及对群体效用的衡量(Warfield and Carol，1993；顾基发，2001；White et al.，2007)。

(三)适度权威

鉴于前面对过度权威、缺乏权威这两种情形的分析。在群组评价中需要设计合理的评价机制，以保障权威个体发挥适当的引导作用，即形成适度权威效应。在此类评价机制的设计中应着重考虑如下问题。

首先，为了减少从众现象产生的可能，在评价的组织过程中尽量避免采用评价个体面对面的交流方式，宜采用背靠背的交流方式。

其次，需要进一步平衡群组的共识和个体的新思维之间的共同作用。虽然评价的最终目的是决策，在群组的情形下，决策往往是以具有较高的群组共识为基础的，但完全强调高的共识水平而忽视个体的创新，并不能实现借助群组以交互方式完成评价信息倍增的初衷。

最后，在处理信息反馈的过程中，应将权威个体的意见进行单独反馈，以更为合适的形式将其信息提供给其他个体，便于形成有效的决策。

二、机制设计

为了便于对比，此处仍以 H-K 模型为基础开展讨论。但为了促进权威个体与其他评价个体进行更为有效的意见交互，以保证权威个体对其他评价个体开展适当的引导，还需要对 H-K 模型进行改进。

（一）有界自信模型的局限性

本章第二节已经归纳了 H-K 模型的缺陷，主要如下：①个体只与意见较为相似的其他个体发生交互，这一设定条件存在较大的现实偏离；②个体受到其他个体的影响程度是匀质的，这显然与实际情况不完全相符。

同样地，为了促成适度权威效应，应该允许个体在保留自身意见的同时，参考权威个体的意见，对自身意见进行适当修改。因此，可对 H-K 模型进行如下修正：

$$V_i(t+1) = \left[1 - na_{ij}(t)\right]V_0(t) + na_{ij}(t)V^* \quad (6.10)$$

式中，$V_0(t)$ 为个体 i 在 t 时刻的评价意见；V^* 为权威个体的评价意见；n 为受到权威个体影响的个体数。

（二）设计思路

基于以上对模型局限性的分析，此处将设计一种既能发挥权威个体的优势，又有助于避免杠杆效应的方法。基于适度权威型动态信念交互的评价机制流程框图如图 6.4 所示。

这种评价机制可描述如下：首先，分别组织权威个体与一般个体各自独立地开展评价；其次，若在一般个体中难以取得一致意见，则将权威个体的评价意见提供给这些个体，以引导其修正评价意见；再次，利用 H-K 模型识别需要进行交互的个体，并要求他们参考权威个体的意见进行修正；最后，若一致性满足一致性阈值条件，则可集成个体意见；若一致性不满足一致性阈值条件，则继续进行交互，直至满足一致性阈值条件。

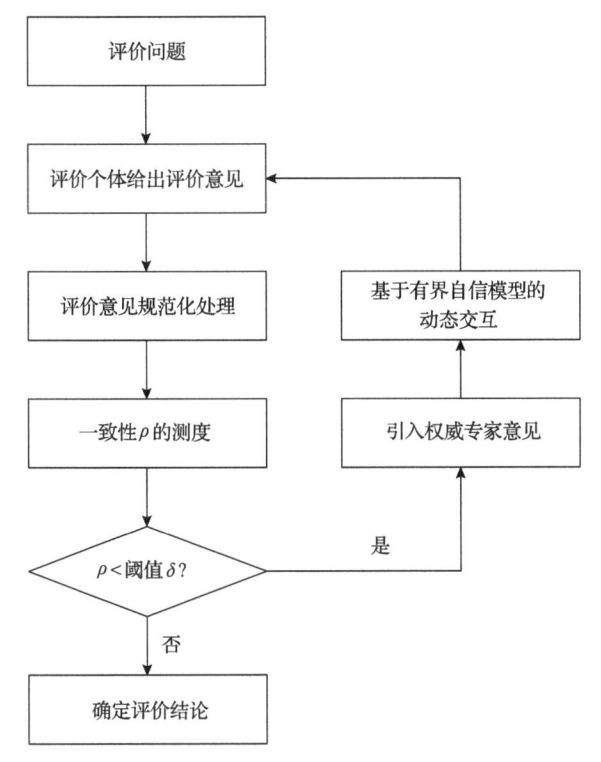

第六章 基于动态信念网络的杠杆效应处理机制 ·149·

图 6.4 基于适度权威型动态信念交互的评价机制流程框图

(三) 一致性测度

为了衡量权威个体的适度影响，可以基于意见偏离的角度，构建群组意见的一致性来开展测度。个体评价值与群组综合评价值之间的偏差是构造该测度指标的基础依据。假设评价个体 i 对所有评价单元的评价值向量为 $V_i = \left(V_i^1, V_i^2, \cdots, V_i^m\right)$，群组综合评价值向量为 $V_G = \left(V_G^1, V_G^2, \cdots, V_G^m\right)$，则评价个体 i 的总偏离度为

$$\Delta_i = \frac{\sum_{k=1}^{m}\left|V_i^k - V_G^k\right|}{m} \tag{6.11}$$

因此，可构造群组一致性测度指标：

$$\rho = \frac{\sqrt{\sum_{i=1}^{n}(\Delta_i - \Delta h)^2}}{\sqrt{\sum_{i=1}^{n}(\Delta_i - \Delta h)^2} + \sqrt{\sum_{i=1}^{n}(\Delta_i)^2}} \tag{6.12}$$

式中，$\Delta h = \max_i(\Delta_i)$ 表示个体总偏离度的最大值；n 为群组规模，即个体数。

由式(6.12)可知，ρ 与 Δ_i 成反比。当 $\Delta_i = 0$ 时，有 $\rho = 1$，表示群组意见取得完全共识；当 $\Delta_i = \Delta h$ 时，有 $\rho = 0$，表明群组意见完全不一致。不难证明，由于 $\Delta_i \in [0, \Delta h]$，必定有 $\rho \in [0,1]$ 成立。

(四) 方法步骤

基于适度权威型动态信念交互评价方法的步骤可归纳如下。

(1) 由评价组织者设定评价环境，明确评价单元及相关评价标准，并设置观点动态交互阈值 ε 和群组一致性阈值 δ。评价个体独立给出评价意见，组织者对个体评价意见进行归一化处理。

(2) 根据式(6.12)，计算群组一致性测度指标 ρ。若满足条件 $\rho \geq \delta$，则计算群组的综合评价值。

(3) 若不满足条件 $\rho \geq \delta$，则进行动态交互过程。利用式(6.5)计算出观点邻近度，确定需要进行交互的个体；根据式(6.6)，计算权威个体对其他一般个体的影响力系数；利用式(6.10)进行个体间的信息动态交互，可得群组评价信息矩阵。根据步骤(2)，再次计算一致性测度指标。

(4) 若满足条件 $\rho \geq \delta$，则进行群组意见的集成。若不满足条件 $\rho \geq \delta$，则重复步骤(3)，继续进行动态交互，直至满足条件 $\rho \geq \delta$。

三、应用案例

(一) 问题描述

某公司计划进行风险投资，前期已经培育储备了 4 个投资项目，分别是影视传媒公司、酒店、手机生产公司、医疗器械公司(P_1, P_2, P_3, P_4)。公司邀请 10 位专家开展评价($e_1, e_2, \cdots, e_{10}$)，包括投资领域专家、相关企业高管、研发领域专家、行业从业者等。10 位专家对投资方案的评分见表 6.19。

表 6.19　10 位专家对投资方案的评分

评价个体	评价单元			
	P_1	P_2	P_3	P_4
e_1	61	68	72	52
e_2	66	65	70	61
e_3	54	64	74	62
e_4	62	73	80	52
e_5	64	63	70	42

第六章 基于动态信念网络的杠杆效应处理机制

续表

评价个体	评价单元			
	P_1	P_2	P_3	P_4
e_6	59	70	85	60
e_7	67	75	82	54
e_8	70	74	51	66
e_9	72	83	68	65
e_{10}	70	61	65	64

(二)计算过程

具体的计算过程归纳如下。

(1)分别设定评价意见的动态交互阈值为 $\varepsilon=10$、群组一致性阈值为 $\delta=0.5$。由于评价数据的量纲已经统一,可利用个体评价值的均值向量来替代群组的综合评价值向量,即 $V_G=(64.5, 69.6, 71.7, 57.8)$。

(2)根据式(6.12),可得群组一致性测度指标为 $\rho=0.4202$。由于该值小于群组一致性阈值 δ,需要在评价个体之间进行意见交互。

(3)意见交互过程可分为四个具体的环节。首先,根据式(6.5),可计算观点邻近度,结果见表6.20,依据观点动态交互阈值 $\varepsilon=10$,可以发现部分个体不会受到影响,见表6.20中带"()"的个体;其次,根据式(6.6),计算权威个体对其他一般个体的影响力系数,结果见表6.21;再次,整理权威个体的评价意见 $V^*=(65, 70, 73, 60)$,利用式(6.10)进行个体间的信息动态交互,结果如表6.22所示;最后,按照简单平均综合方法,可得群组评价值向量为 $V_r=(64.21, 70.24, 73.23, 57.42)$。

表6.20 存在权威个体时的观点邻近度

评价个体	评价单元			
	P_1	P_2	P_3	P_4
e_1	4	2	1	8
e_2	1	5	3	1
e_3	(11)	6	1	2
e_4	3	3	7	8
e_5	1	7	3	(18)
e_6	6	0	(12)	0
e_7	2	5	9	6

续表

评价个体	评价单元			
	P_1	P_2	P_3	P_4
e_8	5	4	(22)	6
e_9	7	(13)	5	5
e_{10}	5	9	8	4

表 6.21 权威个体的影响力系数

评价个体	评价单元			
	P_1	P_2	P_3	P_4
e_1	0.021	0.035	0.052	0.012
e_2	0.052	0.017	0.026	0.052
e_3	0.000	0.015	0.052	0.035
e_4	0.026	0.026	0.013	0.012
e_5	0.052	0.013	0.026	0.000
e_6	0.015	0.104	0.000	0.104
e_7	0.035	0.017	0.010	0.015
e_8	0.017	0.021	0.000	0.015
e_9	0.013	0.000	0.017	0.017
e_{10}	0.017	0.010	0.012	0.021

表 6.22 权威个体意见经交互后的个体评价值

评价个体	评价单元			
	P_1	P_2	P_3	P_4
e_1	63.93	70.44	73.83	55.25
e_2	64.17	68.04	72.74	59.17
e_3	(54)	67.13	72.17	59.56
e_4	64.74	70.26	76.81	55.25
e_5	65.83	66.19	72.74	42.00
e_6	62.13	70.00	85.00	60.00
e_7	64.56	71.95	78.72	57.13
e_8	66.95	71.07	51.00	62.87
e_9	68.81	83.00	71.05	61.95
e_{10}	66.95	64.28	68.25	61.07

(4)再次计算群组一致性测度指标,有 $\rho = 0.505$。由于此时满足条件 $\rho > \varepsilon$,最终的方案排序为 $P_3 \succ P_2 \succ P_1 \succ P_4$。经过交互后,群组意见的一致性比原来提升了 20.18%。

本 章 小 结

在交互式群组评价的过程中,个体特征决定了评价机制。本章讨论了一般型群组、权威型群组这两类评价主体,结合动态网络开展了评价机制的研究。在讨论一般型动态信念网络评价问题时,区分了两类个体:正常个体与特殊个体(偏执个体、无主见个体等),并利用观点动力学的相关模型设计评价方法。在讨论适度权威型动态信念网络评价问题时,针对适度权威现象,在控制群组一致性的基础上,开展方法设计。相关应用案例表明,两类方法能有效地处理对应的问题,且能达到较高的群组一致性,从而避免杠杆效应。

第七章　基于数据修正的杠杆效应处理机制

　　根据群组评价要素构成的架构，调整个体权重分配和构建个体信息的交互方式是有效处理群组杠杆效应的途径。但基于评价个体对评价标准的理解、量化判断的心理等方面的差异性，不同的评价个体在同一个评价单元上的量化结果必定不同，进而导致杠杆效应。同时，评价单元之间所存在的客观数量差异也有可能进一步放大评价个体之间在量化方面的异质性。因此，如何基于这些特征并对评价数据进行修正，以提升评价数据的可比性，是值得研究的问题。本章将从评价个体和评价单元两个角度，通过讨论链式评价组织（简称链式组织）方式的设计，达到提升评价数据的可比性的目的。

第一节　群组评价中的数据可比性问题

　　数据可比性不仅体现在数据形式上，而且体现在数据意义上。前者是指评价数据的类型，后者通常是指数据关键点的现实含义。虽然这种可比性问题由数据产生，但实际上，导致不可比的因素通常是评价要素。

一、评价主体导致的不可比现象

　　群组评价要求评价主体由多人或多个机构组成，这种评价主体的多样性、特征差异形成了主体的层次结构。这些特征的差异有可能是显性的，也有可能是隐性的。按照评价主体的特征，群组可分为权威型群组和一般型群组。其中，权威型群组要求评价主体具有专家身份或相应的条件，一般型群组要求评价主体具有大量性的特点。

　　就这两类主体而言，显性的差异主要表现在评价主体的属性特征方面，如权威型群组评价中各位专家的研究领域、学术背景、工作经验，一般型群组评价中各评价主体的职业、受教育水平、家庭背景、收入水平等。这些方面的差异造成了各评价主体在评价意见（主要集中于评价指标的量化结果）上的数量差异。在传统综合评价中，以上因素都被过度假设为相同。

　　与显性差异相对应的则是隐性差异。隐性差异主要表现在评价个体属性特征基本相同的情况下，在评价标准的理解、评价的视角选择和评价量化尺度的掌握等方面所具有的异质性，将导致各评价主体在评价意见的集中度、稳定性及水平数量上的不同特征。

这些显性和隐性因素是形成评价主体层次结构的原因。而在集成具有异质性的评价结论时，这种分层结构可能导致相应的综合结果无法具有有效性、相应的对比无法具有可比性等情况。因此，需要对评价主体进行分层处理。借助统计分组的思想，实现"组内异质性，组间同质性"的评价组织安排，从而对由因素异质性所造成的分层结构进行有效处理。

二、评价客体导致的不可比现象

当评价客体（即评价单元）的数量较多时，评价客体的层次结构也有可能产生。相对于评价主体，由于评价客体处于被响应的状态，由评价客体的自身属性而产生的绝对差异、客体间量化表现的相对差异是形成评价客体层次结构的主要原因。这种分层化的结果则是数据不可比的客观原因。

（一）绝对差异的特征表现

所属领域、背景知识、内容表现等因素的不同造成评价客体的显性分层。例如，在科研成果奖评审时，经管类成果与理工类成果是完全不同的两类对象。即使在同一学科大类下，不同形式的成果也会造成分层结构，例如，专著、论文、科研项目的成果具有较大差异。这些评价客体或评价对象的基本属性、显性表现等方面的绝对差异性使得在开展综合评价时，只采用单一的混合结构，将评价客体做"一刀切"的处理，是缺乏科学性、理论性解释的。

（二）相对差异的特征表现

虽然评价客体的属性具有相同的特征，但评价客体间实际上存在数量方面的差异。例如，评价单元 A 和评价单元 B 为同类型服务商，但其服务质量存在差异；同时，服务质量差异导致客户满意度存在较大的差异。因此，对此类评价对象开展评价时，评价个体所给出的评价意见也有可能存在巨大的差异。

归纳起来，相对差异由两部分因素造成：一是评价对象本身确实存在数量差异；二是这种自带的数量差异的显性化表达。在评价过程中，这种数量差异表现有可能进一步扩大，也有可能缩小。因此，相对差异可分解为真实数量差异和评价量化差异。其结果是评价对象也可能产生分层现象。

以上分析表明，在评价客体数量较多的情形下，客观原因或评价过程的主观因素都有可能造成分层结构，有显性分层结构，也有隐性分层结构。显性分层结构是容易识别的，但是隐性分层结构的产生来源较为复杂（有可能是客观的，也有可能来自评价过程中的量化因素）。因此，还需要明确哪些分层结构是"正常"的、哪些分层结构是"非正常"的，这提出了识别分层结构的要求。

三、数据层面导致的不可比现象

实际上，在存在评价数据不可比现象的情形下，若利用数据对不同评价单元进行定量比较，则由于评价数据的表达方式、指标的取值等，数据本身也会造成无法对比的局面。

(一)数据类型的层次化

在经典的综合评价理论中，评价数据往往是以点值形式表现的。但实际上评价数据还有可能以其他类型表示，如区间值变量、模糊变量、灰变量和语义变量等。这些变量与以点值形式表现的数据显然有很大的差异。评价中可能存在混合数据类型的情况称为数据类型的层次化。其产生的基本原因是指标体系中的数据来源、计算方法的特殊性及数据所要表达的信息范围等方面的差异性。

(二)数据量化含义的不一致

数据量化含义的层次化主要是指同一数据类型下，数值差异所表现的指标含义(如取值范围、关键点含义及量化尺度等方面)的差异性。其中，取值范围的层次化问题相对容易处理；关键点含义、量化尺度的差异则由评价个体或评价群体中的异质性及量化过程中的主观性等问题造成。这些方面的差异性将会造成层次化结构。

相对而言，处理关键点含义、量化尺度等方面的差异更为困难，需要进一步讨论。考虑到研究内容的集中性，下面将围绕数据量化含义这一内容，在数据层面研究达到数据可比性的评价组织机制。

第二节 基于子群组织视角的评价机制

前面采用的评价个体权重优化调整方式以遍历式评价组织方式为基础，即所有评价个体均对每个评价单元进行评价。与此方式不同，本节所要讨论的是在评价组织设计的视角下，依据层次结构特征实现评价个体与评价单元的合理配对，重点解决由哪些评价个体对哪些评价单元进行评价的问题。

一、基本思路

基于子群视角讨论评价杠杆效应处理机制的设计问题，从形式上是从遍历式评价范式过渡到对应式评价范式，但其本质上仍是针对评价权重的调整。通过组织设计，调整评价个体集合中的部分个体 $\{A_i\}$ 对指定的评价单元 $\{O_i\}$ 开展评价，这实际上是进行了个体评价权重的 0-1 化处理。其中，"1"是指分配给 $\{A_i\}$ 的评价单元$\{O_i\}$；"0"是指未实现配对的其他评价单元，在集合$\{A_i\}$内的评价个体的评价权重被设置为0。

评价个体分层结构影响了不同层次之间数量差异的不可比。因此，通过评价个体与评价单元之间对应关系的合理安排，有助于实现层次间可比性。本节的基本思路是通过形成评价个体与评价单元之间的合理链式连接，弱化或消除由分层化所造成的层次间不可比现象。

二、链式组织的基本形式

链式修正评价机制的核心是通过寻找媒介，将不可直接比较的、存在分层结构时的评价个体的评价意见进行转换和连接，从而使其具有可比性、可综合性。根据链式部分具体形式，可形成多种链式，如环比链式、定基链式、指定链式、单向链式与双向链式等。

（一）环比链式

在评价个体存在分层结构的情形下，评价个体集合$A=\{A_i\}$可划分为L个子集，则有$A=\{G_1,G_1,\cdots,G_L\}$。对于集合A中的任意个子集，若满足条件$G_{i-1}\cap G_i\neq\varnothing$且$G_i\cap G_{i+1}\neq\varnothing(1\leqslant i\leqslant L)$，则称为环比链式组织。图7.1便描述了这种链式组织的基本形式。其中，各分层子集之间相同的部分均以阴影标出。这些交叉重叠部分的个体集合便构成了链式组织的基础。

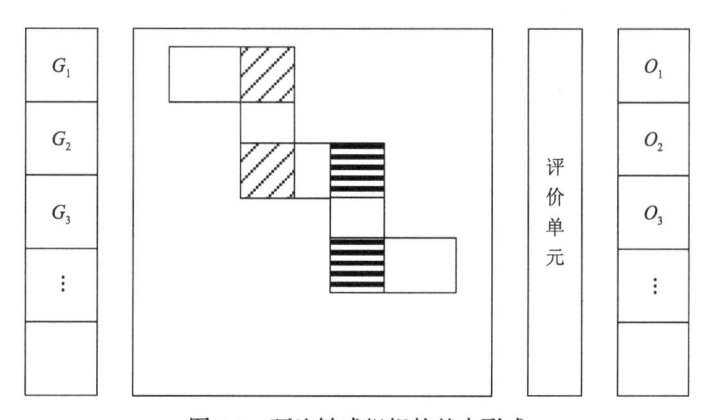

图7.1 环比链式组织的基本形式

在图7.1中，由链式组织对各评价单元进行评价，便形成了环比链式组织。进一步地，环比链式组织又可以分为等额环比链式组织、不等额环比链式组织两大类。其定义可描述如下：记$\text{Nub}(V_i^k)=v_i$为子集V_i中个体的数量，其中，$V_i=G_{i-1}\cap G_i(2\leqslant i\leqslant L)$为集合$A$中的任意个子集的交集。若任意$v_i$为一个常数，且

$v_i = c(2 \leqslant i \leqslant L)$ 成立，则称为等额环比链式组织；若该条件不成立，则称为不等额环比链式组织。

在环比链式组织中，各子集间的重叠部分个体是实现不同层次之间可比性的主要因素。通过发挥这部分个体的连接作用，对层次间的其余个体的评价数据进行有效调整，从而达到实现层次间可比性的目的。

(二)定基链式

与环比链式不同，定基链式中存在一个基准层。这个基准层的特征是与其他任意层次相比，均存在重叠的评价个体。因此，在进行层次间的两两比较时，利用其重叠部分也可以实现相应评价数据的修正。

定基链式可描述如下：假定评价个体存在分层结构，评价个体集合 $A=\{A_i\}$ 可划分为 L 个子集，则有 $A=\{G_1, G_2, \cdots, G_L\}$。对于集合 A 中的任意个子集，不失一般性，以 k 为定基标准，当同时满足条件 $G_k \cap G_i \neq \varnothing$ 和 $G_k \cap G_j \neq \varnothing$ ($k \neq i$ 且 $k \neq j$) 时，称为定基链式组织。

图 7.2 描述的定基链式是在将某一层次固定为基准层时而形成的。但基准层与其他层之间的重叠部分并不一定相同。根据重叠部分的特征，定基链式组织还可以分为等额定基链式组织和不等额定基链式组织、固定定基链式组织和可变定基链式组织等类型。

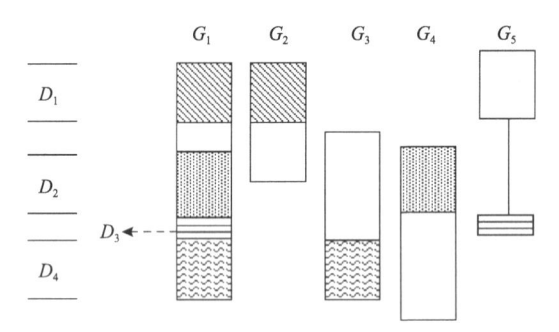

图 7.2 定基链式组织示意图

等额定基链式和不等额定基链式是以基准层与其他层之间的重叠部分的规模（即交集部分的个体数量）进行区分的。记集合 A 中的任意个子集的交集 V_i^k 中个体的数量为 $\mathrm{Nub}(V_i^k)$：

$$\begin{cases} \mathrm{Nub}(V_i^k) = v_i^k \\ V_i^k = G_k \cap G_i \end{cases}, \quad i = 1, 2, \cdots, k-1, k+1, L$$

若任意 v_i 为一个常数,即有 $v_i^k = c$ 成立,则称为等额定基链式组织;若条件不成立,则称为不等额定基链式组织。

固定定基链式和可变定基链式则是以基准层与其他层之间的重叠部分是否固定进行区分的,即交集部分的个体是否为同一批个体。因此,对于任意的 i 和 j ($i \neq j$),若 $V_i^k = V_j^k$ ($k \neq i$ 且 $k \neq j$),则称为固定定基链式组织,由于固定部分是相同的,也称共基链式组织;若 $V_i^k \neq V_j^k$,则称为可变定基链式组织。固定定基链式组织如图 7.3 所示。

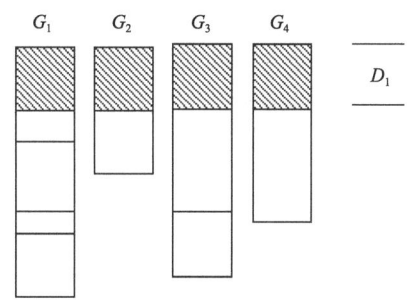

图 7.3 固定定基链式组织示意图

(三)指定链式

指定链式是指在各层次中统一按照某一种属性特征抽出部分评价个体(如评价值最大的个体或评价值最小的个体等)并组成一个集合,在此基础上,由该集合再次对评价单元进行评价,由此形成链式组织。在指定链式的情形下,可对各层数据进行修正。

如图 7.4 所示,确定指定的条件是构造指定链式结构的关键。通常可采用的基本思路如下:按照层内个体的数值次序排名确定指定的条件,或按照某种最优规则(如信息量最大、变异程度最小、意见最集中等)来确定指定的条件。

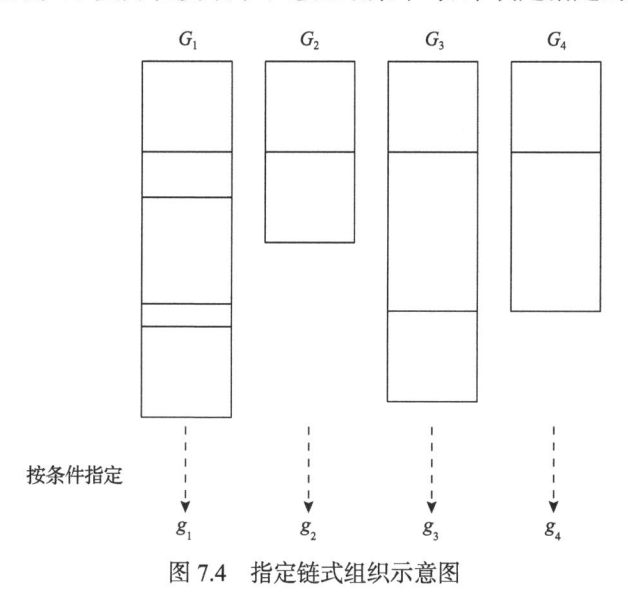

图 7.4 指定链式组织示意图

(四)单向链式与双向链式

评价组织机制需要解决的关键问题是评价主体与评价客体之间的对应匹配关系,而上述三种基本链式是从评价主体或评价客体的单一角度来设计的。如果评价主体和客体均存在链式结构,单向链式结构就转变为双向链式结构。因此,环比链式、定基链式和指定链式均有可能以双向的方式表现。图 7.5～图 7.7 分别为环比双向链式、定基双向链式、指定双向链式组织示意图。

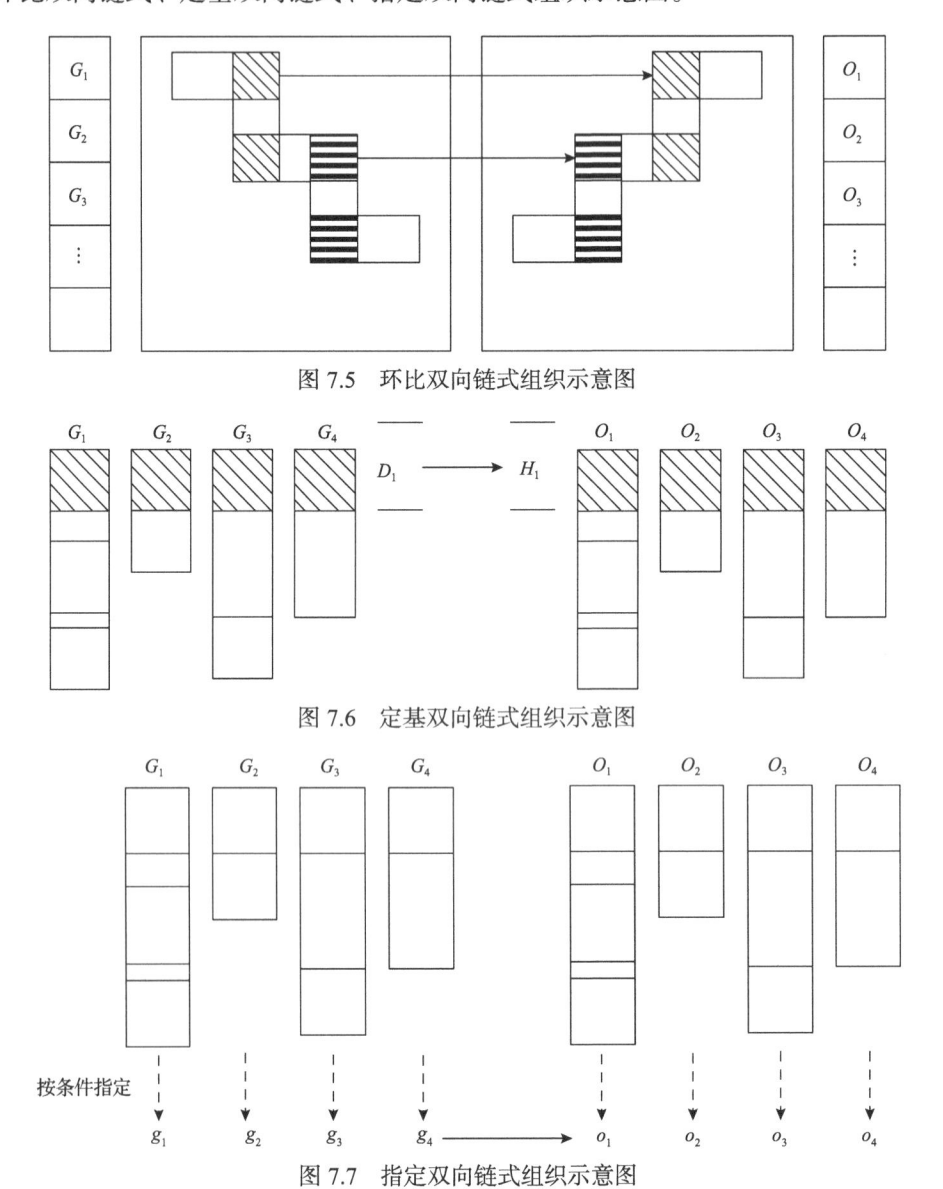

图 7.5　环比双向链式组织示意图

图 7.6　定基双向链式组织示意图

图 7.7　指定双向链式组织示意图

由于单向链式结构的载体有所不同,可进一步分为评价主体单向链式、评价客体单向链式两大类。具体采用的链式组织形式则又可以分为定基单向链式、环比单向链式和指定单向链式。对应地,在双向链式中也有此分类。单向链式和双向链式的组织形式如表 7.1 所示。

表 7.1 单向链式和双向链式的组织形式

项目	单向	双向
评价主体	评价主体定基单向链式	
	评价主体环比单向链式	
	评价主体指定单向链式	定基双向链式
		环比双向链式
		指定双向链式
评价客体	评价客体定基单向链式	
	评价客体环比单向链式	
	评价客体指定单向链式	

在双向链式组织中,利用评价主体链与评价客体链的匹配关系,形成评价要素在不同层次间的数量转换关系,从而实现可比性。无论是单向链式,还是双向链式,链式组织的可比性构造的基本原则都是借助链上的评价信息来开展不同链间数量对比关系的修正。因此,其基本原理是一致的,下面将讨论具体的修正方法。

三、基于链式结构的可比性修正

(一)单向链式结构下的可比性修正

为了便于表述且不失一般性,此处从简单的单向链式开始,以评价主体的单向链式为例,说明链式结构下的可比性修正方法[①]。假设在某个综合评价问题中,评价主体之间存在三个层次,分别为 G_1、G_2 和 G_3,各层次内的评价主体集合可表示为 $G_i = (g_{i1}, g_{i2}, \cdots, g_{in_i})$。

评价主体的单向链式以环比形式存在,可以描述为 $G_1 \cap G_2 = E_{12}$ 且 $G_2 \cap G_3 = E_{23}$,其中,E_{12}、E_{23} 均为非空集合[②]。在评价主体链式中,E_{12}、E_{23} 称为链评价主体子集。记 $t_{12} = \text{Nub}(E_{12})$、$t_{23} = \text{Nub}(E_{23})$ 分别为其子集的数量规模。各子集内的评价主体可表示为

---

① 当评价客体存在分层情形的单一链时,情况是类似的。
② 定基链式结构与环比链式结构的差别在于,是否存在一个固定的层次与其他层次之间有相同部分的元素。

$$E_{12} = \left\{e_{12}^1, e_{12}^2, \cdots, e_{12}^{t_{12}}\right\}$$

$$E_{23} = \left\{e_{23}^1, e_{23}^2, \cdots, e_{23}^{t_{23}}\right\}$$

式中，$E_{12} \subset G_1$ 且 $E_{12} \subset G_2$，$E_{23} \subset G_2$ 且 $E_{23} \subset G_3$。因此，E_{12}、E_{23} 均在相应的两个层次中开展评价。在此情况下，各层次中的评价主体可分解为两部分：链评价主体子集（E_{ij}）、非链评价主体子集（G_i^*），可表示如下：

$$G_1 = \left(\underbrace{g_{11}, g_{12}, \cdots, g_{1n_1-t_{12}}}_{G_1^*}, \underbrace{e_{12}^1, e_{12}^2, \cdots, e_{12}^{t_{12}}}_{E_{12}}\right)$$

$$G_2 = \left(\underbrace{e_{12}^1, e_{12}^2, \cdots, e_{12}^{t_{12}}}_{E_{12}}, \underbrace{g_{21}, g_{22}, \cdots, g_{2n_2-t_{12}}}_{G_2^*}\right) = \left(\underbrace{g'_{21}, g'_{22}, \cdots, g'_{2n_2-t_{23}}}_{G_2^{'*}}, \underbrace{e_{23}^1, e_{23}^2, \cdots, e_{23}^{t_{23}}}_{E_{23}}\right)$$

$$G_3 = \left(\underbrace{g_{31}, g_{32}, \cdots, g_{3n_3-t_{23}}}_{G_3^*}, \underbrace{e_{23}^1, e_{23}^2, \cdots, e_{23}^{t_{23}}}_{E_{23}}\right)$$

当评价客体不存在分层结构时，各层次的评价主体采用遍历式评价，分别对所有评价客体进行独立评价。此时，在各评价层次中，评价主体对评价客体的评价均值可表示为

$$\bar{X}_{G_1} = \frac{n_1 - t_{12}}{n_1} \bar{X}_{G_1^*} + \frac{t_{12}}{n_1} \underbrace{\bar{X}_{E_{12}}}_{1} \tag{7.1}$$

$$\bar{X}_{G_2} = \frac{n_1 - t_{12}}{n_2} \bar{X}_{G_2^*} + \frac{t_{12}}{n_2} \underbrace{\bar{X}_{E_{12}}}_{2} = \frac{n_2 - t_{23}}{n_2} \bar{X}_{G_2^{'*}} + \frac{t_{23}}{n_2} \overset{1}{\bar{X}_{E_{23}}} \tag{7.2}$$

$$\bar{X}_{G_3} = \frac{n_3 - t_{23}}{n_3} \bar{X}_{G_3^*} + \frac{t_{23}}{n_3} \overset{2}{\bar{X}_{E_{23}}} \tag{7.3}$$

式中，$\bar{X}_{G_i^*}$ 为非链评价主体子集的评价均值；$\bar{X}_{E_{ij}}$ 为链评价主体子集的评价均值。以 G_1 为例，有 $\bar{X}_{G_1^*} = \dfrac{\sum\limits_{i=1}^{n_1-t_{12}} a_{ij}}{n_1 - t_{12}}$ 和 $\bar{X}_{E_{12}} = \dfrac{\sum\limits_{i=1}^{t_{12}} a_i}{t_{12}}$；其他符号类似。

关键的问题是 G_i 之间存在不可比的情形,即 $\bar{X}_{G_1}$、$\bar{X}_{G_2}$、$\bar{X}_{G_3}$ 之间无法开展直接的对比,需要做调整处理。其理由如下。

(1)由于层次结构的存在,评价层次的数量特征之间有差异。其形成的原因为量化尺度、评价标准、个人习惯、知识结构等。关于这些因素的分析,前面已进行阐述,此处不再重复。

(2)链式关系中个体的重复评价行为也有可能对评价个体之间的不可比造成较大影响。虽然 $\underbrace{\bar{X}_{E_{12}}}_{1}$ 和 $\underbrace{\bar{X}_{E_{12}}}_{2}$、$\overset{1}{\overline{\bar{X}_{E_{23}}}}$ 和 $\overset{2}{\overline{\bar{X}_{E_{23}}}}$ 是基于相同的评价主体计算的评价均值,但由于此部分链式关系的个体重复进行了两次评价过程,容易受到其他评价个体的影响,从而造成 $\underbrace{\bar{X}_{E_{12}}}_{1} \neq \underbrace{\bar{X}_{E_{12}}}_{2}$、$\overset{1}{\overline{\bar{X}_{E_{23}}}} \neq \overset{2}{\overline{\bar{X}_{E_{23}}}}$ 情况。

基于上述分析,在链式组织设计的前提下,利用这种链式关系进行合理的修正是十分必要的。基本步骤可概括如下。

(1)计算链式关系个体即集合 E_{ij} 的两次评价均值,分别记为 $\bar{X}^1_{E_{ij}}$、$\bar{X}^2_{E_{ij}}$。在环比链式情况下,$j=i+1$;在定基链式情况下,$i=1$。计算公式分别为

$$\bar{X}^1_{E_{ij}} = \frac{\sum_{k=1}^{t_{ij}} a_k}{t_{12}} \tag{7.4}$$

$$\bar{X}^2_{E_{ij}} = \frac{\sum_{k=1}^{t_{ij}} b_k}{t_{12}} \tag{7.5}$$

式中,a_k、b_k 分别为 E_{ij} 中第 k 位个体的两次评价值。

(2)计算链式关系变化指数,即采用评价均值比进行计算:

$$T_{ij} = \frac{\bar{X}^2_{E_{ij}}}{\bar{X}^1_{E_{ij}}} \tag{7.6}$$

(3)利用 T_{ij} 对非链式部分的评价数量差异进行修正:

$$\mathrm{T}\bar{X}_{G_i^*} = \bar{X}_{G_i^*} T_{ij} \tag{7.7}$$

(4)计算调整后的层次总均值为

$$\bar{X}_{G_k} = \frac{n_k - t_{ij}}{n_k} T\bar{X}_{G_k^*} T_{ij} \tag{7.8}$$

(二) 双向链式结构下的可比性修正

在双向链式的情况下，仍然假定评价主体、评价客体均存在三个层次，分别记为 G_i 和 O_i ($i=1,2,3$)。基于双向链式结构，在评价主体与评价客体之间采用分组独立匹配的处理。因此，层次之间存在一一对应的组关系，即 $Z_i = (G_i, O_i) = (g_{i1}, g_{i2}, \cdots, g_{in_i}; o_{i1}, o_{i2}, \cdots, o_{im_i})$。

若组织者采用链式组织评价机制，则评价主体、客体之间的关系可描述如下：$G_1 \cap G_2 = E_{12}$ 且 $G_2 \cap G_3 = E_{23}$；$O_1 \cap O_2 = F_{12}$ 且 $O_2 \cap O_3 = F_{23}$，其中，E_{12}、E_{23}、F_{12}、F_{23} 非空。分别记 $t_{12} = \text{Nub}(E_{12})$，$t_{23} = \text{Nub}(E_{23})$；$z_{12} = \text{Nub}(F_{12})$，$z_{23} = \text{Nub}(F_{23})$。因此，存在链式关系的评价主体与评价客体之间也存在一一对应的关系，可记为 $DZ_{12} = (E_{12}, F_{12})$，$DZ_{23} = (E_{23}, F_{23})$。

在 $DZ_{12} = (E_{12}, F_{12})$ 对应结构下，其所描述的问题实际上可转化为共有 t_{12} 位评价个体对 z_{12} 个评价单元开展评价。此时，其评价值可以形成 $t_{12} \times z_{12}$ 矩阵；DZ_{23} 类似。

参照前面的单向链式结构下的可比性修正思路，可采用如下步骤进行处理。

(1) 计算各评价单元的评价均值，即由集合 E_{12} 对 F_{12} 评价。由于链式关联主体对链式关联客体进行了两次评价，相应的均值计算公式可表示为

$$\bar{X}_{E_{12},F_{12}}^{1j} = \frac{\sum_{i=1}^{t_{12}} a_{ij}}{t_{12}}, \quad j = 1, 2, \cdots, z_{12} \tag{7.9}$$

$$\bar{X}_{E_{12},F_{12}}^{2j} = \frac{\sum_{i=1}^{t_{12}} b_{ij}}{t_{12}}, \quad j = 1, 2, \cdots, z_{12} \tag{7.10}$$

式中，a_{ij}、b_{ij} 分别为 E_{12} 中的第 i 位评价个体对 F_{12} 中的第 j 个评价单元的两次评价值。

(2) 计算 F_{12} 中的第 j 个评价单元的链式关系变化指数：

$$T_{E_{12},F_{12}}^{j} = \frac{\bar{X}_{E_{12},F_{12}}^{2j}}{\bar{X}_{E_{12},F_{12}}^{1j}} \tag{7.11}$$

(3) 利用 T_{ij} 对非链式部分的评价数量差异进行修正：

$$T\bar{X}_{O_i^*}^j = \bar{X}_{O_i^*}^j T_{ij} \tag{7.12}$$

(4) 对于 O_k 中的每个评价单元，分别计算调整后的总均值：

$$\bar{X}_{O_k}^j = \frac{n_k - t_{ij}}{n_k} T\bar{X}_{O_k^*}^j + \frac{t_{ij}}{n_k} \bar{X}_{E_{12}, F_{12}}^{2j} \tag{7.13}$$

式中，O_k^* 为非链式评价结构的评价客体集合。

经相应的可比性处理后，可得 n 位评价个体对 m 个评价单元在 p 项指标上的评价信息矩阵 $A_{ijk} = [a_{ijk}]$。

四、评价权重的分配

由于链式组织的存在，关键个体在链式组织中的作用主要通过评价个体权重得以体现。与传统的评价方式不同，在链式组织中，个体权重的分配以其评价过程中的表现为依据。

实际上，在类似的项目评估中，评价结论需体现评价个体的一致性。因此，常用的思路是利用链式修正后的评价数据，以评价个体的意见偏离度为依据，对个体权重进行分配调整。

为了便于表述，假设 n 位评价个体对 m 个评价单元，采用由 p 项指标构成的评价指标体系进行评价。记评价个体 $i(i=1,2,\cdots,n)$ 对评价单元 $j(j=1,2,\cdots,m)$ 在指标 $k(k=1,2,\cdots p)$ 上的评价值为 a_{ijk}，群组对评价单元 j 在指标 k 上的评价值为 a_{Gjk}，显然有

$$a_{Gjk} = \frac{\sum_{i=1}^{n} a_{ijk}}{n} \tag{7.14}$$

此时，评价个体 i 对于评价单元 j 在指标 k 上相对于群组的偏离度可表示为

$$P_{i-G(jk)} = \left(a_{Gjk} - a_{ijk}\right)^2 \tag{7.15}$$

而评价个体 i 在评价单元 j 上各指标偏离群组的总偏离度可表示为

$$P_{i-G(j)} = \sum_{k=1}^{p} \left(a_{Gjk} - a_{ijk}\right)^2 \tag{7.16}$$

进一步地，评价个体 i 在所有评价单元上的总偏离度则可记为

$$\text{TP}_{i-G} = \sum_{j=1}^{m}\sum_{k=1}^{p}\left(a_{Gjk} - a_{ijk}\right)^2 \tag{7.17}$$

从意见偏离的角度来看，相应地可以构造指标 k 的偏离度矩阵 $P_{i-G(jk)} = \left[p_{i-G(jk)}\right]_{n\times m}$，以及全部指标的总偏离度矩阵 $P_{i-G(j)} = \left[p_{i-G(j)}\right]_{n\times m}$。对于指标 k，所有评价个体对评价单元 j 的总偏离度为

$$\text{GP} = \sum_{j=1}^{m}\sum_{i=1}^{n} p_{i-G(jk)} = \sum_{j=1}^{m}\sum_{i=1}^{n}\left(a_{Gjk} - a_{ijk}\right)^2 \tag{7.18}$$

若将所有指标的总偏离度加总，则有

$$\text{TGP} = \sum_{k=1}^{p}\sum_{j=1}^{m}\sum_{i=1}^{n} p_{i-G(jk)} \tag{7.19}$$

此时，可从指标权重分配与个体权重分配两个方面确定权重的分配。其中，评价个体权重是为了体现个体在群组中的重要性；指标权重是为了体现某些指标在指标体系中的重要性。

按照偏离度的赋权依据，可定义偏离度比例为

$$w_k = \frac{\sum_{j=1}^{m}\sum_{i=1}^{n} p_{i-G(jk)}}{\sum_{k=1}^{p}\sum_{j=1}^{m}\sum_{i=1}^{n} p_{i-G(jk)}} = \frac{\text{GP}}{\text{TGP}} \tag{7.20}$$

$$\rho_i = \frac{\sum_{j=1}^{m}\sum_{k=1}^{p}\left(a_{Gjk} - a_{ijk}\right)^2}{\sum_{k=1}^{p}\sum_{j=1}^{m}\sum_{i=1}^{n} p_{i-G(jk)}} = \frac{\text{TP}_{i-G}}{\text{TGP}} \tag{7.21}$$

式中，w_k、ρ_i 分别为评价指标和评价个体的偏离度比例。

在此情形下，依据偏离度比例可对个体权重进行分配，具体规则如下：

$$\tilde{w}_k = \frac{1}{w_k} \tag{7.22}$$

$$\tilde{\rho}_i = \frac{1}{\rho_i} \tag{7.23}$$

在进行归一化处理后,便可得相应权重结果。记 ϖ_k、λ_i 为归一化后的指标权重和个体权重,分别为

$$\varpi_k = \frac{\tilde{w}_k}{\sum_{k=1}^{p} \tilde{w}_k} \tag{7.24}$$

$$\lambda_i = \frac{\tilde{\rho}_i}{\sum_{i=1}^{n} \tilde{\rho}_i} \tag{7.25}$$

五、综合结果的集成

利用评价数据的可比性处理结果,采用两步综合法可集成得到最终的评价结果:第一步,集成评价个体对评价单元的评价值;第二步,将评价个体的评价结论综合为群组的结论。此过程可用以下两个计算公式来描述:

$$\bar{x}_{ij} = \sum_{k=1}^{p} \varpi_k a_{ijk} \tag{7.26}$$

$$\bar{x}_j = \sum_{i=1}^{n} \lambda_i \bar{x}_{ij} \tag{7.27}$$

根据式(7.27)所计算的 $\bar{x}_j$,可对评价单元进行比较和排序,优先选择排名靠前的评价单元。

六、基于链式组织的评价方法

基于链式组织的评价方法的三个核心步骤是链式组织构建、可比性修正和结果集成。其中,链式组织构建主要解决评价主体、评价客体之间的分层对应关系,确定哪些个体评价哪些单元,从而更高效地发挥个体的特长;可比性修正是在链式组织的基础上,对个体在不同单元上的评分值进行修正,从而实现不同个体的评分具有可比性;结果集成则是依据前述两个环节的数据处理,将具有可比性的个体评价信息进行综合集成,从而得到最终评价结果。此方法的基本框架如图 7.8 所示。

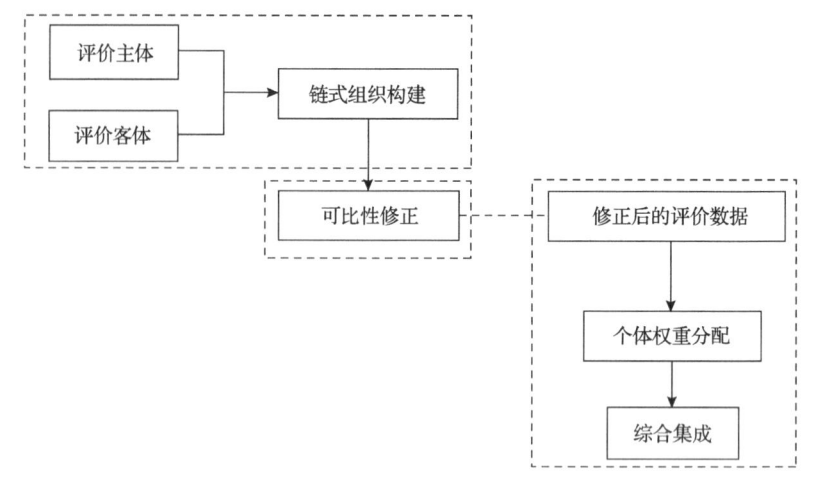

图 7.8 基于链式组织的评价方法的基本框架

根据图 7.8,可以将基于链式组织的评价方法的步骤归纳如下。

(1) 根据评价主体集、评价客体集的实际情况,确定关键链及其个体分配,从而形成链式组织,并对评价个体及评价单元的匹配关系进行安排。

(2) 利用可比性修正方法,将评价信息矩阵依据链式关系(单向链式或双向链式)进行修正。其中,单向链式的修正方法见式(7.4)~式(7.8),双向链式的修正方法见式(7.9)~式(7.13)。

(3) 利用修正后的数据,根据式(7.22)和式(7.23)分别确定评价指标权重和个体权重的分配。

(4) 对权重进行归一化处理。

(5) 利用归一化权重,按照式(7.26)和式(7.27)进行综合。

七、应用案例

为了说明该方法的特点,以某高校的教学项目立项评审为例进行说明。为了培育一批高质量的教学改革项目,该高校邀请了 10 位专家($e_1, e_2, \cdots, e_{10}$),对进入初审的 40 个项目开展评价。专家分别根据组织方的项目评审要求,采用统一的评价标准,以 0~100 分的形式对这些项目进行评分。组织方将各位专家在各指标上的评分进行汇总计算,结果见表 7.2。

该方法的主要计算过程可整理如下。

(1) 确定链式结构。由于入围的项目之间所属领域有较大的差异,涉及产业经济管理、资源环境统计、土地资源测绘、环境监测等领域。根据专家的学术背景、工作经验或研究专长,对应地将专家也分为 4 组:①G_1,包括 e_1, e_2, e_3, e_4;②G_2,包括 e_4, e_5, e_6, e_7;③G_3,包括 e_2, e_6, e_8;④G_4,包括 $e_1, e_4, e_7, e_9, e_{10}$。

表 7.2　专家对项目的评分结果

项目	e_1	e_2	e_3	e_4	e_5	e_6	e_7	e_8	e_9	e_{10}
1	75.00	59.00	83.75	84.00						
2	51.50	65.00	80.00	59.00						
3	73.75	70.00	94.75	72.50						
4	50.00	59.00	57.50	57.50						
5	58.75	59.00	52.50	66.50						
6	58.75	73.75	59.00	68.75						
7	91.00	82.50	53.75	87.50						
8	76.25	78.75	80.00	73.75						
9	80.00	53.75	80.00	76.25						
10	75.00	76.25	59.00	81.50						
11	57.50	82.50	59.00	67.50						
12				73.75	83.75	80.00	75.00			
13				78.75	56.50	58.75	75.00			
14				71.25	61.25	58.25	85.00			
15				57.50	82.50	81.25	72.50			
16				85.00	85.50	74.75	81.25			
17				57.50	64.50	76.75	65.00			
18				55.00	55.00	55.00	60.00			
19				82.50	63.25	77.00	81.25			
20				73.75	55.75	58.75	62.50			
21		74.00				63.75		74.50		
22		82.25				83.00		86.75		
23		85.75				85.25		96.50		
24		75.75				51.50		57.50		
25		87.00				54.25		58.75		
26		90.75				82.50		88.25		
27		59.25				57.00		57.75		
28		51.75				54.75		57.50		
29	74.25			56.25			55.00		56.50	58.75
30	63.25			73.75			71.25		54.25	56.25
31	66.00			76.25			68.75		75.00	88.75
32	86.25			58.00			40.00		76.00	58.75
33	64.25			77.00			87.50		85.25	98.00
34	66.00			57.50			82.50		75.75	58.75

续表

项目	e_1	e_2	e_3	e_4	e_5	e_6	e_7	e_8	e_9	e_{10}
35	67.50			74.75			82.50		75.50	58.75
36	66.25			59.00			56.25		56.25	73.75
37	61.25			56.75			53.75		67.00	58.75
38	95.75			89.25			93.25		86.00	99.00
39	86.25			85.75			94.25		71.75	99.00
40	75.75			58.00			48.75		48.75	57.50

4个专家组之间存在如下关系：$G_1 \cap G_2 = e_4$，$G_1 \cap G_3 = e_2$，$G_1 \cap G_4 = \{e_1, e_4\}$，$G_2 \cap G_3 = e_6$，$G_2 \cap G_4 = \{e_4, e_7\}$，$G_3 \cap G_4 = \varnothing$。根据前面所述，该专家组和项目组之间形成了链式结果。其中，评价个体 e_2, e_4, e_6 是关键的链元素。

(2) 分别根据链式关系对评价数据进行修正处理。以专家组 G_1 为基准，分别逐次修正 G_1 与其余专家组之间的数据可比性。

① G_1 和 G_2 的可比性修正。计算相应分组下各项目的评分均值，可得

$$\bar{X}_{G_1}^4 = \frac{\sum_{i=1}^{11} a_{iG_1}^4}{11} = 72.25, \quad \bar{X}_{G_2}^4 = \frac{\sum_{i=12}^{20} a_{iG_2}^4}{9} = 70.56, \quad \bar{X}_{G_1,G_2}^4 = \frac{\sum_{i=1}^{20} a_{i,G_1 \cup G_2}^4}{20} = 71.49$$

构造对比指数，分别有

$$r_{G_1, G_1 \cup G_2} = \frac{\bar{X}_{G_1}^4}{\bar{X}_{G_1,G_2}^4} = \frac{72.25}{71.49} \times 100\% = 101.06\%$$

$$r_{G_2, G_1 \cup G_2} = \frac{\bar{X}_{G_2}^4}{\bar{X}_{G_1,G_2}^4} = \frac{70.56}{71.49} \times 100\% = 98.70\%$$

以 $r_{G_1, G_1 \cup G_2}$ 对 G_1 的评价数据进行修正，以 $r_{G_2, G_1 \cup G_2}$ 对 G_2 的评价数据进行修正，则可以完成 G_1 和 G_2 之间的可比性修正，得到组间具有尺度可比的评价意见。

② G_1 和 G_3 的可比性修正。计算相应分组下各项目的评分均值，可得

$$\bar{X}_{G_1}^2 = \frac{\sum_{i=1}^{11} a_{iG_1}^2}{11} = 69.05, \quad \bar{X}_{G_3}^2 = \frac{\sum_{i=21}^{28} a_{iG_3}^2}{8} = 75.81, \quad \bar{X}_{G_1,G_3}^2 = \frac{\sum_{i=1}^{19} a_{i,G_1 \cup G_3}^2}{19} = 71.89$$

构造对比指数，分别有

$$r_{G_1,G_1\cup G_3} = \frac{\overline{X}_{G_1}^2}{\overline{X}_{G_1,G_3}^2} = \frac{69.05}{71.89} \times 100\% = 96.05\%$$

$$r_{G_3,G_1\cup G_3} = \frac{\overline{X}_{G_3}^2}{\overline{X}_{G_1,G_3}^2} = \frac{75.81}{71.89} \times 100\% = 105.45\%$$

相关符号的意义参考类似"G_1 和 G_2 的可比性修正"部分。

③G_1 和 G_4 的可比性修正。计算相应分组下各项目的评分均值，可得

$$\overline{X}_{G_1}^1 = \frac{\sum_{i=1}^{11} a_{iG_1}^2}{11} = 67.95, \quad \overline{X}_{G_4}^1 = \frac{\sum_{i=29}^{40} a_{iG_4}^2}{12} = 72.73, \quad \overline{X}_{G_1,G_4}^1 = \frac{\sum_{i=1}^{23} a_{iG_1\cup G_4}^2}{23} = 68.49$$

构造对比指数，分别有

$$r_{G_1,G_1\cup G_4} = \frac{\overline{X}_{G_1}^1}{\overline{X}_{G_1,G_4}^1} = \frac{67.95}{68.49} \times 100\% = 99.21\%$$

$$r_{G_4,G_1\cup G_4} = \frac{\overline{X}_{G_4}^1}{\overline{X}_{G_1,G_4}^1} = \frac{72.73}{68.49} \times 100\% = 106.19\%$$

相关符号的意义参考类似"G_1 和 G_2 的可比性修正"部分。

④最终修正。在数据修正过程中，以 G_1 为基础开展两两配对。因此，G_1 对项目的评分需要进行 $(n-1)$ 次修正。本案例中，G_1 的最终修正结果为 $A'_{G_1} = A_{G_1} \times r_{G_1,G_1\cup G_2} r_{G_1,G_1\cup G_3} r_{G_1,G_1\cup G_4}$。

G_2、G_3 和 G_4 的最终修正结果依次为 $A'_{G_2} = A_{G_2} r_{G_2,G_1\cup G_2}$、$A'_{G_3} = A_{G_3} r_{G_3,G_1\cup G_3}$ 和 $A'_{G_4} = A_{G_4} r_{G_4,G_1\cup G_4}$。相关结果如表 7.3 所示。

表 7.3　经链式可比性修正后的评价数据

项目	e_1	e_2	e_3	e_4	e_5	e_6	e_7	e_8	e_9	e_{10}
1	72.23	56.82	80.65	80.89						
2	49.60	62.60	77.04	56.82						
3	71.02	67.41	91.25	69.82						
4	48.15	56.82	55.37	55.37						
5	56.58	56.82	50.56	64.04						
6	56.58	71.02	56.82	66.21						
7	87.63	79.45	51.76	84.26						

续表

项目	e_1	e_2	e_3	e_4	e_5	e_6	e_7	e_8	e_9	e_{10}
8	73.43	75.84	77.04	71.02						
9	77.04	51.76	77.04	73.43						
10	72.23	73.43	56.82	78.49						
11	55.37	79.45	56.82	65.00						
12				72.79	82.66	78.96	74.03			
13				77.73	55.77	57.99	74.03			
14				70.32	60.45	57.49	83.90			
15				56.75	81.43	80.19	71.56			
16				83.90	84.39	73.78	80.19			
17				56.75	63.66	75.75	64.16			
18				54.29	54.29	54.29	59.22			
19				81.43	62.43	76.00	80.19			
20				72.79	55.03	57.99	61.69			
21		78.03				67.22		78.56		
22		86.73				87.52		91.48		
23		90.42				89.90		101.76		
24		79.88				54.31		60.63		
25		91.74				57.21		61.95		
26		95.70				87.00		93.06		
27		62.48				60.11		60.90		
28		54.57				57.73		60.63		
29	78.85			59.73		58.40			60.00	62.39
30	67.17			78.32		75.66			57.61	59.73
31	70.09			80.97		73.01			79.64	94.24
32	91.59			61.59		42.48			80.70	62.39
33	68.23			81.77		92.92			90.53	104.07
34	70.09			61.06		87.61			80.44	62.39
35	71.68			79.38		87.61			80.17	62.39
36	70.35			62.65		59.73			59.73	78.32
37	65.04			60.26		57.08			71.15	62.39
38	101.68			94.77		99.02			91.32	105.13
39	91.59			91.06		100.08			76.19	105.13
40	80.44			61.59		51.77			51.77	61.06

(3)个体权重的分配。

①利用 A'_{G_1}、A'_{G_2}、A'_{G_3} 和 A'_{G_4} 的修正结果计算各项目的评分均值,得到的结

果如表 7.4 所示。计算各评价个体评分与群组评分均值的绝对偏差,结果见表 7.5。利用式(7.19),可得评价个体在全部评价单元上的总偏离度,并计算平均偏差,相应结果如表 7.6 所示。

表 7.4 评分修正后的项目评分均值

项目	评分均值	项目	评分均值	项目	评分均值	项目	评分均值
1	72.65	11	64.16	21	55.95	31	79.59
2	61.51	12	77.11	22	66.43	32	67.75
3	74.87	13	66.38	23	70.52	33	87.50
4	53.93	14	68.04	24	48.70	34	72.32
5	57.00	15	72.48	25	52.73	35	76.24
6	62.66	16	80.56	26	68.94	36	66.16
7	75.78	17	65.08	27	45.87	37	63.18
8	74.33	18	55.52	28	43.23	38	98.39
9	69.82	19	75.01	29	63.87	39	92.81
10	70.24	20	61.87	30	67.70	40	61.32

表 7.5 个体评分与群组评分均值的绝对偏差

项目	e_1	e_2	e_3	e_4	e_5	e_6	e_7	e_8	e_9	e_{10}
1	0.18	250.66	64.04	67.95						
2	141.96	1.18	241.21	22.02						
3	14.81	55.64	268.16	25.52						
4	33.40	8.34	2.08	2.08						
5	0.18	0.03	41.50	49.57						
6	37.00	69.93	34.13	12.58						
7	140.52	13.46	576.87	71.97						
8	0.81	2.27	7.35	10.94						
9	52.14	326.09	52.14	13.03						
10	3.94	10.17	180.16	67.99						
11	77.21	233.74	53.91	0.71						
12				18.65	30.82	3.42	9.52			
13				128.74	112.67	70.46	58.45			
14				5.22	57.55	111.24	251.38			
15				247.35	80.06	59.50	0.85			
16				11.12	14.66	45.99	0.13			
17				69.35	2.01	113.90	0.86			
18				1.53	1.53	1.53	13.69			

续表

项目	e_1	e_2	e_3	e_4	e_5	e_6	e_7	e_8	e_9	e_{10}
19				41.18	158.31	0.98	26.87			
20				119.27	46.85	15.08	0.03			
21		11.72				54.55		15.60		
22		3.41				1.12		8.40		
23		13.01				17.09		59.74		
24		223.16				113.07		18.54		
25		459.74				171.44		69.69		
26		14.26				24.24		1.30		
27		1.74				1.11		0.07		
28		9.48				0.01		8.90		
29	224.28			17.12			29.87		15.00	2.20
30	0.29			112.68			63.37		101.85	63.49
31	90.34			1.90			43.35		0.00	214.73
32	568.29			37.94			638.78		167.82	28.77
33	371.45			32.88			29.34		9.16	274.44
34	4.99			126.80			233.68		65.92	98.67
35	20.81			9.84			129.20		15.47	191.92
36	17.56			12.31			41.32		41.32	147.75
37	3.46			8.51			37.25		63.48	0.63
38	10.80			13.07			0.40		49.94	45.40
39	1.49			3.07			52.91		276.18	151.74
40	365.53			0.07			91.25		91.25	0.07

表 7.6　各个体评分相应的总偏离度与平均偏差

个体	总偏离度	平均偏差	项目数	个体	总偏离度	平均偏差	项目数
e_1	2181.46	94.85	23	e_6	804.72	47.34	17
e_2	1708.03	89.90	19	e_7	1752.50	87.62	20
e_3	1521.54	138.32	11	e_8	182.25	22.78	8
e_4	1362.97	43.97	31	e_9	897.38	81.58	11
e_5	504.45	56.05	9	e_{10}	1219.79	110.89	11

②调整分配个体权重。利用式(7.23)，可计算各评价个体的初始权重，并利用式(7.25)进行归一化处理，结果见表 7.7。进一步地，在各组中进行个体权重的再分配调整，即属于同组的个体进行归一化处理，而不属于同组的个体的评价权重为 0，结果如表 7.8 所示。

表 7.7　个体初始权重的分配结果

个体	归一化权重	个体	归一化权重
e_1	0.0631	e_6	0.1264
e_2	0.0666	e_7	0.0683
e_3	0.0432	e_8	0.2625
e_4	0.1360	e_9	0.0733
e_5	0.1067	e_{10}	0.0539

表 7.8　按子群分类的个体权重再分配结果

专家组	e_1	e_2	e_3	e_4	e_5	e_6	e_7	e_8	e_9	e_{10}
G_1	0.2043	0.2156	0.1399	0.4403						
G_2				0.3109	0.2439	0.2890	0.1562			
G_3		0.1462				0.2775		0.5763		
G_4	0.1599			0.3447			0.1731		0.1858	0.1366

(4) 利用式 (7.27) 计算各项目下的群组总评分值，结果见表 7.9。

表 7.9　项目评分结果及排序

项目	总评分值	排序	项目	总评分值	排序
1	92.96	32	21	25.84	12
2	72.70	25	22	5.65	3
3	63.77	24	23	41.07	15
4	9.83	7	24	74.69	27
5	27.67	13	25	154.95	39
6	32.95	14	26	9.56	6
7	144.00	38	27	0.60	1
8	6.50	4	28	6.52	5
9	93.99	33	29	50.02	17
10	58.14	22	30	77.45	28
11	74.02	26	31	51.94	18
12	15.79	8	32	249.63	40
13	96.99	34	33	115.00	37
14	87.07	30	34	110.68	35
15	113.76	36	35	58.18	23
16	20.35	9	36	42.06	16
17	55.10	20	37	21.81	11
18	3.43	2	38	21.78	10
19	55.90	21	39	82.50	29
20	52.87	19	40	91.23	31

(5)按升序对项目进行排列,即可得到排序结果。若选取 15 个项目进行资助,则可立项资助的项目编号依次为 G_1:4、5、6、8;G_2:12、16、18;G_3:21、22、23、26、27、28;G_4:37、38。

第三节 基于两阶段链式组织的数据修正机制

个体的异质性是造成杠杆效应的直接原因。本章第二节所提出的链式组织能够部分实现数据的可比性,但随着评价主体与评价客体数量趋向于规模化,群组异质性的问题越发突出。因此,可将评价过程划分为若干阶段,采用链式组织开展评价。为了便于说明,本节将讨论基于两阶段链式组织的数据修正机制。

一、基本思想

(一)两阶段链式子群评价

两阶段链式子群(苏为华和张崇辉,2016)即通过两次评价的方式解决不同子群间的直接可比性问题,以提高群组评价的一致性程度。在第一阶段,从评价单元角度划分子群,并在评价个体子群内开展评价。在第二阶段,从评价个体角度划分子群,选取各评价个体子群的评价结果,排序在前 K 位的评价单元,再在评价单元子群中选取排序第 Q 位的评价单元。将这些评价单元重新进行评价,通过前后两次的评价结果,寻找子群之间的数量对比关系,对不同子群之间的数据进行修正。

采用这一方式的目的是在考虑子群间异质性的基础上,寻找不同子群间的评价结果的数量对比关系,从而提高群组评价意见的一致性程度。其优点如下:①从评价主体角度看,划分子群有效地减少了评价个体评价的次数,提高了评价的效率;②从评价客体角度看,虽然平均接受评价的次数减少,但单次评价的可信度增加;③从组织者角度看,进行群组分类,更能避免杠杆效应。但其缺点也十分明显,即在子群内部并不考虑意见的集中,这就可能导致杠杆效应。

(二)基于意见集中度的改进思路

根据前面的介绍,可从以下角度进行改进。

(1)由于存在评价单元的子群划分,在第一阶段的评价过程中,应引入评价单元的一致性问题。其理由如下:如果评价单元的一致性不能满足要求,那么评价单元之间的差异很大;如果要求评价个体按照同一标准进行评价,那么有可能产生结果的可比性较差。因此,通过将这些评价单元反馈给对应的评价个体子群,要求评价个体子群修正其评价意见,直至评价单元的一致性得到满足后,即可得到第一阶段子群评价的结果。

(2) 在第二阶段的评价过程中，需要重点考虑评价单元的代表性。评价结果较好的前几个评价单元相应的评价单元子群具有较好的代表性，但是在评价个体的抽取过程中，忽略了评价个体间的一致性程度。因此，需要将评价个体抽取过程修改为抽取一致性程度较高且抽取的数量与评价单元相同。

(3) 数据修正过程与评价过程的两阶段一致。具体办法如下：利用评价单元一致性程度开展第一阶段评价结果的数据修正；利用一致性程度较高的评价个体开展第二阶段评价结果的数据修正。修正后的评价单元的评价值为

$$v_{i,j}^* = \frac{v_{i,j}}{v_{i,\max}^{(1)}} v_{i,\max}^{(2)} \tag{7.28}$$

式中，$v_{i,j}$ 为子群 i 中的第 j 个评价单元在第一阶段的评价值；$v_{i,j}^*$ 为修正后的子群 i 中的第 j 个评价单元在第一阶段的评价值，$v_{i,\max}^{(1)}$ 为子群 i 在第一阶段评价中评价值排序为前 n 名的评价单元的均值；$v_{i,\max}^{(2)}$ 为子群 i 在第二阶段评价中评价值排序为前 n 名的评价单元的均值。

二、评价机制的设计

(一) 双重视角下的个体意见一致性测度

为了体现个体意见的一致性，此处针对两阶段链式子群，从子群内一致性和整体一致性的双重视角来开展讨论。

1. 子群内一致性的测度

以评价个体子群为例，假设 $E_k(k=1,2,\cdots,K)$ 为评价个体的一个子群，其对应评价单元子群为 $X_j(j=1,2,\cdots,k)$。记评价个体为 $e_{iu}(u=1,2,\cdots,b_1)$，对评价单元 $v_{ig}(g=1,2,\cdots,c_1)$ 的评价信息矩阵为 $A_i = \left[v_{iug}\right]_{b_1 \times c_1}$，子群内个体的一致性程度为

$$\rho_{ig} = \frac{\sum_{g=1}^{c_1} \left| v_{iug} - \bar{v}_{iu} \right|}{c_1} \tag{7.29}$$

式中，$\bar{v}_{iu} = \frac{1}{b_1 c_1} \sum_{u=1}^{b_1} \sum_{g=1}^{c_1} v_{iug}$。子群 E_i 整体可用个体的一致性程度的均值进行反映：

$$\rho_i = \frac{1}{b} \sum_{u=1}^{b_1} \rho_{ig} \tag{7.30}$$

式中，ρ_i 的取值越大，子群一致性程度越差。

2. 整体一致性的测度

由于存在评价个体、评价单元两个维度的链式子群组织，需要将链式综合为整体意义上的评价结果。此时，其整体一致性程度为

$$\rho = \frac{\sum_{i=1}^{k} b_i \rho_i}{m} \tag{7.31}$$

式中，$b_1, b_2, \cdots, b_k$ 为各个评价个体子群的人数规模；m 为全部评价人数。

(二) 方法步骤

基于两阶段链式子群的评价流程如图 7.9 所示，相关步骤如下。

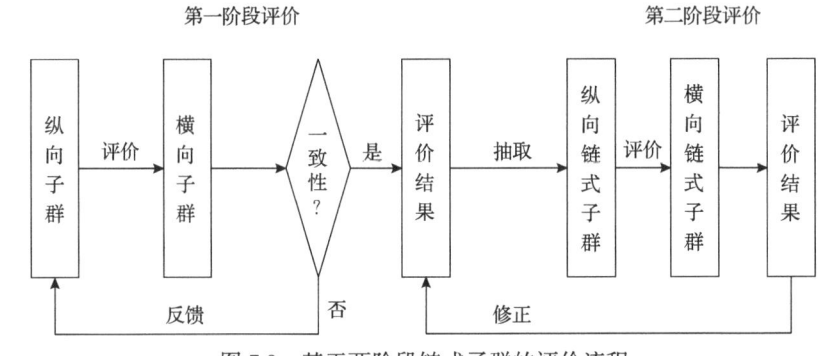

图 7.9 基于两阶段链式子群的评价流程

1. 第一阶段

(1) 划分评价单元子群，在子群内各自独立开展评价，并设置一致性阈值 δ。

(2) 对评价数进行规范化处理。

(3) 利用式 (7.29)，计算评价单元的一致性程度 ρ_{iu}，结合一致性阈值 δ，判断是否满足要求。如果不满足要求，那么返回步骤 (1)，再次要求各评价个体在对应的子群内开展评价。如果满足要求，那么进入第二阶段。

2. 第二阶段

(1) 在评价个体子群内，采用算术平均法计算综合评价值，即 $v_i = \dfrac{\sum_{k=1}^{n_k} v_k}{n_k}$。

(2) 构建评价个体链式组织。首先，从评价单元子群中抽取前 n 个大的综合评价值所对应的评价单元；其次，根据式 (7.29) 计算出评价单元子群内的各个体的一致性程度 ρ_{ig}，并从中抽出数量相同且一致性程度较高的评价个体组成纵向链式子群；最后，组织纵向链式子群去评价横向链式子群，形成第二阶段的评价结果。

(3) 利用式(7.28)对第一阶段的评价结果进行修正。

(4) 利用式(7.30)和式(7.31)，计算子群内一致性程度和整体一致性程度，评估数据修正的效果。

三、应用案例

(一) 问题描述

某科研机构为了评选年度科研成果奖，邀请18位评审专家对申报的24个成果进行评价。由于申报成果的学科属性差异较大，同时评审专家来自不同的专业领域，为了更加科学合理地对成果进行评价，该机构将所有成果按研究领域分为理工、经管、人文艺术等三大类，按照专业与学科相近的原则，将18位评审专家分为3组。相关数据见表7.10。

表7.10 第一阶段评价值

评价个体子群1	评价单元子群1							
	P_1	P_2	P_3	P_4	P_5	P_6	P_7	P_8
E_1	54	63	65	52(55)	62	60	67	71
E_2	51(59)	52(56)	60	64	70	68	57	69
E_3	74(70)	56	63	64	69	70	58	60
E_4	62	73(68)	58	62	63	56	54	70
E_5	64	56	61	51(58)	70	68	69	60
E_6	59	70	67	65	51(57)	59	58	62

评价个体子群2	评价单元子群2							
	P_9	P_{10}	P_{11}	P_{12}	P_{13}	P_{14}	P_{15}	P_{16}
E_7	70	81	69	64	77	67	72	69
E_8	75	64	71	76	68	80	78	63
E_9	72	63	72	75	70	78	80	62
E_{10}	60(64)	71	65	74	80	77	70	68
E_{11}	70	74	72	78	82(79)	70	68	70
E_{12}	69	78	83(80)	65	75	69	71	63

评价个体子群3	评价单元子群3							
	P_{17}	P_{18}	P_{19}	P_{20}	P_{21}	P_{22}	P_{23}	P_{24}
E_{13}	84	90	81	69(72)	78	77	83	85
E_{14}	78	81	75	77	90	81	79	92(90)
E_{15}	80	83	69(73)	85	82	79	76	90
E_{16}	73	85	90	74	85	67(72)	78	80
E_{17}	80	87	75	79	76	88	75	90
E_{18}	92(89)	76	87	83	85	69(74)	78	86

(二)计算步骤

1. 第一阶段

(1)设置一致性阈值为 $\delta = 4.0$，由于量纲已经统一，可得到第一阶段的评价结果，见表 7.10。

(2)利用式(7.29)，计算评价单元的一致性程度，结果见表 7.11。

表 7.11 评价单元的一致性程度

评价个体子群 1	评价单元子群 1							
	P_1	P_2	P_3	P_4	P_5	P_6	P_7	P_8
E_1	8.23	0.77	2.77	10.23	0.23	2.23	4.77	8.77
E_2	11.23	10.23	2.23	1.77	7.77	5.77	5.23	6.77
E_3	11.77	6.23	0.77	1.77	6.77	7.77	4.23	2.23
E_4	0.23	10.77	4.23	0.23	0.77	6.23	8.23	7.77
E_5	1.77	6.23	1.23	11.23	7.77	5.77	6.77	2.23
E_6	3.23	7.77	4.77	2.77	11.23	3.23	4.23	0.23

评价个体子群 2	评价单元子群 2							
	P_9	P_{10}	P_{11}	P_{12}	P_{13}	P_{14}	P_{15}	P_{16}
E_7	1.63	9.38	2.63	7.63	5.38	4.63	0.38	2.63
E_8	3.38	7.63	0.63	4.38	3.63	8.38	6.38	8.63
E_9	0.38	8.63	0.38	3.38	1.63	6.38	8.38	9.63
E_{10}	11.63	0.63	6.63	2.38	8.38	5.38	1.63	3.63
E_{11}	1.63	2.38	0.38	6.38	10.38	1.63	3.63	1.63
E_{12}	2.63	6.38	11.38	6.63	3.38	2.63	0.63	8.63

评价个体子群 3	评价单元子群 3							
	P_{17}	P_{18}	P_{19}	P_{20}	P_{21}	P_{22}	P_{23}	P_{24}
E_{13}	3.13	9.13	0.13	11.88	2.88	3.88	2.13	4.13
E_{14}	2.88	0.13	5.88	3.88	9.13	0.13	1.88	11.13
E_{15}	0.88	2.13	11.88	4.13	1.13	1.88	4.88	9.13
E_{16}	7.88	4.13	9.13	6.88	4.13	13.88	2.88	0.88
E_{17}	0.88	6.13	5.88	1.88	4.88	7.13	5.88	9.13
E_{18}	11.13	4.88	6.13	2.13	4.13	11.88	2.88	5.13

对于 $\rho_{iu} \geq \delta$ 的评价单元，评价信息反馈给相应的评价个体，并要求评价个体进行修正，直至满足一致性要求。其中，表 7.10 中"( )"内的评价值就是修正后

的评价结果。具体过程数据不再展示。

2. 第二阶段

(1)在评价个体子群内，采用算术平均法计算综合评价值，结果为

$$V_1 = (60.67,\ 61.67,\ 62.33,\ 59.67,\ 64.17,\ 63.50,\ 60.50,\ 65.33)$$

$$V_2 = (69.33,\ 71.83,\ 72.00,\ 72.00,\ 75.33,\ 73.50,\ 73.17,\ 65.83)$$

$$V_3 = (81.17,\ 83.67,\ 79.50,\ 77.83,\ 82.67,\ 76.83,\ 78.17,\ 87.17)$$

(2)构建评价个体链式组织。

①根据步骤(1)的结果，从各评价单元子群中分别抽取排名前2位的评价单元(P_5、P_8、P_{13}、P_{14}、P_{18}、P_{24})，由这6个评价单元构建横向链式子群。

②根据式(7.29)，计算评价单元子群内的各评价单元的一致性程度，结果为

$$\rho_{i1} = (4.75,\ 6.38,\ 5.19,\ 4.81,\ 5.38,\ 4.68)$$

$$\rho_{i2} = (4.28,\ 5.38,\ 4.84,\ 5.03,\ 3.50,\ 5.28)$$

$$\rho_{i3} = (4.66,\ 4.38,\ 4.50,\ 6.22,\ 5.22,\ 6.03)$$

③从各评价个体子群中分别抽取一致性排名前2位的评价个体(E_4、E_6、E_7、E_{11}、E_{14}、E_{15})，由这6位评价个体组成纵向链式子群。

④组织纵向链式子群内的评价个体对横向链式子群内的评价单元进行评价，第二阶段的评价结果如表7.12所示。

表 7.12　第二阶段评价值

纵向链式子群	横向链式子群					
	P_5	P_8	P_{13}	P_{14}	P_{18}	P_{24}
E_4	56	57	62	65	64	68
E_6	53	55	61	69	70	65
E_7	60	63	72	67	75	70
E_{11}	61	64	73	70	73	75
E_{14}	65	70	70	71	70	75
E_{15}	66	67	75	78	80	74

(3)利用式(7.28)，对第一阶段的评价结果进行修正，结果见表7.13。

表 7.13　经第一阶段修正后的评价结果

评价个体子群 1	评价单元子群 1								
	P_1	P_2	P_3	P_4	P_5	P_6	P_7	P_8
E_1	53.13	61.99	63.96	54.12	61.01	59.04	65.93	69.86
E_2	58.05	55.10	59.04	62.97	68.88	66.91	56.09	67.89
E_3	68.88	55.10	61.99	62.97	67.89	68.88	57.07	59.04
E_4	61.01	66.91	57.07	61.01	61.99	55.10	53.13	68.88
E_5	62.97	55.10	60.02	57.07	68.88	66.91	67.89	59.04
E_6	58.05	68.88	65.93	63.96	56.09	58.05	57.07	61.01

评价个体子群 2	评价单元子群 2								
	P_9	P_{10}	P_{11}	P_{12}	P_{13}	P_{14}	P_{15}	P_{16}
E_7	67.10	77.64	66.14	61.35	73.81	64.22	69.02	66.14
E_8	71.89	61.35	68.06	72.85	65.18	76.69	74.77	60.39
E_9	69.02	60.39	69.02	71.89	67.10	74.77	76.69	59.43
E_{10}	61.35	68.06	62.31	70.93	76.69	73.81	67.10	65.18
E_{11}	67.10	70.93	69.02	74.77	75.73	67.10	65.18	67.10
E_{12}	66.14	74.77	76.69	62.31	71.89	66.14	68.06	60.39

评价个体子群 3	评价单元子群 3								
	P_{17}	P_{18}	P_{19}	P_{20}	P_{21}	P_{22}	P_{23}	P_{24}
E_{13}	73.40	78.65	70.78	62.92	68.16	67.29	72.53	74.28
E_{14}	68.16	70.78	65.54	67.29	78.65	70.78	69.03	78.65
E_{15}	69.91	72.53	63.79	74.28	71.66	69.03	66.41	78.65
E_{16}	63.79	74.28	78.65	64.67	74.28	62.92	68.16	69.91
E_{17}	69.91	76.03	65.54	69.03	66.41	76.9	65.54	78.65
E_{18}	77.77	66.41	76.03	72.53	74.28	64.67	68.16	75.15

(4) 利用式(7.30)和式(7.31)计算子群内一致性程度和整体一致性程度,结果见表 7.14。

表 7.14　两种方法下的一致性程度对比

评价方法	评价个体子群 1	评价个体子群 2	评价个体子群 3	整体
一阶段评价法	4.4427	4.5069	4.7240	4.5579
两阶段链式子群评价法	4.3715	4.3207	4.1290	4.2737

(5) 根据表 7.13,按简单算术平均法计算各评价单元的评价值,结果见表 7.15。

表 7.15　各评价单元在两种评价方法下的结果

评价单元	一阶段评价法 评价值	一阶段评价法 排序结果	两阶段链式子群评价法 评价值	两阶段链式子群评价法 排序结果
P_1	61.33	22	60.35	23(↓)
P_2	61.50	21	60.51	21(—)
P_3	62.33	20	61.34	20(—)
P_4	61.33	23	60.35	22(↑)
P_5	65.17	18	64.12	17(↑)
P_6	63.50	19	62.48	19(—)
P_7	60.50	24	59.53	24(—)
P_8	65.33	17	64.29	16(↑)
P_9	70.00	15	67.10	15(—)
P_{10}	71.83	13	68.86	10(↑)
P_{11}	71.50	14	68.54	12(↑)
P_{12}	72.00	12	69.02	9(↑)
P_{13}	74.83	9	71.73	4(↑)
P_{14}	73.50	10	70.46	6(↑)
P_{15}	73.17	11	70.14	7(↑)
P_{16}	65.83	16	63.11	18(↓)
P_{17}	80.67	4	70.49	5(↓)
P_{18}	83.67	2	73.11	2(—)
P_{19}	80.17	5	70.06	8(↓)
P_{20}	78.33	7	68.45	13(↓)
P_{21}	82.67	3	72.24	3(—)
P_{22}	78.50	6	68.60	11(↓)
P_{23}	78.17	8	68.31	14(↓)
P_{24}	86.83	1	75.88	1(—)

(三)评价结果的对比

为了验证本节所提两阶段链式子群评价法的优势,此处从一致性、评价单元的排序等来进行对比分析。

1. 一致性的比较

由表 7.14 可知,无论是从子群内部还是从整体的角度,两阶段链式子群评价法均提高了一致性程度。其中,群组整体一致性程度提升了 6.24%,评价个体子群 1、评价个体子群 2 和评价个体子群 3 一致性程度分别提升了 1.6%、4.13%和 12.6%。

2. 评价单元的排序

从表 7.15 中可以看出,在 24 个评价单元中,有 66.67%的单元的排名发生变化,平均变化幅度为 2 位。

在评价单元子群 1 中,有 50%的评价单元的排名发生变化,平均变化幅度为 0.5 位,并且与传统的一阶段评价法相比,两阶段链式子群评价法提升了排名。

在评价单元子群 2 中,有 37.5%的评价单元的排名处在前列,平均变化幅度为 2.38 位,仅有 12.5%的评价单元的排名未发生变化,两阶段链式子群评价法明显拉高了评价单元子群 2 中的评价单元排名。

在评价单元子群 3 中,有 37.5%的评价单元的排名保持不变,平均变化幅度为-2.63 位。

本 章 小 结

通过分析群组评价中不可比现象的产生原因,本章从评价组织的角度讨论了如何更好地安排评价主体与评价客体之间的对应关系,以消除或弱化评价数据的不可比现象。首先,提出了链式子群的评价组织,通过设定评价主体与评价客体之间的链式关系,取得两者的数量联系,并在修正评价数据的基础上,设计了评价方法。其次,在链式子群评价组织的基础上,采用两阶段集成的办法,同时考虑子群内部、子群之间的个体意见一致性,进而从评价数据的可比性出发,研究了评价方法的设计问题。应用案例表明,两类处理方法可行且效果良好,能够在一定程度上解决杠杆效应问题。

参 考 文 献

卞起鹏. 2018. 基于变权理论的群组评价方法研究[D]. 杭州: 浙江工商大学.

蔡前凤, 李洪兴. 2001. 均衡度与变权[J]. 系统工程理论与实践, 21(10): 83-87.

陈国宏, 陈衍泰, 李美娟. 2003. 组合评价系统综合研究[J]. 复旦学报(自然科学版), 42(5): 667-672.

陈惠琴, 黄韩亮. 2020. 概率区间犹豫模糊集的多属性群决策方法[J]. 辽宁工程技术大学学报(自然科学版), 39(6): 550-557.

陈骥. 2006. 群组评价技术研究[D]. 杭州: 浙江工商大学.

陈骥. 2010. 基于区间数的综合评价问题研究[D]. 杭州: 浙江工商大学.

陈骥, 苏为华. 2008. 关于群组评价技术若干问题的探讨[J]. 统计研究, 25(8): 79-84.

陈骥, 苏为华. 2011. 区间指标的排序评价方法及应用[J]. 统计研究, 28(5): 84-88.

陈骥, 苏为华. 2014. 评价的共识与共识评价的机制: 基于子群的视角[J]. 统计研究, 31(9): 85-90.

陈骥, 姚婷. 2020. 基于混合数据的群组评价方法及其应用[J]. 调研世界(6): 3-9.

陈骥, 苏为华, 曾守桢. 2019. 基于自适应变权的群组评价方法与应用[J]. 统计研究, 36(4): 106-118.

陈骥, 苏为华, 张崇辉. 2013. 基于属性分布信息的大规模群体评价方法及应用[J]. 中国管理科学, 21(3): 146-152.

陈俊良, 刘新建, 陈超. 2011. 基于语言决策矩阵的专家客观权重确定方法[J]. 系统工程与电子技术, 33(6): 1310-1316.

陈侠, 樊治平, 刘香芹, 等. 2007. 基于互反判断矩阵的专家群体判断一致性分析[J]. 系统工程与电子技术, 29(7): 1078-1081.

成波, 刘三阳. 2012a. 基于变权向量的群体评价信息集结方法[J]. 控制与决策, 27(8): 1246-1250.

成波, 刘三阳. 2012b. 一个具有可调变权能力的变权向量[J]. 控制与决策, 27(1): 82-86.

程砚秋. 2015. 基于区间相似度和序列比对的群组 G1 评价方法[J]. 中国管理科学, 23(S1): 204-210.

达庆利, 徐泽水. 2002. 不确定多属性决策的单目标最优化模型[J]. 系统工程学报, 17(1): 50-55.

戴汝为, 王珏, 田捷. 1995. 智能系统的综合集成[M]. 杭州: 浙江科学技术出版社.

杜栋, 庞庆华. 2005. 现代综合评价方法与案例精选[M]. 北京: 清华大学出版社.

杜娟, 霍佳震. 2016. 交互式多属性群决策评价方法研究[J]. 中国管理科学, 24(11): 120-128.

杜文胜, 徐涛. 2021. 广义正交模糊混合平均算子及其在多属性决策中的应用[J]. 山东大学学报(理学版), 56(1): 35-42.

杜元伟. 2011. 基于和谐思想的交互式多属性群决策方法[J]. 系统工程学报, 26(1): 23-30.
杜元伟, 段万春, 缪彬. 2013. 基于前景理论的交互式群组风险决策方法[J]. 控制与决策, 28(8): 1183-1189.
樊相宇, 张文欣, 武小平. 2019. 基于优势概率的多属性群决策方法研究[J]. 统计与决策, 35(12): 36-40.
付巧峰. 2008. 关于 TOPSIS 法的研究[J]. 西安科技大学学报, 28(1): 190-193.
宫诚举, 李伟伟, 郭亚军. 2020. 群体评价中的序关系分析法. 运筹与管理, 29(11): 152-156.
顾基发. 2001. 意见综合: 怎样达成共识[J]. 系统工程学报, 16(5): 340-348.
郭金玉, 张忠彬, 孙庆云. 2008. 层次分析法的研究与应用[J]. 中国安全科学学报, 18(5): 148-153.
郭鹏, 韩二东, 赵静. 2016. 基于相关系数及改进 TOPSIS 的区间直觉模糊群决策方法[J]. 模糊系统与数学, 30(5): 132-141.
郭亚军, 姚远, 易平涛. 2007. 一种动态综合评价方法及应用[J]. 系统工程理论与实践, 27(10): 154-158.
郭亚军, 于兆吉. 2002. 综合评价的合理性问题[J]. 东北大学学报(自然科学版), 23(9): 844-847.
郝晶晶, 朱建军, 刘远. 2016. 双重信息下多阶段异质群体决策模型及算法[J]. 系统工程, 34(5): 129-135.
侯海军, 王庆东. 2006. 由三角模构造的状态变权向量[J]. 商丘师范学院学报, 22(2): 64-67.
胡永宏. 2002. 综合评价中指标相关性的处理方法[J]. 统计研究, 19(3): 39-40.
黄玮强, 姚爽, 郭亚军. 2011. 不完全指标偏好信息下的动态综合评价模型与应用[J]. 东北大学学报(自然科学版), 32(6): 891-894, 899.
季爱民. 2012. 概率即部分信念: 拉姆齐主观主义概率观探讨[J]. 自然辩证法研究, 28(11): 8-13.
姜树广, 韦倩. 2013. 信念与心理博弈: 理论、实证与应用[J]. 经济研究, 48(6): 141-154.
姜涛. 2013. 偏好结构、信念特征与个体决策模型: 基于行为经济学范式的研究综述[J]. 中南财经政法大学学报(2): 11-18.
焦春明. 2018. 群组评价一致性的提升机制研究[D]. 杭州: 浙江工商大学.
金飞飞, 刘金培, 陈华友, 等. 2021. 基于信任关系和信息测度的概率语义社会网络群决策模型[J]. 中国管理科学, 29(10): 178-190.
金菊良, 程吉林, 魏一鸣. 2006. 流域生态环境质量评价的熵模糊模式识别模型[J]. 四川大学学报(工程科学版), 38(1): 5-9.
金菊良, 魏一鸣, 周玉良. 2008. 复杂系统综合评价的理论框架及其在水安全评价中的应用[J]. 农业系统科学与综合研究, 24(4): 391-397, 402.
金伟, 付超. 2009. 基于二元语义和 T-OWA 算子的阶段反馈式群决策模型[J]. 合肥工业大学学报(自然科学版), 32(6): 851-856.
李秉焱, 王进朵, 朱琳. 2013. 基于相似度的区间数群决策方法[J]. 南昌工程学院学报, 32(4):

5-8.

李彩凤. 2020. 不满足序传递的正互反判断矩阵的排序研究[J]. 西南师范大学学报(自然科学版), 45(10): 8-12.

李德清, 冯艳宾, 王加银, 等. 2003. 两类均衡函数的结构分析与一类状态变权向量的构造[J]. 北京师范大学学报(自然科学版), 39(5): 595-600.

李德清, 李洪兴. 2002. 状态变权向量的性质与构造[J]. 北京师范大学学报(自然科学版), 38(4): 455-461.

李德清, 曾文艺. 2016. 变权决策中均衡函数均衡效果[J]. 系统工程理论与实践, 36(3): 712-718.

李凤伟. 2019. 群组决策专家风险偏好判别及其权重计算方法[J]. 地下空间与工程学报, 15(S2): 933-941.

李海涛, 罗党, 韦保磊. 2017. 不确定语言评价信息下大群体决策的MC-EMD方法[J]. 中国管理科学, 25(4): 164-173.

李洪兴. 1995. 因素空间理论与知识表示的数学框架(Ⅷ): 变权综合原理[J]. 模糊系统与数学, 9(3): 1-9.

李洪兴. 1996. 因素空间理论与知识表示的数学框架(Ⅸ): 均衡函数的构造与Weber-Fechner特性[J]. 模糊系统与数学, 10(3): 12-19.

李磊, 王玉倩. 2017. 确定多属性群决策专家权重的一种新方法[J]. 统计与决策, 33(2): 14-18.

李彤. 2016. 模拟植物生长算法原理及应用[M]. 北京: 科学出版社.

李彤, 王春峰, 王文波, 等. 2005. 求解整数规划的一种仿生类全局优化算法: 模拟植物生长算法[J]. 系统工程理论与实践, 25(1): 76-85.

李艳玲, 吴建伟, 朱烨行. 2017. 基于判断矩阵一致性程度的专家权重确定方法[J]. 计算机与现代化(6): 20-24, 29.

李月秋. 2008. 变权综合理论与多目标决策[D]. 昆明: 昆明理工大学.

林原, 战仁军, 吴虎胜. 2021a. 基于混合改进TOPSIS的装备供应商选择方法[J]. 工业工程与管理, 26(2): 75-82.

林原, 战仁军, 吴虎胜. 2021b. 基于犹豫度和相似度的专家权重确定方法及其应用[J]. 控制与决策, 36(6): 1482-1488.

刘军. 2009. 整体网分析讲义: UCINET软件实用指南[M]. 上海: 格致出版社.

刘亮, 卢春恒. 1983. 关于计算工业综合经济效益指数的探讨[J]. 统计(4): 9-11.

刘鹏, 晏湘涛, 匡兴华. 2007. 交互式决策中的专家动态权重[J]. 工业工程与管理, 12(5): 32-36.

刘悦, 姜春茂, 郭豆豆. 2020. 一种基于区间模糊优势距离的多属性决策方法[J]. 山西大学学报(自然科学版), 43(4): 786-794.

吕金辉, 郭嗣琮, 郭芳芳. 2020. 犹豫模糊信息相似性测度与群一致性测度及群决策应用[J]. 控制与决策, 35(8): 1987-1996.

马本江, 徐晨, 毕文杰, 等. 2013. 大型群组多属性决策Bayes概率修正法[J]. 控制与决策,

28(7): 1051-1054.

毛强, 郭亚军, 戚宇. 2013. 群体评价中评价者权威度的计算方法[J]. 东北大学学报(自然科学版), 34(2): 297-300.

牛翠萍, 张娜. 2020. 基于可靠性自判的双极二元语义群决策模型及应用[J]. 统计与决策, 36(12): 180-184.

庞皓, 谢胜智. 1982. 多目标规划与综合经济效果指标[J]. 财经科学(4): 56-61.

彭怡. 2006. 动态群体决策理论及其应用研究[D]. 成都: 西南交通大学.

秦寿康. 2002. 评价方案优化系统[J]. 系统工程学报, 17(2): 143-149.

邱东. 1991. 多指标综合评价中合成方法的系统分析[J]. 财经问题研究(6): 39-42.

邱菀华. 2002. 管理决策与应用熵学[M]. 北京: 机械工业出版社.

任嵘嵘, 孟一鸣, 李晓奇, 等. 2020. 基于一致性度量的概率模糊语言多属性群决策方法[J]. 中国管理科学, 28(4): 220-230.

单翔. 2013. 具有行为诱导功能的变权算子研究[D]. 沈阳: 东北大学.

尚战伟, 郭永辉, 邹俊国, 等. 2017. 属性和专家客观权重未知的区间数群决策方法[J]. 计算机工程与应用, 53(15): 227-232.

宋客, 巩在武. 2023. 基于云模型和 PageRank 算法的社会网络群决策方法[J]. 运筹与管理, 32(5): 56-61.

苏为华. 2001. 多指标综合评价理论与方法研究[M]. 北京: 中国物价出版社.

苏为华. 2004. Delphi-AHP 统计构权时专家意见分歧度指标的设计[J]. 统计研究, 21(1): 31-34.

苏为华. 2012. 我国多指标综合评价技术与应用研究的回顾与认识[J]. 统计研究, 29(8): 98-107.

苏为华, 陈骥. 2006. 综合评价技术的扩展思路[J]. 统计研究(2): 32-37.

苏为华, 孙利荣, 崔峰. 2013. 一种基于函数型数据的综合评价方法研究[J]. 统计研究, 30(2): 88-94.

苏为华, 吴鑑洪. 2010. Delphi-AHP 构权过程中专家意见一致性的统计检验问题研究[J]. 统计研究, 27(7): 84-88.

苏为华, 余明江. 2002. 对灰色系统综合评价方法中两个问题的认识[J]. 统计研究, 19(10): 49-52.

苏为华, 张崇辉. 2013. 基于区间分布信息的多点主成分综合评价方法研究[J]. 经济统计学(季刊)(1): 48-57.

苏为华, 张崇辉. 2016. 两阶段子群群组评价机制的设计[J]. 系统工程理论与实践, 36(3): 760-767.

苏为华, 张崇辉, 曾守桢. 2015. 主体存在变动的动态群组评价方法及应用[J]. 统计研究, 32(7): 100-105.

孙晓东, 冯学钢. 2014. 群决策中基于判断相似度的专家聚类及群体意见集结方法[J]. 运筹与管理, 23(1): 51-58, 79.

孙义, 黄海峰, 丁建华. 2014. 多属性群决策权重调整自适应算法[J]. 计算机工程与应用, 50(2): 35-38, 53.

孙永河, 张思雨, 缪彬. 2020. 专家交互情境下不完备群组 DEMATEL 决策方法[J]. 控制与决策, 35(12): 3066-3072.

谭睿璞, 张文德. 2017. 基于直觉模糊交互影响算子的多属性决策方法[J]. 系统科学与数学, 37(3): 744-755.

万树平. 2008. 区间型多属性群体专家权重的确定方法[J]. 应用数学与计算数学学报, 22(2): 109-116.

汪培庄, 李洪兴. 1996. 模糊系统理论与模糊计算机[M]. 北京: 科学出版社.

王斌, 李刚, 曹勇, 等. 2018a. 基于指标权重分配的群决策赋权方法研究[J]. 运筹与管理, 27(11): 22-25.

王斌, 王哲辰, 周炜, 等. 2018b. 基于熵和改进的协相关度的直觉模糊决策方法[J]. 计算机工程与应用, 54(6): 247-251.

王靖, 张金锁. 2001. 综合评价中确定权重向量的几种方法比较[J]. 河北工业大学学报, 30(2): 52-57.

王龙, 伏锋, 陈小杰, 等. 2008. 复杂网络上的群体决策[J]. 智能系统学报, 3(2): 95-108.

王秋萍, 殷春式, 苏哲斌. 2006. 不确定型群决策专家权重确定方法[C]//中国系统工程学会. 科学发展观与系统工程——中国系统工程学会第十四届学术年会论文集. 厦门: 中国系统工程学会: 458-462.

王治朋, 王静飞, 李菊倩, 等. 2021. 基于区间数的空气质量模糊综合评价模型[J]. 数学的实践与认识, 51(3): 230-235.

吴婉莹, 何迎东, 郭甦, 等. 2014. 直觉对偶犹豫模糊集的集结算子及其应用[J]. 武汉理工大学学报(信息与管理工程版), 36(2): 225-228.

肖文星, 杜纲. 2018. 动态区间标度下的群组序关系评价法及其应用[J]. 重庆理工大学学报(自然科学), 32(5): 236-244.

徐敏. 2016. 变权灰色关联分析及其在绿色供应商评价中的应用研究[D]. 昆明: 昆明理工大学.

徐迎军, 李东. 2010. 多属性群决策达成一致方法研究[J]. 控制与决策, 25(12): 1810-1814, 1820.

徐迎军, 尹世久, 陈默, 等. 2020. 互反判断矩阵一致性指标研究[J]. 运筹与管理, 29(3): 117-124.

徐泽水, 达庆利. 2003. 区间型多属性决策的一种新方法[J]. 东南大学学报(自然科学版), 33(4): 498-501.

徐泽水, 孙在东. 2002. 一类不确定型多属性决策问题的排序方法[J]. 管理科学学报, 5(3): 35-39.

许瑞丽, 徐泽水. 2007. 区间数相似度研究[J]. 数学的实践与认识, 37(24): 1-8.

阎小妍, 孟虹, 汤明新. 2006. 综合评价中不同赋权方法的比较探讨[J]. 中国卫生质量管理,

13(4): 58-60.

杨艺, 余绍黔, 任剑. 2019. 积性一致性勾股模糊偏好关系及其群决策应用[J]. 模糊系统与数学, 33(6): 114-129.

姚炳学, 李洪兴. 2000. 局部变权的公理体系[J]. 系统工程理论与实践, 20(1): 106-109.

易平涛, 由海燕, 郭亚军, 等. 2015. 基于时序增益激励的多阶段评价信息集结方法[J]. 系统工程, 33(12): 126-131.

余文全. 2018. 超越理性假定: 情绪、信念与国家决策行为[J]. 社会科学文摘(4): 38-41.

元继学, 王未今. 2007. 群决策中成员意见的分歧特征及判断准则研究[J]. 数学的实践与认识, 37(24): 89-95.

袁洪芳, 张任, 王华庆. 2014. 基于HMM与改进距离测度法的齿轮箱故障诊断[J]. 振动与冲击, 33(14): 89-94.

袁宇翔, 孙静春. 2019. 多粒度语言信息的交互式多属性群决策方法及应用[J]. 运筹与管理, 28(6): 25-32.

张崇辉. 2016. 基于子群的群组评价机制研究[D]. 杭州: 浙江工商大学.

张崇辉, 苏为华, 曾守桢. 2017. 存在领导者的自组织群组评价技术及应用[J]. 统计研究, 34(8): 100-108.

张崇辉, 苏为华, 曾守桢. 2018. 基于均衡理论的群组评价机制设计及应用[J]. 统计研究, 35(1): 82-90.

张发明. 2010. 动态群体评价理论与方法研究[D]. 沈阳: 东北大学.

张发明. 2013. 区间标度群序关系评价法及其运用[J]. 系统工程理论与实践, 33(3): 720-725.

张发明, 代万强, 袁宇翔. 2018a. 信息具有正态分布特征的主客方协作式群体评价方法及其应用[J]. 控制与决策, 33(12): 2251-2257.

张发明, 郭亚军. 2009. 兼顾差异性与一致性的大规模群体评价方法[J]. 东北大学学报(自然科学版), 30(6): 893-896.

张发明, 郭亚军, 易平涛. 2009. 基于二维密度加权算子的群体评价信息集结方法[J]. 系统管理学报, 18(4): 397-401.

张发明, 郭亚军, 易平涛. 2010. 基于密度算子的多阶段群体评价信息集结方法及其应用[J]. 控制与决策, 25(7): 993-997.

张发明, 郭亚军, 易平涛. 2011. 序关系分析下的多阶段交互式群体评价方法[J]. 系统工程学报, 26(5): 702-709.

张发明, 孙文龙. 2014. 基于区间数的多阶段交互式群体评价方法及应用[J]. 中国管理科学, 22(10): 129-135.

张发明, 赵静, 黄丽玲, 等. 2018b. 基于关系网络的大规模交互式群体评价方法[J]. 运筹与管理, 27(5): 140-148.

张雷, 常天庆, 王庆胜, 等. 2012. 多轮次群体决策中动态专家权重研究[J]. 微电子学与计算机,

29(2): 74-77.

张丽娅, 李德清. 2009. 变权决策中确定状态变权向量的理想点法[J]. 数学的实践与认识, 39(6): 93-97.

张学琴, 张慧, 徐婷婷. 2020. 基于概率的直觉模糊数排序方法及其应用[J]. 模糊系统与数学, 34(3): 60-69.

张延吉, 张磊, 吴凌燕. 2017. 流动商贩的空间分布特征及与正规商业的分布关系: 基于距离测度方法的数量研究[J]. 地理学报, 72(4): 618-632.

张尧, 樊治平. 2006. 一种指标权重信息不完全的语言多指标决策方法[J]. 东南大学学报(自然科学版), 36(4): 681-684.

张宇, 刘雨东, 计钊. 2009. 向量相似度测度方法[J]. 声学技术, 28(4): 532-536.

赵莉, 孙钰, 王海滋, 等. 2015. 基于概率分布理论的大样本群专家意见集结模式研究[J]. 统计与决策, 31(23): 21-23.

郑凌芳. 2020. 基于信念网络的群组评价方法研究[D]. 杭州: 浙江工商大学.

郑文婷, 刘红美, 余真. 2008. 多阶段群体满意决策最优算法[J]. 数学的实践与认识, 38(16): 44-48.

周宏安. 2009. 基于方案贴近度和满意度的交互式不确定多属性决策方法[J]. 数学的实践与认识, 39(20): 35-40.

周金明, 苏为华, 周蕾, 等. 2018. 基于距离测度的直觉模糊群组评价共识达成方法[J]. 数学的实践与认识, 48(19): 184-193.

周宇峰, 魏法杰. 2006. 基于相对熵的多属性决策组合赋权方法[J]. 运筹与管理, 15(5): 48-53.

朱建军, 刘思峰, 李洪伟, 等. 2008. 群决策中多阶段多元判断偏好的集结方法研究[J]. 控制与决策, 23(7): 730-734.

朱勇珍, 李洪兴. 1999. 状态变权的公理化体系和均衡函数的构造[J]. 系统工程理论与实践, 19(7): 116-118.

Ali Hatefi M. 2019. Indifference threshold-based attribute ratio analysis: A method for assigning the weights to the attributes in multiple attribute decision making[J]. Applied Soft Computing, 74: 643-651.

Athar Farid H M, Riaz M, Khan Z A. 2023. T-spherical fuzzy aggregation operators for dynamic decision-making with its application[J]. Alexandria Engineering Journal, 72: 97-115.

Besse P C, Guillouet B, Loubes J M, et al. 2018. Destination prediction by trajectory distribution-based model[J]. IEEE Transactions on Intelligent Transportation Systems, 19(8): 2470-2481.

Billari F C, Fent T, Prskawetz A, et al. 2006. Agent-based Computational Modelling[M]. Heidelberg: Physics-Verlag.

Black D. 1958. The Theory of Committed and Elections[M]. Cambridge: Cambridge University Press.

Boubekraoui M, Bentbib A H, Jbilou K. 2023. Vector Aitken extrapolation method for multilinear PageRank computations[J]. Journal of Applied Mathematics and Computing, 69(1): 1145-1172.

Brin S, Page L. 1998. The anatomy of a large-scale hypertextual Web search engine[J]. Computer Networks and ISDN Systems, 30(1/2/3/4/5/6/7): 107-117.

Cabrerizo F J, Al-Hmouz R, Morfeq A, et al. 2017. Soft consensus measures in group decision making using unbalanced fuzzy linguistic information[J]. Soft Computing, 21(11): 3037-3050.

Cai C G, Xu X H, Wang P, et al. 2017. A multi-stage conflict style large group emergency decision-making method[J]. Soft Computing, 21(19): 5765-5778.

Carullo G, Castiglione A, de Santis A, et al. 2015. A triadic closure and homophily-based recommendation system for online social networks[J]. World Wide Web, 18(6): 1579-1601.

Cepeda-Pacheco J C, Domingo M C. 2022. Deep learning and Internet of Things for tourist attraction recommendations in smart cities[J]. Neural Computing and Applications, 34(10): 7691-7709.

Chang J L, Li H, Bi J W. 2022. Personalized travel recommendation: A hybrid method with collaborative filtering and social network analysis[J]. Current Issues in Tourism, 25(14): 2338-2356.

Chen J, Huang J Y, Su W H, et al. 2021a. The challenges of COVID-19 control policies for sustainable development of business: evidence from service industries[J]. Technology in Society, 66: 101643.

Chen P, Redner S. 2005. Majority rule dynamics in finite dimensions[J]. Physical Review E, 71(3): 036101.

Chen S C, Su W H, Chen J, et al. 2021b. The effects of Covid-19 on manufacturer operations: Evidence from China[J]. Transformations in Business & Economics, Transformations in Business & Economics.

Chen S C, Zhang C H, Zeng S Z, et al. 2023. A probabilistic linguistic and dual trust network-based user collaborative filtering model[J]. Artificial Intelligence Review, 56(1): 429-455.

Chen S M, Lin T E. 2014. A new method for group decision making using group recommendations based on interval fuzzy preference relations and consistency matrices[M]//Lecture Notes in Computer Science. Cham: Springer International Publishing: 311-320.

Chen X. 2011. A research on the appraisal index system of low-carbon tourism destination[J]. Economic Geography, Economic Geography, 31(4): 686-689.

Chen X H, Xia C Y, Wang J. 2018. A novel trust-based community detection algorithm used in social networks[J]. Chaos, Solitons and Fractals: The Interdisciplinary Journal of Nonlinear Science, and Nonequilibrium and Complex Phenomena, 108: 57-65.

Cheng Q, Su B R, Tan J. 2013. Developing an evaluation index system for low-carbon tourist attractions in China–A case study examining the Xixi wetland[J]. Tourism Management, 36:

314-320.

Cho Y J, Wang Y, Hsu L L I. 2016. Constructing Taiwan's low-carbon tourism development suitability evaluation indicators[J]. Asia Pacific Journal of Tourism Research, 21(6): 658-677.

Chu J F, Wang Y M, Liu X W, et al. 2020. Social network community analysis based large-scale group decision making approach with incomplete fuzzy preference relations[J]. Information Fusion, 60: 98-120.

Das S, Mondal S, Puri V, et al. 2022. Structural review of relics tourism by text mining and machine learning[J]. EconStor Open Access Articles and Book Chapters, 8(2): 25-34.

Deffuant G, Neau D, Amblard F, et al. 2000. Mixing beliefs among interacting agents[J]. Advances in Complex Systems, 3(1n04): 87-98.

Deng B, Xu J, Wei X. 2021. Tourism destination preference prediction based on edge computing[J]. Mobile Information Systems(1): 1-11.

Dong Q X, Cooper O. 2016. A peer-to-peer dynamic adaptive consensus reaching model for the group AHP decision making[J]. European Journal of Operational Research, 250(2): 521-530.

Dong Q X, Zhü K, Cooper O. 2017. Gaining consensus in a moderated group: A model with a twofold feedback mechanism[J]. Expert Systems with Applications, 71: 87-97.

Dong Y C, Zhang H J, Herrera-Viedma E. 2016. Integrating experts' weights generated dynamically into the consensus reaching process and its applications in managing non-cooperative behaviors[J]. Decision Support Systems, 84: 1-15.

Esmaeili L, Mardani S, Golpayegani S A H, et al. 2020. A novel tourism recommender system in the context of social commerce[J]. Expert Systems with Applications, 149: 113301.

Farhadinia B, Ban A I. 2013. Developing new similarity measures of generalized intuitionistic fuzzy numbers and generalized interval-valued fuzzy numbers from similarity measures of generalized fuzzy numbers[J]. Mathematical and Computer Modelling, 57(3/4): 812-825.

Gai T T, Cao M S, Cao Q W, et al. 2020. A joint feedback strategy for consensus in large-scale group decision making under social network[J]. Computers & Industrial Engineering, 147: 106626.

Glauber R J. 1963. Time-dependent statistics of the Ising model[J]. Journal of Mathematical Physics, 4(2): 294-307.

Golbeck J. 2006. Generating predictive movie recommendations from trust in social networks[M]//Lecture Notes in Computer Science. Berlin, Heidelberg: Springer: 93-104.

Guha R, Kumar R, Raghavan P, et al. 2004. Propagation of trust and distrust[C]//Proceedings of the 13th International Conference on World Wide Web. New York: ACM: 403-412.

Guo F J, Gao J W, Men H J, et al. 2021. Large-scale group decision-making framework for the site selection of integrated floating photovoltaic-pumped storage power system[J]. Journal of Energy Storage, 43: 103125.

Guo M Z, Liao X W, Liu J P, et al. 2020. Consumer preference analysis: A data-driven multiple criteria approach integrating online information[J]. Omega, 96: 102074.

Haque T S, Chakraborty A, Mondal S P, et al. 2020. Approach to solve multi-criteria group decision-making problems by exponential operational law in generalised spherical fuzzy environment[J]. CAAI Transactions on Intelligence Technology, 5(2): 106-114.

Hegselmann R, Krause U. 2005. Opinion dynamics driven by various ways of averaging[J]. Computational Economics, 25(4): 381-405.

Hudson S, Li X R. 2012. Domestic medical tourism: A neglected dimension of medical tourism research[J]. Journal of Hospitality Marketing & Management, 21(3): 227-246.

Jamil M, Rahman K, Abdullah S, et al. 2020. The induced generalized interval-valued intuitionistic fuzzy Einstein hybrid geometric aggregation operator and their application to group decision-making[J]. Journal of Intelligent & Fuzzy Systems, 38(2): 1737-1752.

Jana C, Pal M, Liu P D. 2022. Multiple attribute dynamic decision making method based on some complex aggregation functions in CQROF setting[J]. Computational and Applied Mathematics, 41(3): 103.

Josang A, Haller J. 2007. Dirichlet reputation systems[C]//The Second International Conference on Availability, Reliability and Security. Vienna: IEEE: 112-119.

Junio M M V, Kim J H, Lee T J. 2017. Competitiveness attributes of a medical tourism destination: The case of south Korea with importance-performance analysis[J]. Journal of Travel & Tourism Marketing, 34(4): 444-460.

Kadziński M, Wójcik M, Ciomek K. 2022. Review and experimental comparison of ranking and choice procedures for constructing a univocal recommendation in a preference disaggregation setting[J]. Omega, 113: 102715.

Kamacı H, Petchimuthu S, Akçetin E. 2021. Dynamic aggregation operators and Einstein operations based on interval-valued picture hesitant fuzzy information and their applications in multi-period decision making[J]. Computational and Applied Mathematics, 40(4): 127.

Karthik R V, Ganapathy S. 2021. A fuzzy recommendation system for predicting the customers interests using sentiment analysis and ontology in e-commerce[J]. Applied Soft Computing, 108: 107396.

Kim J H, Ahn B S. 2019. Extended VIKOR method using incomplete criteria weights[J]. Expert Systems with Applications, 126: 124-132.

Kontogianni A, Alepis E, Patsakis C. 2022. Promoting smart tourism personalised services via a combination of deep learning techniques[J]. Expert Systems with Applications, 187: 115964.

Krishankumar R, Ravichandran K S, Gandomi A H, et al. 2021. Interval-valued probabilistic hesitant fuzzy set-based framework for group decision-making with unknown weight information[J].

Neural Computing and Applications, 33 (7): 2445-2457.

Krishankumar R, Ravichandran K S, Liao H C, et al. 2020. An integrated decision framework for group decision-making with double hierarchy hesitant fuzzy linguistic information and unknown weights[J]. International Journal of Computational Intelligence Systems, 13 (1): 624-637.

Liang Z. 2020. Models for multiple attribute decision making with fuzzy number intuitionistic fuzzy Hamy mean operators and their application[J]. IEEE Access, 8: 115634-115645.

Liao H C, Li X F, Tang M. 2021. How to process local and global consensus? A large-scale group decision making model based on social network analysis with probabilistic linguistic information[J]. Information Sciences, 579: 368-387.

Liao H C, Mi X M, Xu Z S. 2020. A survey of decision-making methods with probabilistic linguistic information: Bibliometrics, preliminaries, methodologies, applications and future directions[J]. Fuzzy Optimization and Decision Making, 19 (1): 81-134.

Liao H C, Xu Z S. 2014. Satisfaction degree based interactive decision making under hesitant fuzzy environment with incomplete weights[J]. International Journal of Uncertainty, Fuzziness and Knowledge-Based Systems, 22 (4): 553-572.

Lin H, Wang Z J. 2017. Linguistic multi-attribute group decision making with risk preferences and its use in low-carbon tourism destination selection[J]. International Journal of Environmental Research and Public Health, 14 (9): 1078.

Liu P D, Chen S M. 2018. Multiattribute group decision making based on intuitionistic 2-tuple linguistic information[J]. Information Sciences, 430: 599-619.

Liu P S, Han Y P, Zhu X L, et al. 2020. Research on information system risk assessment based on improved AHP-fuzzy theory[J]. Journal of Physics: Conference Series, 1693 (1): 012046.

Los Angeles Times. After Coronavirus: What Your Next Group Tour Will Look Like[R/OL]. (2020-05-17) [2023-09-29]. https//www.latimes.com/travel/story/2020-05-17/coronavirus-group-travel-tours-will-look-like.

Ma X, Lu H W, Gan Z B, et al. 2017. An explicit trust and distrust clustering based collaborative filtering recommendation approach[J]. Electronic Commerce Research and Applications, 25: 29-39.

Ma Y Y, Kuik R, van Zuylen H J. 2013. Day-to-day origin-destination tuple estimation and prediction with hierarchical Bayesian networks using multiple data sources[J]. Transportation Research Record: Journal of the Transportation Research Board, 2343 (1): 51-61.

Mohammad S, Hosseini M R. 2018. An entropy-based approach for weighting decision makers in group decision-making under uncertainty[C]//The 11th International Conference. Saskatoon: ELRA: 174-184.

Mohammed R T, Alamoodi A H, Albahri O S, et al. 2023. A decision modeling approach for smart e-tourism data management applications based on spherical fuzzy rough environment[J]. Applied Soft Computing, 143: 110297.

Monnikhof R A H, Bots P W G. 2000. On the application of MCDA in interactive spatial planning processes: Lessons learnt from two stories from the swamp[J]. Journal of Multi-Criteria Decision Analysis, 9 (1/2/3): 28-44.

Morente-Molinera J A, Aguilar S R, González-Crespo R, et al. 2019. Using clustering methods to deal with high number of alternatives on Group Decision Making[J]. Procedia Computer Science, 162: 316-323.

Muysken P. 2000. Bilingual Speech: A Typology of Code-mixing[M]. Cambridge: Cambridge University Press.

Noree T, Hanefeld J, Smith R. 2016. Medical tourism in Thailand: A cross-sectional study[J]. Bulletin of the World Health Organization, 94 (1): 30-36.

Opricovic S. 1998. Multicriteria optimization of civil engineering systems[J]. Faculty of civil engineering, Belgrade, 2 (1): 5-21.

Orlovsky S A. 1978. Decision-making with a fuzzy preference relation[J]. Fuzzy Sets and Systems, 1 (3): 155-167.

Özkan B, Dengiz O, Demirağ Turan İ. 2019. Site suitability assessment and mapping for rice cultivation using multi-criteria decision analysis based on fuzzy-AHP and TOPSIS approaches under semihumid ecological condition in delta plain[J]. Paddy and Water Environment, 17 (4): 665-676.

Özkan B, Özceylan E, Kabak M, et al. 2020. Evaluating the websites of academic departments through SEO criteria: A hesitant fuzzy linguistic MCDM approach[J]. Artificial Intelligence Review, 53 (2): 875-905.

Pal B, Banerjee S, Jenamani M. 2018. Threshold-based heuristics for trust inference in a social network[C]//2018 Eleventh International Conference on Contemporary Computing. Noida: IEEE: 1-7.

Pham P, Nguyen L T T, Nguyen N T, et al. 2023. A hierarchical fused fuzzy deep neural network with heterogeneous network embedding for recommendation[J]. Information Sciences, 620: 105-124.

Qi K X, Wang Q S, Duan Q L, et al. 2018. A multi criteria comprehensive evaluation approach for emergency response capacity with interval 2-tuple linguistic information[J]. Applied Soft Computing, 72: 419-441.

Qian X S, Yu J Y, Dai R W. 1990. A new field of science open complex giant system and its methodology[J]. Shanghai University of Technology, 33 (6): 526-532.

Ries S. 2007. Certain trust: A trust model for users and agents[C]//Proceedings of the 2007 ACM Symposium on Applied Computing. New York: Association for Computing Machinery:

1599-1604.

Ruiz-Meza J, Brito J, Montoya-Torres J R. 2022. A GRASP-VND algorithm to solve the multi-objective fuzzy and sustainable tourist trip design problem for groups[J]. Applied Soft Computing, 131: 109716.

Seo J, Choi S, Han S Y. 2013. The method of trust and reputation systems based on link prediction and clustering[M]//IFIP Advances in Information and Communication Technology. Berlin, Heidelberg: Springer: 223-230.

Slanina F, Lavicka H. 2003. Analytical results for the Sznajd model of opinion formation[J]. The European Physical Journal B-Condensed Matter and Complex Systems, 35(2): 279-288.

Sohaib O, Naderpour M, Hussain W, et al. 2019. Cloud computing model selection for e-commerce enterprises using a new 2-tuple fuzzy linguistic decision-making method[J]. Computers & Industrial Engineering, 132: 47-58.

Sood V, Redner S. 2005. Voter model on heterogeneous graphs[J]. Physical Review Letters, 94(17): 178701.

Stauffer D, de Oliveira S M. 2006. Biology, Sociology, Geology by Computational Physicists[M]. Amsterdam: Elsevier.

Su W H, Zhang L, Zeng S Z, et al. 2022. A fuzzy-social network multi-criteria group decision-making framework for selection of renewable energy project: A case of China[J]. International Journal of Fuzzy Systems, 24(2): 1059-1078.

Szmidt E, Kacprzyk J. 2003. A consensus-reaching process under intuitionistic fuzzy preference relations[J]. International Journal of Intelligent Systems, 18(7): 837-852.

Taghavi A, Eslami E, Herrera-Viedma E, et al. 2020. Trust based group decision making in environments with extreme uncertainty[J]. Knowledge-Based Systems, 191: 105168.

Tang M, Liao H C. 2021. From conventional group decision making to large-scale group decision making: What are the challenges and how to meet them in big data era? A state-of-the-art survey[J]. Omega, 100: 102141.

Tanino T. 1984. Fuzzy preference orderings in group decision making[J]. Fuzzy Sets and Systems, 12(2): 117-131.

Thong N T, Smarandache F, Hoa N D, et al. 2020. A novel dynamic multi-criteria decision making method based on generalized dynamic interval-valued neutrosophic set[J]. Symmetry, 12(4): 618.

Traag V A, Waltman L, van Eck N J. 2019. From Louvain to Leiden: Guaranteeing well-connected communities[J]. Scientific Reports, 9(1): 5233.

Verma P, Sood S K, Kalra S. 2017. Student career path recommendation in engineering stream based on three-dimensional model[J]. Computer Applications in Engineering Education, 25(4): 578-593.

Victor P, Cornelis C, De Cock M, et al. 2011. Trust- and distrust-based recommendations for controversial reviews[J]. IEEE Intelligent Systems, 26(1): 48-55.

Wan S P, Xu G L, Dong J Y. 2017. Supplier selection using ANP and ELECTRE II in interval 2-tuple linguistic environment[J]. Information Sciences, 385: 19-38.

Wang H, Liao H C, Huang B, et al. 2021. Determining consensus thresholds for group decision making with preference relations[J]. Journal of the Operational Research Society, 72(10): 2290-2300.

Wang J Q, Nie R R, Zhang H Y, et al. 2013. Intuitionistic fuzzy multi-criteria decision-making method based on evidential reasoning[J]. Applied Soft Computing, 13(4): 1823-1831.

Wang J Q, Zhong Z. 2009. Multi-criteria decision-making method with incomplete certain information based on intuitionistic fuzzy number[J]. Control & Decision, 24(2): 226-230.

Wang L D, Wang Y J, Pedrycz W. 2019. Hesitant 2-tuple linguistic Bonferroni operators and their utilization in group decision making[J]. Applied Soft Computing, 77: 653-664.

Wang M W, Liang D C, Li D F. 2023. A two-stage method for improving the decision quality of consensus-driven three-way group decision-making[J]. IEEE Transactions on Systems, Man, and Cybernetics: Systems, 53(5): 2770-2780.

Wang P Z, Li H X. 1997. Fuzzy Information Processing and Fuzzy Computers[M]. New York: Science Press.

Wang S S, Young V R, Panjer H H. 1997. Axiomatic characterization of insurance prices[J]. Insurance: Mathematics and Economics, 21(2): 173-183.

Wang S, Wu J, Chiclana F, et al. 2022. Two-stage feedback mechanism with different power structures for consensus in large-scale group decision making[J]. IEEE Transactions on Fuzzy Systems, 30(10): 4177-4189.

Wang W Q, Xu J D, Wang M. 2018. Effects of recommendation neutrality and sponsorship disclosure on trust vs. distrust in online recommendation agents: Moderating role of explanations for organic recommendations[J]. Management Science, 64(11): 5198-5219.

Wang X F. 2008. Fuzzy number intuitionistic fuzzy arithmetic aggregation operators[J]. International Journal of Fuzzy Systems, 10(2): 104-111.

Wang Z H. 2023. Intelligent recommendation model of tourist places based on collaborative filtering and user preferences[J]. Applied Artificial Intelligence, 37(1): e2203574.

Wang Z X. 2013. A new scoring function of interval-valued intuitionistic fuzzy number and its application in multi-attribute decision making[J]. Fuzzy Systems & Mathematics, 27(4): 167-172.

Warfield J N, Carol T. 1993. Groupthink, Clan Think, Spread Think, and Link Think: Decision-making on Complex Issues in Organizations[R]. Fairfax: Institute for Advanced Study of the Integrative Sciences, George Mason University.

White C, Turoff M, Vande Walle B. 2007. A Dynamic Delphi Process Utilizing a Modified Thurstone Scaling Method: Collaborative Judgment in Emergency Response[R]. Tilburg: Tilburg University.

World Tourism Cities Federation. 2024. Report on World Tourism Economy Trends (2024) [R/OL]. (2024-07-29) [2024-09-15]. https://en.wtcf.org.cn/20240729/c21ec5ae-f6f9-5d0e-c789-d1aa7b10d26b-i.html.

Wu H Y, Xu Z S, Ren P J, et al. 2018. Hesitant fuzzy linguistic projection model to multi-criteria decision making for hospital decision support systems[J]. Computers & Industrial Engineering, 115: 449-458.

Wu J, Chiclana F. 2014. A social network analysis trust-consensus based approach to group decision-making problems with interval-valued fuzzy reciprocal preference relations[J]. Knowledge-Based Systems, 59: 97-107.

Wu J, Chiclana F, Herrera-Viedma E. 2015. Trust based consensus model for social network in an incomplete linguistic information context[J]. Applied Soft Computing, 35: 827-839.

Wu N N, Xu Y J, Liu X, et al. 2020. Water-energy-food nexus evaluation with a social network group decision making approach based on hesitant fuzzy preference relations[J]. Applied Soft Computing, 93: 106363.

Wu X L, Liao H C, Zavadskas E K, et al. 2022. A probabilistic linguistic VIKOR method to solve MCDM problems with inconsistent criteria for different alternatives[J]. Technological and Economic Development of Economy, 28 (2): 559-580.

Wu Z B, Xu J P. 2016. Managing consistency and consensus in group decision making with hesitant fuzzy linguistic preference relations[J]. Omega, 65: 28-40.

Xiao L, Mandayam N B, Vincent Poor H. 2015. Prospect theoretic analysis of energy exchange among microgrids[J]. IEEE Transactions on Smart Grid, 6 (1): 63-72.

Xie H, Ren Q, Duan W C, et al. 2021. New dynamic group DEMATEL decision-making method based on hesitant fuzzy linguistic term sets[J]. International Journal of Fuzzy Systems, 23 (7): 2118-2131.

Xu Z S. 2001. A practical method for priority of interval number complementary judgement matrix[J]. Operations Research and Management Science, 10 (1): 16-19.

Xu Z S. 2002. A method for priorities of triangular fuzzy number complementary judgement matrices[J]. Mathematical Reviews, 16: 47-50.

Xu Z S. 2007. Intuitionistic preference relations and their application in group decision making[J]. Information Sciences, 177 (11): 2363-2379.

Xu Z S, Cai X Q. 2013. On consensus of group decision making with interval utility values and interval preference orderings[J]. Group Decision and Negotiation, 22 (6): 997-1019.

Xu Z S, Da Q L. 2003. Approaches to obtaining the weights of the ordered weighted aggregation operators[J]. Journal of Southeast University, 33: 94-96.

Xu Z S, Yager R R. 2008. Dynamic intuitionistic fuzzy multi-attribute decision making[J]. International Journal of Approximate Reasoning, 48(1): 246-262.

Yang Y, Hu J H, Sun R X, et al. 2017. Medical tourism destinations prioritization using group decision making method with neutrosophic fuzzy preference relations[J]. Scientia Iranica, 25(6): 3744-3764.

Yin K D, Wang P Y, Jin X. 2018. Dynamic intuitionistic fuzzy multi-attribute group decision-making based on power geometric weighted average operator and prediction model[J]. Symmetry, 10(11): 536.

Yu P. 2018. Combine trust and interest similarity for enhanced-quality recommendations[C]//2018 9th International Conference on Information Technology in Medicine and Education. Hangzhou: IEEE: 740-744.

Zadeh L A. 1965. Fuzzy sets[J]. Information & Control, 8(3): 338-353.

Zeng S Z, Chen S M, Kuo L W. 2019. Multiattribute decision making based on novel score function of intuitionistic fuzzy values and modified VIKOR method[J]. Information Sciences, 488: 76-92.

Zhang B W, Dong Y C, Xu Y F. 2013. Maximum expert consensus models with linear cost function and aggregation operators[J]. Computers & Industrial Engineering, 66(1): 147-157.

Zhang C H, Su W H, Chen S C, et al. 2023. A combined weighting based large scale group decision making framework for MOOC group recommendation[J]. Group Decision and Negotiation, 32(3): 537-567.

Zhang C, Luo L, Liao H C, et al. 2020. A priority-based intuitionistic multiplicative UTASTAR method and its application in low-carbon tourism destination selection[J]. Applied Soft Computing, 88: 106026.

Zhang H J, Palomares I, Dong Y C, et al. 2018. Managing non-cooperative behaviors in consensus-based multiple attribute group decision making: An approach based on social network analysis[J]. Knowledge-Based Systems, 162: 29-45.

Zhang J D, Chow C Y, Xu J. 2017. Enabling kernel-based attribute-aware matrix factorization for rating prediction[J]. IEEE Transactions on Knowledge and Data Engineering, 29(4): 798-812.

Zhang J H, Balaji M S, Luo J, et al. 2022. Effectiveness of product recommendation framing on online retail platforms[J]. Journal of Business Research, 153: 185-197.

Zhang J K. 2017. Evaluating regional low-carbon tourism strategies using the fuzzy Delphi-analytic network process approach[J]. Journal of Cleaner Production, 141: 409-419.

Zhang L L, Yuan J J, Gao X Y, et al. 2021a. Public transportation development decision-making under public participation: A large-scale group decision-making method based on fuzzy preference relations[J]. Technological Forecasting and Social Change, 172: 121020.

Zhang Y X, Xu Z S, Hao Z N, et al. 2021b. Dynamic assessment of Internet public opinions based on the probabilistic linguistic Bayesian network and Prospect theory[J]. Applied Soft Computing, 106: 107359.

Zhao J S, Xu H Y, Yang B H. 2018. Dynamic interaction method for group decision-making with interval grey numbers based on GMCR[J]. The Journal of Grey System, 30(3): 95-104.

Zhou S J, Zhou J X, Chen S C. 2023. Outlier identification and group satisfaction of rating experts: Density-based spatial clustering of applications with noise based on multi-objective large-scale group decision-making evaluation[J]. Economic Research-Ekonomska Istraživanja, 36(1): 562-592.

Zhu B, Xu Z S. 2014. Regression methods for hesitant fuzzy preference relations[J]. Technological and Economic Development of Economy, 19(Supplement_1): 214-227.

Zolfagharian M, Rajamma R K, Naderi I, et al. 2018. Determinants of medical tourism destination selection process[J]. Journal of Hospitality Marketing & Management, 27(7): 775-794.

附录1 经归一化后的供应商评分值

评价个体	评价单元	f_1	f_2	f_3	f_4
d_1	c_1	0.4725	0.2872	0.5406	0.1990
	c_2	0.6614	0.6462	0.2027	0.5970
	c_3	0.2835	0.4308	0.6082	0.3980
	c_4	0.4725	0.4308	0.2703	0.2985
	c_5	0.1890	0.3590	0.4730	0.5970
d_2	c_1	0.7220	0.4435	0.2176	0.5126
	c_2	0.4126	0.5914	0.5804	0.5126
	c_3	0.4126	0.3696	0.5804	0.1709
	c_4	0.3094	0.5175	0.1451	0.5126
	c_5	0.2063	0.2218	0.5087	0.4272
d_3	c_1	0.2582	0.4603	0.2031	0.3172
	c_2	0.3443	0.7365	0.3046	0.5551
	c_3	0.4303	0.1841	0.4061	0.5551
	c_4	0.5164	0.2762	0.8123	0.2379
	c_5	0.6025	0.3682	0.2031	0.4758

附录2 供应商选择问题指标权重

评价个体	评价单元	f_1	f_2	f_3	f_4
d_1	c_1	0.2679	0.2496	0.2532	0.2275
	c_2	0.2722	0.2983	0.1422	0.2872
	c_3	0.2088	0.2718	0.2546	0.2649
	c_4	0.2678	0.2863	0.1935	0.2524
	c_5	0.1900	0.2571	0.2292	0.3237
d_2	c_1	0.3015	0.2598	0.1583	0.2805
	c_2	0.2159	0.2882	0.2271	0.2689
	c_3	0.2530	0.2695	0.2600	0.2175
	c_4	0.2245	0.3056	0.1633	0.3066
	c_5	0.2116	0.2393	0.2521	0.2970
d_3	c_1	0.2287	0.3087	0.1905	0.2721
	c_2	0.2054	0.3341	0.1732	0.2873
	c_3	0.2522	0.2137	0.2179	0.3162
	c_4	0.2617	0.2259	0.2952	0.2172
	c_5	0.2876	0.2563	0.1686	0.2875

附录3　PageRank 的计算代码

```
# coding=utf-8
import numpy as np


def nodes2matrix(node_json):
    dim = len(node_json)
    node2id = {key: id_ for id_, key in enumerate(node_json.keys())}
    matrix = np.zeros((dim, dim))
    for key in node_json.keys():
        nodeid = node2id[key]
        for neighbor in node_json[key]:
            neighborid = node2id[neighbor]
            matrix[neighborid][nodeid] = 1
    for i in range(dim):
        matrix[:, i] = matrix[:, i] / sum(matrix[:, i])
    return matrix


def pagerank(matrix, iter_=10, d=0.85):
    length = len(matrix[0])
    inital_value = np.ones(length) / length
    pagerank_value = inital_value
    for i in range(iter_):
        pagerank_value = matrix @ pagerank_value * d + (1 - d) / length
```

```python
        print(f"iter {i}: the pr value is {pagerank_value}")
    return pagerank_value


if __name__ == '__main__':
    node_json = {
        "A": ["B", "C"],
        "B": ["A", "C"],
        "C": ["D", "B"],
        "D": ["A", "B"]
    }
    matrix = nodes2matrix(node_json)
    print("the matrix is :", matrix)
    pagerank(matrix)
```

附录 4　基于动态信任网络的群组评价方法的计算结果

$$CP^{(1)} = \begin{bmatrix} & 0.4972 & 0.6448 & 0.712 & 0.712 & 0.712 \\ 0.5028 & & 0.6474 & 0.7143 & 0.7143 & 0.7143 \\ 0.3552 & 0.3526 & & 0.5765 & 0.5765 & 0.5765 \\ 0.288 & 0.2857 & 0.4235 & & 0.5 & 0.5 \\ 0.288 & 0.2857 & 0.4235 & 0.5 & & 0.5 \\ 0.288 & 0.2857 & 0.4235 & 0.5 & 0.5 & \end{bmatrix}$$

$$CP^{(2)} = \begin{bmatrix} & 0.5 & 0.6667 & 0.5 & 0.4 & 0.3808 \\ 0.5 & & 0.6667 & 0.5 & 0.4 & 0.3808 \\ 0.3333 & 0.3333 & & 0.3333 & 0.25 & 0.2352 \\ 0.5 & 0.5 & 0.6667 & & 0.4 & 0.3808 \\ 0.6 & 0.6 & 0.75 & 0.6 & & 0.4798 \\ 0.6192 & 0.6192 & 0.7648 & 0.6192 & 0.5202 & \end{bmatrix}$$

$$CP^{(3)} = \begin{bmatrix} & 0.6028 & 0.6 & 0.6 & 0.5097 & 0.6 \\ 0.3972 & & 0.4971 & 0.4971 & 0.4875 & 0.4971 \\ 0.4 & 0.5029 & & 0.5 & 0.4094 & 0.5 \\ 0.4 & 0.5029 & 0.5 & & 0.4094 & 0.5 \\ 0.4093 & 0.5125 & 0.5096 & 0.5096 & & 0.5096 \\ 0.4 & 0.5029 & 0.5 & 0.5 & 0.4094 & \end{bmatrix}$$

$$CP^{(4)} = \begin{bmatrix} & 0.4 & 0.6667 & 0.6308 & 0.5 & 0.4 \\ 0.6 & & 0.75 & 0.7194 & 0.6 & 0.5 \\ 0.3333 & 0.25 & & 0.4608 & 0.3333 & 0.25 \\ 0.3692 & 0.2806 & 0.5392 & & 0.3692 & 0.2806 \\ 0.5 & 0.4 & 0.6667 & 0.6308 & & 0.4 \\ 0.6 & 0.5 & 0.75 & 0.7194 & 0.6 & \end{bmatrix}$$

附录4　基于动态信任网络的群组评价方法的计算结果

$$\mathrm{CP}^{(5)} = \begin{bmatrix} & 0.6 & 0.6 & 0.6 & 0.6 & 0.5 \\ 0.4 & & 0.5 & 0.5 & 0.5 & 0.4 \\ 0.4 & 0.5 & & 0.5 & 0.5 & 0.4 \\ 0.4 & 0.5 & 0.5 & & 0.5 & 0.4 \\ 0.4 & 0.5 & 0.5 & 0.5 & & 0.4 \\ 0.5 & 0.6 & 0.6 & 0.6 & 0.6 & \end{bmatrix}$$

$$\mathrm{CP}^{(6)} = \begin{bmatrix} & 0.5164 & 0.5891 & 0.6156 & 0.6156 & 0.5209 \\ 0.4836 & & 0.5732 & 0.6 & 0.6 & 0.5045 \\ 0.4109 & 0.4268 & & 0.5276 & 0.5276 & 0.4313 \\ 0.3844 & 0.4 & 0.4724 & & 0.5 & 0.4043 \\ 0.3844 & 0.4 & 0.4724 & 0.5 & & 0.4043 \\ 0.4791 & 0.4955 & 0.5687 & 0.5957 & 0.5957 & \end{bmatrix}$$

$$\mathrm{CP}^{(7)} = \begin{bmatrix} & 0.5 & 0.5 & 0.5 & 0.5 & 0.4286 \\ 0.5 & & 0.5 & 0.5 & 0.5 & 0.4286 \\ 0.5 & 0.5 & & 0.5 & 0.5 & 0.4286 \\ 0.5 & 0.5 & 0.5 & & 0.5 & 0.4286 \\ 0.5 & 0.5 & 0.5 & 0.5 & & 0.4286 \\ 0.5714 & 0.5714 & 0.5714 & 0.5714 & 0.5714 & \end{bmatrix}$$

$$\mathrm{CP}^{(8)} = \begin{bmatrix} & 0.3229 & 0.5 & 0.5132 & 0.5 & 0.2857 \\ 0.6771 & & 0.6771 & 0.6885 & 0.6771 & 0.4561 \\ 0.5 & 0.3229 & & 0.5132 & 0.5 & 0.2857 \\ 0.4868 & 0.3115 & 0.4868 & & 0.4868 & 0.2751 \\ 0.5 & 0.3229 & 0.5 & 0.5132 & & 0.2857 \\ 0.7143 & 0.5439 & 0.7143 & 0.7249 & 0.7143 & \end{bmatrix}$$

$$\mathrm{CP}^{(9)} = \begin{bmatrix} & 0.5714 & 0.6667 & 0.6667 & 0.6595 & 0.6667 \\ 0.4286 & & 0.6 & 0.6 & 0.5922 & 0.6 \\ 0.3333 & 0.4 & & 0.5 & 0.4919 & 0.5 \\ 0.3333 & 0.4 & 0.5 & & 0.4919 & 0.5 \\ 0.3405 & 0.4078 & 0.5081 & 0.5081 & & 0.5081 \\ 0.3333 & 0.4 & 0.5 & 0.5 & 0.4919 & \end{bmatrix}$$

$$CP^{(10)} = \begin{bmatrix} & 0.5 & 0.5490 & 0.5 & 0.4 & 0.3738 \\ 0.5 & & 0.5490 & 0.5 & 0.4 & 0.3738 \\ 0.4510 & 0.4510 & & 0.4510 & 0.3539 & 0.3291 \\ 0.5 & 0.5 & 0.5490 & & 0.4 & 0.3738 \\ 0.6 & 0.6 & 0.6461 & 0.6 & & 0.4725 \\ 0.6262 & 0.6262 & 0.6709 & 0.6262 & 0.5275 & \end{bmatrix}$$

$$CP^{(11)} = \begin{bmatrix} & 0.6526 & 0.6526 & 0.6526 & 0.5561 & 0.6526 \\ 0.3474 & & 0.5 & 0.5 & 0.4 & 0.5 \\ 0.3474 & 0.5 & & 0.5 & 0.4 & 0.5 \\ 0.3474 & 0.5 & 0.5 & & 0.4 & 0.5 \\ 0.4439 & 0.6 & 0.6 & 0.6 & & 0.6 \\ 0.3474 & 0.5 & 0.5 & 0.5 & 0.4 & \end{bmatrix}$$

$$CP^{(12)} = \begin{bmatrix} & 0.5 & 0.5 & 0.5036 & 0.5 & 0.4 \\ 0.5 & & 0.5 & 0.5036 & 0.5 & 0.4 \\ 0.5 & 0.5 & & 0.5036 & 0.5 & 0.4 \\ 0.4964 & 0.4964 & 0.4964 & & 0.4964 & 0.3966 \\ 0.5 & 0.5 & 0.5 & 0.5036 & & 0.4 \\ 0.6 & 0.6 & 0.6 & 0.6034 & 0.6 & \end{bmatrix}$$

$$CP^{(13)} = \begin{bmatrix} & 0.6083 & 0.5087 & 0.6083 & 0.6083 & 0.5762 \\ 0.3917 & & 0.4 & 0.5 & 0.5 & 0.4668 \\ 0.4913 & 0.6 & & 0.6 & 0.6 & 0.5677 \\ 0.3917 & 0.5 & 0.4 & & 0.5 & 0.4668 \\ 0.3917 & 0.5 & 0.4 & 0.5 & & 0.4668 \\ 0.4238 & 0.5332 & 0.4323 & 0.5332 & 0.5332 & \end{bmatrix}$$

$$CP^{(14)} = \begin{bmatrix} & 0.5031 & 0.5 & 0.6667 & 0.7253 & 0.5 \\ 0.4969 & & 0.4969 & 0.6639 & 0.7229 & 0.4969 \\ 0.5 & 0.5031 & & 0.6667 & 0.7253 & 0.5 \\ 0.3333 & 0.3361 & 0.3333 & & 0.5691 & 0.3333 \\ 0.2747 & 0.2771 & 0.2747 & 0.4309 & & 0.2747 \\ 0.5 & 0.5031 & 0.5 & 0.6667 & 0.7253 & \end{bmatrix}$$

附录 4　基于动态信任网络的群组评价方法的计算结果

$$CP^{(15)} = \begin{bmatrix} & 0.7143 & 0.7143 & 0.7143 & 0.7143 & 0.7143 \\ 0.2857 & & 0.5 & 0.5 & 0.5 & 0.5 \\ 0.2857 & 0.5 & & 0.5 & 0.5 & 0.5 \\ 0.2857 & 0.5 & 0.5 & & 0.5 & 0.5 \\ 0.2857 & 0.5 & 0.5 & 0.5 & & 0.5 \\ 0.2857 & 0.5 & 0.5 & 0.5 & 0.5 & \end{bmatrix}$$

$$CP^{(16)} = \begin{bmatrix} & 0.6667 & 0.4830 & 0.5 & 0.6667 & 0.6667 \\ 0.3333 & & 0.3184 & 0.3333 & 0.5 & 0.5 \\ 0.5170 & 0.6816 & & 0.5170 & 0.6816 & 0.6816 \\ 0.5 & 0.6667 & 0.4830 & & 0.6667 & 0.6667 \\ 0.3333 & 0.5 & 0.3184 & 0.3333 & & 0.5 \\ 0.3333 & 0.5 & 0.3184 & 0.3333 & 0.5 & \end{bmatrix}$$

$$CP^{(17)} = \begin{bmatrix} & 0.6667 & 0.6667 & 0.6650 & 0.6667 & 0.6667 \\ 0.3333 & & 0.5 & 0.4981 & 0.5 & 0.5 \\ 0.3333 & 0.5 & & 0.4981 & 0.5 & 0.5 \\ 0.3350 & 0.5019 & 0.5019 & & 0.5019 & 0.5019 \\ 0.3333 & 0.5 & 0.5 & 0.4981 & & 0.5 \\ 0.3333 & 0.5 & 0.5 & 0.4981 & 0.5 & \end{bmatrix}$$

$$CP^{(18)} = \begin{bmatrix} & 0.5829 & 0.5829 & 0.5829 & 0.5620 & 0.5274 \\ 0.4171 & & 0.5 & 0.5 & 0.4787 & 0.4441 \\ 0.4171 & 0.5 & & 0.5 & 0.4787 & 0.4441 \\ 0.4171 & 0.5 & 0.5 & & 0.4787 & 0.4441 \\ 0.4380 & 0.5213 & 0.5213 & 0.5213 & & 0.4652 \\ 0.4726 & 0.5559 & 0.5559 & 0.5559 & 0.5348 & \end{bmatrix}$$

$$CP^{(19)} = \begin{bmatrix} & 0.6358 & 0.5 & 0.5089 & 0.5 & 0.5 \\ 0.3642 & & 0.3642 & 0.3724 & 0.3642 & 0.3642 \\ 0.5 & 0.6358 & & 0.5089 & 0.5 & 0.5 \\ 0.4911 & 0.6276 & 0.4911 & & 0.4911 & 0.4911 \\ 0.5 & 0.6358 & 0.5 & 0.5089 & & 0.5 \\ 0.5 & 0.6358 & 0.5 & 0.5089 & 0.5 & \end{bmatrix}$$

$$\mathrm{CP}^{(20)} = \begin{bmatrix} & 0.6 & 0.6 & 0.6 & 0.5 & 0.6 \\ 0.4 & & 0.5 & 0.5 & 0.4 & 0.5 \\ 0.4 & 0.5 & & 0.5 & 0.4 & 0.5 \\ 0.4 & 0.5 & 0.5 & & 0.4 & 0.5 \\ 0.5 & 0.6 & 0.6 & 0.6 & & 0.6 \\ 0.4 & 0.5 & 0.5 & 0.5 & 0.4 & \end{bmatrix}$$

附录5 确定型信念网络的群组评价方法的计算代码

```
n=10;
alfa=0.2;
beta=1-alfa;
R=[];
B=[];
N=[];
T=[0.6 0.7 0.6 0.5 0.6 1 0.3 0.4 0.3 0.4];
P=[0.4 0.5 0.7 0.9 0.8 0.4 0.8 0.6 0.5 0.5
0.3 0.7 0.8 0.3 0.5 0.6 0.9 0.8 0.6 0.3
0.5 0.6 0.6 0.7 0.4 0.7 0.6 0.9 0.5 0.6
0.5 0.9 0.8 0.9 0.6 0.5 0.7 0.5 0.7 0.5
0.2 0.7 0.8 0.8 0.2 0.7 0.6 0.7 0.5 0.7
0.8 0.2 0.4 0.5 0.3 0.9 0.4 0.1 0.2 0.9
0.4 0.7 0.7 0.8 0.5 0.9 0.4 0.6 0.7 0.6
0.6 0.8 0.2 0.6 0.4 0.7 0.9 0.8 0.7 0.3
0.8 0.6 0.8 0.9 0.8 0.2 0.7 0.3 0.2 0.5
0.7 0.6 0.5 0.7 0.6 0.8 0.8 0.9 0.6 0.8];
r=ones(n,n);
for l=1:n
    for ll=1:n
        r(l,ll)=sum( P(l,:).*P(ll,:))/(sqrt(sum(P(l,:).^2)*sum(P(ll,:).^2)));
    end
end
```

```
R=[R;r];
b=ones(n,n);
for s=1:n
  for ss=1:n
    if s==ss
      b(s,ss)=alfa*T(s)+beta*T(s)*((sum(R(s,:))-1)/(n-1));
    else
      b(s,ss)=alfa*(1-T(s))+beta*T(s)*R(s,ss);
    end
  end
end
B=[B;b];
L=sum(B,2);
for v=1:n
  N(v,:)=B(v,:)./L(v,:);
end
N;
CD=sum(N)./n;
W=CD;
PP=W*P;
rr=ones(1,n);
for i=1:n
  rr(i)=sum(P(i,:).*PP(:,:))./sqrt(sum(P(i,:).^2)*sum(PP(:,:).^2));
end
rx=sum(rr)/n;
```

附录6 不确定型信念网络的群组评价方法的计算代码

```
tic
clear
PP1=[0.1 0.4 0.4 0.7;
0.3 0.1 0.5 0.1;
0.2 0.4 0.3 0.6;
0.6 0.3 0.6 0.4];
PP2=[0.3 0.5 0.7 0.8;
0.7 0.8 0.9 0.6;
0.4 0.6 0.6 0.9;
0.8 0.8 0.9 0.7];
T=sum(1-(PP2-PP1),2)./4;
R=[];
n=4;
r=ones(n,n);
r12=(sum(PP1(1,:).*PP1(2,:)+PP2(1,:).*PP2(2,:)))/(sqrt(sum(PP1(1,:).^2+PP2(1,:).^2).*sum(PP1(2,:).^2+PP2(2,:).^2)));
 for i=1:n
   for j=1:n
    r(i,j)=(sum(PP1(i,:).*PP1(j,:)+PP2(i,:).*PP2(j,:)))/(sqrt(sum(PP1(i,:).^2+PP2(i,:).^2).*sum(PP1(j,:).^2+PP2(j,:).^2)));
   end
  end
 R=[R;r];
```

```
B=[];
for s=1:n
  for ss=1:n
    if s==ss
      b(s,ss)=(T(s)+T(s)*(sum(R(s,:))-1))/2;
    else
      b(s,ss)=(1-T(s)+T(s)*R(s,ss))/2;
    end
  end
end
B=[B;b];
L=sum(B,2);
for v=1:n
  N(v,:)=B(v,:)./L(v,:);
end
N;
CD=sum(N)./4;
W=CD;

A=[PP1(:,4),PP2(:,4)];
V=W´;
syms x0 lambda0 P delta1 delta2 xmin fmin Eta;
x0=[0,0];
B=repmat(x0,4,1);
C=(A-B).^2;
D=sqrt(C(:,1)+C(:,2));
f=sum(D.*V);
xmin=x0;
fmin=f;
k=0;
```

```
L1=0.5;
G1=[];
lambda=L1/200;
N1=ones(200,2);
W1=ones(200,2);
S1=ones(200,2);
E1=ones(200,2);
for i=1:200
  N1(i,:)=[x0(1,1),x0(1,2)+lambda*i];
  BN1=repmat(N1(i,:),4,1);
  CN1=(A-BN1).^2;
  DN1=sqrt(CN1(:,1)+CN1(:,2));
  fN1=sum(DN1.*V);
  if fN1<=fmin
    G1=[G1;N1(i,:),fN1];
  end
end
for i=1:200
  W1(i,:)=[x0(1,1)-lambda*i,x0(1,2)];
  BW1=repmat(W1(i,:),4,1);
  CW1=(A-BW1).^2;
  DW1=sqrt(CW1(:,1)+CW1(:,2));
  fW1=sum(DW1.*V);
  if fW1<=fmin
    G1=[G1;W1(i,:),fW1];
  end
end
for i=1:200
  S1(i,:)=[x0(1,1),x0(1,2)-lambda*i];
  BS1=repmat(S1(i,:),4,1);
```

```
    CS1=(A-BS1).^2;
    DS1=sqrt(CS1(:,1)+CS1(:,2));
    fS1=sum(DS1.*V);
    if fS1<=fmin
      G1=[G1;S1(i,:),fS1];
    end
  end
  for i=1:200
    E1(i,:)=[x0(1,1)+lambda*i,x0(1,2)];
    BE1=repmat(E1(i,:),4,1);
    CE1=(A-BE1).^2;
    DE1=sqrt(CE1(:,1)+CE1(:,2));
    fE1=sum(DE1.*V);
    if fE1<=fmin
      G1=[G1;E1(i,:),fE1];
    end
  end

  a1=G1(:,3);
  delta=sum(f-a1);
  P=(f-a1)./delta;

  Eta=rand(1);
  n=length(P);
  i=1;
  while i<n
    p=sum(P(1:i,:));
    i=i+1;
    if p>=Eta
      h=i-1;
```

附录6 不确定型信念网络的群组评价方法的计算代码

```
    break
  end
end
fmin=G1(h,3);
k=1;
x1=G1(h,1:2);
L2=0.25;
lambda1=L2/200;
N2=ones(200,2);
W2=ones(200,2);
S2=ones(200,2);
E2=ones(200,2);
H=[];
if x1(1,1)==0
  for ii=1:200
    W2(i,:)=[x1(1,1)-lambda1*ii,x1(1,2)];
    BW2=repmat(W2(i,:),4,1);
    CW2=(A-BW2).^2;
    DW2=sqrt(CW2(:,1)+CW2(:,2));
    fW2=sum(DW2.*V);
    if fW2<=fmin
      H=[H;W2(i,:),fW2];
    end
  end
  for ii=1:200
    E2(i,:)=[x1(1,1)+lambda1*ii,x1(1,2)];
    BE2=repmat(E2(i,:),4,1);
    CE2=(A-BE2).^2;
    DE2=sqrt(CE2(:,1)+CE2(:,2));
    fE2=sum(DE2.*V);
```

```
      if fE2<=fmin
        H=[H;E2(i,:),fE2];
      end
    end
  else
    for ii=1:200
      N2(i,:)=[x1(1,1),x1(1,2)+lambda1*ii];
      BN2=repmat(N2(i,:),4,1);
      CN2=(A-BN2).^2;
      DN2=sqrt(CN2(:,1)+CN2(:,2));
      fN2=sum(DN2.*V);
      if fN2<=fmin
        H=[H;N2(i,:),fN2];
      end
    end
    for ii=1:200
      S2(i,:)=[x1(1,1),x1(1,2)-lambda1*ii];
      BS2=repmat(S2(i,:),4,1);
      CS2=(A-BS2).^2;
      DS2=sqrt(CS2(:,1)+CS2(:,2));
      fS2=sum(DS2.*V);
      if fS2<=fmin
        H=[H;S2(i,:),fS2];
      end
    end
  end

f=fmin;
G2=[];
for i=1:size(G1,1)
```

```
    if G1(i,3)<fmin
      G2=[G2;G1(i,1:3)];
    end
  end
a2=G2(:,3);
a3=H(:,3);
delta1=sum(fmin-a2);
delta2=sum(fmin-a3);
P1=(fmin-a2)./(delta1+delta2);
P2=(fmin-a3)./(delta1+delta2);

Eta=rand(1);
n1=length(P1);
n2=length(P2);
P=[P1;P2];
i=1;
while i<n1+n2
  p=sum(P(1:i,:));
  i=i+1;
  if p>=Eta
    h=i-1;
    break
  end
end
if h<=n1
  fmin=G2(h,3);
  x2=G2(h,1:2);
else
  fmin=H(h-n1,3);
  x2=H(h-n1,1:2);
```

```
end

Q=[];
Q=[Q;G1(h,:);x2,fmin];
R=[];
for j=1:length(H(:,1))
  if H(j,3)<=fmin
    R=[H(j,:);R];
  end
end
for v=1:length(G2(:,1))
  if G2(v,3)<=fmin
    R=[G2(v,:);R];
  end
end
k=2;
lambdak=[];
lambdak=[lambdak;lambda;lambda1];
while k>=2&k<=50
  Hk=[];
  xk=Q(k,1:2);
  lambdak1=lambdak(k,:)/2;
  lambdak=[lambdak;lambdak1];
  Nk=ones(0.25/lambdak1,2);
  Sk=ones(0.25/lambdak1,2);
  if xk(1,1)<=1
    for i=1:(0.25/lambdak1)
      Nk(i,:)=[xk(1,1),xk(1,2)+lambdak1*i];
      BNk=repmat(Nk(i,:),4,1);
      CNk=(A-BNk).^2;
```

```
      DNk=sqrt(CNk(:,1)+CNk(:,2));
      fNk=sum(DNk.*V);
      if fNk<=fmin
        Hk=[Hk;Nk(i,:),fNk];
      end
    end
  else
    break
  end
  if xk(1,1)<=1
    for i=1:(0.25/lambdak1)
      Sk(i,:)=[xk(1,1),xk(1,2)-lambdak1*i];
      BSk=repmat(Sk(i,:),4,1);
      CSk=(A-BSk).^2;
      DSk=sqrt(CSk(:,1)+CSk(:,2));
      fSk=sum(DSk.*V);
      if fSk<=fmin
        Hk=[Hk;Sk(i,:),fSk];
      end
    end
  else
    break
  end
    Wk=ones(0.25/lambdak1,2);
    Ek=ones(0.25/lambdak1,2);
  if xk(1,2)<=1
    for i=1:(0.25/lambdak1)
      Wk(i,:)=[xk(1,1)-lambdak1*i,xk(1,2)];
      BWk=repmat(Wk(i,:),4,1);
      CWk=(A-BWk).^2;
```

```
            DWk=sqrt(CWk(:,1)+CWk(:,2));
            fWk=sum(DWk.*V);
            if fWk<=fmin
              Hk=[Hk;Wk(i,:),fWk];
            end
        end
    else
        break
    end
    if xk(1,2)<=1
        for i=1:(0.25/lambdak1)
            Ek(i,:)=[xk(1,1)+lambdak1*i,xk(1,2)];
            BEk=repmat(Ek(i,:),4,1);
            CEk=(A-BEk).^2;
            DEk=sqrt(CEk(:,1)+CEk(:,2));
            fEk=sum(DEk.*V);
            if fEk<=fmin
              Hk=[Hk;Ek(i,:),fEk];
            end
        end
    else
        break
    end
    R=[R;Hk];
    [row,col]=find(R(:,3)<=fmin);
    R=R(row,:);
    f=fmin;
    Eta=rand(1);
    ak=R(:,3);
    deltak=sum(f-ak);
```

附录6 不确定型信念网络的群组评价方法的计算代码

```
    P=(f-ak)./deltak;
    t=1;
    while t<length(P)
      p=sum(P(1:t,:));
      t=t+1;
      if p>=Eta
       h=t-1;
       break
      end
    end
    fmin=R(h,3);
    Q=[Q;R(h,:)];
    if roundn(Q(k,3),-3)==roundn(Q(k-1,3),-3)
      break
    end
    k=k+1;
end
[m,n]=size(Q);
N=[0:m-1];
x=N´;
y=Q(:,3);
plot(x,y)
xlabel('迭代次数');
ylabel('目标函数值');
title('PGSA');
toc
```

附录7　一般型动态信念网络的群组评价方法的计算代码

```
n=10;m=5;
alfa=0.2;beta=0.8;
P=[];
R=[];
B=[];
N=[];
PH=[];
T=[];
C=[];
Q=[];
W=[];
P1=[0.4527 0.3635 0.7241 0.7349 0.2429;
0.1258 0.2399 0.3454 0.4372 0.1064;
0.1397 0.4453 0.1606 0.5625 0.7867;
0.0774 0.6423 0.6382 0.3246 0.3271;
0.6184 0.3236 0.4463 0.5746 0.5145;
0.4022 0.5558 0.2212 0.3989 0.6432;
0.9823 0.7443 0.7499 0.4115 0.4139;
0.4052 0.6924 0.8244 0.1831 0.3191;
0.6521 0.4329 0.1275 0.2355 0.8146;
0.1354 0.1425 0.5264 0.0321 0.4317
];
P=[P;P1];
R1=ones(n,n);
```

附录7 一般型动态信念网络的群组评价方法的计算代码

```
    for l=1:n
        for ll=1:n
            R1(l,ll)=sum( P1(l,:).*P1(ll,:))/(sqrt(sum(P1(l,:).^2)
*sum(P1(ll,:).^2)));
        end
    end
    R=[R;R1];
    P2=[0.3248 0.3156 0.6534 0.7321 0.3128;
    0.2167 0.4018 0.5032 0.5823 0.2254;
    0.2109 0.4478 0.1918 0.5145 0.7176;
    0.1867 0.6376 0.7143 0.3965 0.5867;
    0.2825 0.2337 0.4989 0.0487 0.4569;
    0.4988 0.3598 0.4798 0.2987 0.4063;
    0.8623 0.7143 0.6899 0.4315 0.4639;
    0.3826 0.7193 0.7199 0.2648 0.3094;
    0.4121 0.4829 0.1775 0.2655 0.8746;
    0.3879 0.3824 0.4226 0.6339 0.4187];
    P=[P;P2];
    R2=ones(n,n);
    for l=1:n
        for ll=1:n
            R2(l,ll)=sum( P2(l,:).*P2(ll,:))/(sqrt(sum(P2(l,:).^2)
*sum(P2(ll,:).^2)));
        end
    end
    R=[R;R2];
    T1=1-sum(abs(P2-P1),2)./5;
    T=[T,T1];
    B1=ones(n,n);
    for s=1:n
```

```
    for ss=1:n
      if s==ss
        B1(s,ss)=alfa*T1(s)+beta*T1(s)*(sum(R(s,:))-1);
      else
        B1(s,ss)=alfa*(1-T1(s))+beta*T1(s)*R(s,ss);
      end
    end
end
B=[B;B1];
L=sum(B,2);
N1=ones(n,n);
for v=1:n
  N1(v,:)=B(v,:)./L(v,:);
end
N=[N;N1];
CD=sum(N)./n;
W1=CD;
W=[W;W1];
PH1=W1*P2;
PH=[PH;PH1];
C1=(sum(sum(R2))-n)/(n*(n-1));
C=[C;C1];
if C(1,:)>=0.9999
  PP=PH(1,:);
else
  P3=N(1:10,:)*P(11:20,:);
end
P=[P;P3];
i=3;
while i>=3
```

```
    for l=1:n
      for ll=1:n
        r(l,ll)=sum( P((i-1)*n+l,:).*P((i-1)*n+ll,:))/(sqrt
(sum(P((i-1)*n+l,:).^2)*sum(P((i-1)*n+ll,:).^2)));
        t=1-sum(abs(P((i-1)*n+1:(i-1)*n+n,:)-P((i-2)*n+1:(i-
2)*n+n,:)),2)./5;
      end
    end
    R=[R;r];
    T=[T,t];
    b=ones(n,n);
    RR=R(((i-1)*n+1):(i-1)*n+n,:);
    TT=T(:,(i-1));
    for s=1:n
      for ss=1:n
        if s==ss
          b(s,ss)=alfa*TT(s)+beta*TT(s)*(sum(RR(s,:))-1);
        else
          b(s,ss)=alfa*(1-TT(s))+beta*TT(s)*RR(s,ss);
        end
      end
    end
    B=[B;b];
    BB=B(((i-2)*n+1):(i-2)*n+n,:);
    LL=sum(BB,2);
    for v=1:n
      N2(v,:)=BB(v,:)./LL(v);
    end
    N2;
    N=[N;N2];
```

```
CD=sum(N(((i-2)*n+1):(i-2)*n+n,:))./n;
W2=CD;
W=[W;W2];
PH2=W(i-1,:)*P(((i-1)*n+1):((i-1)*n+n),:);
PH=[PH;PH2];
Q1=1-sum(abs(PH(i-1,:)-PH((i-2),:)))/m;
Q=[Q;Q1];
C2=(sum(sum(RR))-n)/(n*(n-1));
C=[C;C2];
if Q1>=0.9999&&C2>=0.9999
  PP=PH(i-1,:);
  break
else
  P4=N((i-2)*n+1:(i-2)*n+n,:)*P((i-1)*n+1:(i-1)*n+n,:);
  P=[P;P4];
  i=i+1;
end
end
[m1,n1]=size(C);
x1=0:m1-1;
[m2,n2]=size(Q);
x2=1:m2;
y1=C(:,1);
y2=Q(:,1);
subplot(1,2,1);plot(x1,y1);
xlabel('轮次');
ylabel('一致性');
title('一致性变化图');
subplot(1,2,2);plot(x2,y2);
```

```
xlabel('轮次');
ylabel('稳定性');
title('稳定性变化图')
```